GASTON GAILLARD

L'ALLEMAGNE

ET

LE BALTIKUM

PARIS
LIBRAIRIE CHAPELOT
136, Boulevard Saint-Germain, 136

1919

L'ALLEMAGNE

ET

LE BALTIKUM

PUBLICATIONS DU MÊME AUTEUR

RELATIVES A LA GUERRE

Culture et Kultur, 1 vol. gr. in-8, 242 p. Berger-Levrault, 1916. (Majoration non comprise) . . . . **3 fr.**

Des Conséquences de la Guerre au point de vue démographique :
    I. Population et Guerre, *Bull. Soc. d'Anthropologie*, octobre 1916.
    II. Natalité et Guerre,   —   —   février 1917.

Langue et Kultur. — Revue politique et littéraire *(Revue Bleue)*, nᵒˢ 3 et 4, 1917.

Judaïsme et Kultur, 38 p. Giard et Brière, 1917 . . . . **1 fr.**

Le Germanisme et les Cultures antiques, Revue des nations latines. Florence, décembre 1917.

Les Jésuites et le Germanisme, 29 p. Giard et Brière, 1918 . . . . . **1 fr.**

Amérique latine et Europe occidentale, 1 vol. in-12, 301 p. Berger-Levrault, 1918 . . . . (Majoration non comprise) **3 fr. 50**

GASTON GAILLARD

L'ALLEMAGNE

ET

LE BALTIKUM

PARIS

LIBRAIRIE CHAPELOT

136, Boulevard Saint-Germain, 136

1919

L'ALLEMAGNE ET LE BALTIKUM

I

LES ALLEMANDS
ET
LES POPULATIONS SLAVES ET BALTIQUES

On a pu, au cours des événements actuels, être surpris de la facilité avec laquelle les Slaves, en général, et les populations allogènes de Russie, dont nous nous occuperons plus spécialement ici, semblent tout d'abord s'être pliés aux entreprises pangermanistes, avoir accepté la mainmise allemande, quelles que soient les critiques qu'on puisse adresser au régime auquel ils étaient soumis auparavant. Si on s'était rappelé quelles ont été les relations historiques et ethniques des Slaves et des Allemands, et, plus particulièrement, celles des populations des bords de la Baltique avec la Prusse, les affinités qui ont pu se créer et en sont la conséquence, on en eut peut-être été étonné encore bien davantage, mais, en même temps, on eut mieux saisi leurs dispositions véritables et les conditions matérielles qui leur étaient faites, grâce à la lumière que ces faits jettent sur leur situation.

La question des rapports du germanisme et du slavisme est fort complexe, et nous n'avons pas l'intention de l'aborder ici; mais les observations que nous croyons intéressantes de présenter, en ce qui touche la guerre actuelle, en montrera précisément certaines difficultés. En effet, on a vu une partie importante de la masse des populations slaves et allogènes de Russie, entraînée par le parti des barons baltes et les immigrés allemands, ne montrer avant la guerre aucune répugnance vis-à-vis de la domination allemande et, peu après ses débuts, paraître même préférer accepter la pénétration germanique plutôt que de lutter pour son indépendance à côté des Alliés, bien qu'il soit actuellement difficile d'apprécier ces faits avec exactitude, dans l'ignorance où nous sommes de toutes les influences qui sont alors intervenues et qu'il faille aussi tenir compte des nécessités de la situation à laquelle ces pays se trouvaient acculés, et, ce n'est que peu à peu qu'une réaction de plus en plus nette s'est progressivement affirmée. De même, après une longue période d'attente et de silence, les Slaves du Sud, pour des raisons identiques, dressaient des revendications de plus en plus énergiques à mesure que les événements de la guerre se montraient de plus en plus favorables à leur indépendance. Des causes multiples et d'ordres divers interviennent nécessairement dans l'attitude non exactement comparable de ces deux groupes, mais qu'il est cependant possible de rapprocher. D'ailleurs, les meurtres de von Mirbach et de von Eichorn ont montré que le germanisme ne pourrait pas triompher aussi facilement qu'il l'avait cru, que de graves difficultés attendaient l'Allemagne dans ces pays et que, si elle avait trouvé des complaisances et un appui dans certaines classes, la masse du peuple, ouvriers et surtout paysans étaient prêts à se soulever contre ceux qui ne pouvaient être que des oppresseurs et que ceux-ci n'entendaient pas se soumettre à la domination allemande, dès qu'ils avaient eu l'espoir d'en secouer le joug. A côté des causes politiques qui ont agi, certaines considérations démographiques et ethnographiques peuvent également contribuer à jeter quelque lumière sur les autres facteurs qui ont déterminé cette situation, aider à l'expliquer et montrer, en même temps, l'erreur profonde de la politique allemande.

Les Slaves du Sud n'ont pas été, dans une certaine mesure, sans subir l'influence des races méditerranéennes, grâce à l'action qu'ont exercée leurs civilisations en même temps que par les relations qu'ils ont entretenues avec elles au cours de l'histoire, et, par suite, ont été rendus plus accessibles aux influences occidentales d'origine latine; ces influences, si elles n'ont pas modifié leurs tendances propres, peuvent du moins les avoir préparés à un rapprochement et à une compréhension réciproques. Il suffit de rappeler la lutte des Slaves en Bohême et en Moravie contre le germanisme, soit sous la forme du

protestantisme allemand, soit sous celle de l'immigration allemande, qui aboutit à l'insurrection contre la Maison d'Autriche
et se termina par l'assujettissement de la nation tchèque, après
la bataille de la Montagne-Blanche, en 1620. A la fin du xviii[e]
siècle, les Tchèques se ressaisissent, une nouvelle réaction
s'opère et c'est grâce à l'énergique résistance opposée par les
Slovènes au germanisme autrichien que les Allemands ne sont
pas parvenus à étendre leur zone d'influence depuis la mer du
Nord jusqu'à l'Adriatique et à assurer leur domination sur ces
deux mers.

Les Slaves du Nord et les populations allogènes ont, au contraire, tout au début, subi d'abord très durement la domination
allemande, puis plus tard l'impérialisme allemand a cherché à
y établir son influence et, par ailleurs, l'action française du
xviie et du xviiie siècle n'a pas eu de prise sur leurs masses
complètement fermées à notre civilisation. En opposition aux
deux courants qui prennent naissance au sein des populations
slaves et s'y propagent, les slavophiles puis les panslavistes
s'efforcent de renouer la tradition et de rattacher politiquement
les Slaves du Sud aux Slaves du Nord, et on voit, par exemple,
Khomiakov (1804-1860) faire appel dans ses poésies populaires
à la fraternité slave pour réunir les aigles slaves. D'autre part,
la Prusse, comme on l'a souvent rappelé et comme nous allons
y revenir plus loin, a été en grande partie slavisée. Mais, dans
la réaction des deux éléments l'un sur l'autre, c'est l'élément
allemand qui l'a emporté et, en définitive, a marqué les éléments
slaves de certaines classes qui se sont mêlées à lui. On peut ainsi
trouver des raisons lointaines, donner des explications indirectes,
mais qu'il est faux, comme nous allons le montrer, de rapporter
à des affinités ethniques, à la domination que les Allemands
prétendent exercer sur une partie des populations slaves ou
allogènes de la Baltique, aux rapprochements qu'ils essaient de
réaliser, aux liens économiques et moraux qu'ils veulent imposer, et, on voit par là tout le danger que présenterait pour nous,
pour tous les autres éléments européens, tout rapprochement
qui mettrait à profit les anciennes influences que les Allemands
avaient acquises dans ces provinces, en un mot toute politique
qui laisserait prendre un développement moderne aux rapports
qu'ils y ont autrefois entretenus et permettrait une extension
nouvelle des relations qu'ils avaient pu s'y créer.

Ces faits, parmi beaucoup d'autres qui ne peuvent trouver place ici mais qu'il serait facile de produire à l'appui, suffisent, comme nous allons le voir, pour montrer l'erreur grossière que l'Allemagne a commise en essayant de donner à ses ambitions pangermanistes de prétendues raisons ethniques et de faire appel pour les justifier à un faux appareil scientifique.

*
* *

A. de Quatrefages, au début de l'opuscule « La Race prussienne », dans lequel il réunissait les articles qu'il avait publiés dans la *Revue des Deux-Mondes*, en février 1871, — et qui n'en restent pas moins d'actualité, bien qu'ils aient été écrits il y aura bientôt cinquante ans, — après avoir rappelé qu'il s'était « toujours élevé contre les applications de l'anthropologie à la politique », parce que « ces applications reposent presque toujours sur des erreurs » (1), faisait observer avec raison que « l'application de l'anthropologie à la politique n'est pas seulement une source d'erreurs, elle est surtout grosse de périls à peu près inévitables » (2).

En effet, il serait souhaitable, sans nul doute, que les conditions politiques, les régimes tinssent compte de la race et des conditions géographiques, s'appuyassent d'abord sur des caractères naturels, mais l'établissement de semblables corrélations n'est plus aujourd'hui exactement réalisable; il nous est aussi impossible historiquement que physiquement de revenir à un tel état de choses en toute équité et avec précision. De là vient la difficulté de donner, par exemple, une signification exacte et concrète à la formule de la « reconnaissance des nationalités » ou de la « liberté des peuples à disposer d'eux-mêmes ». L'idée très légitime qu'on veut exprimer ici fait appel à la notion de « nationalité » sous laquelle sont englobés souvent des populations très diverses ou à celle de « peuple » qu'il devient, dans l'état actuel des sociétés, très difficile de définir ethnologiquement et qui se trouvent ainsi toutes deux confondues.

Que faut-il entendre, en effet, par Allemands, par Slaves? Quels ont été leurs rapports anciens? Quelles sont les diffé-

---

(1) A. de Quatrefages, *La race prussienne*, 1871, p. 3.
(2) *Id.*, p. 5.

rences qui séparent les Slaves et les peuples des rivages de la Baltique? Il importe d'examiner les réponses qu'il est possible de faire à ces questions, si on veut juger exactement de la situation qui revient à chacun d'eux.

A. de Quatrefages, dans le même opuscule auquel nous renvoyons, rappelait que : « Dans le bassin de l'Oder les populations germaniques se heurtaient aux populations slaves » et que : « De ce contact sortit sans doute la race mixte des Vandales qui, au ii° siècle de notre ère, occupait le cours supérieur de l'Elbe et dont le nom a laissé dans l'histoire une signification presque inutile à rappeler ». Selon A. Maury, à qui il se réfère, les Vandales qui ont été rattachés tantôt au tronc germanique, tantôt à la souche slave, doivent, d'après l'étymologie de leur nom, tenir surtout de cette dernière (1).

Toute la partie de l'Allemagne du Nord qui s'étend sur les deux rives de l'Elbe et dans le bassin de la Saale, son affluent, entre l'Elbe, l'Oder et la Bober, et comprend la Prusse occidentale, le Holstein, le Mecklembourg, l'île de Rugen, la Silésie, la Saxe royale, la principauté d'Anhalt et les autres petites principautés du Sud, furent autrefois occupées par les Slaves et ne paraissent avoir été définitivement germanisées qu'au xiv° siècle.

Dans ces territoires anciennement slaves ou ayant reçu des apports slaves, entre l'Elbe et l'Oder, et même dans ceux situés plus à l'est, des dialectes slaves, malgré la germanisation complète de ces régions, se sont maintenus sur certains points et, en particulier, on en trouve les traces chez les Wendes, qui habitent le Spreewald, à quelques lieues au sud-est de Berlin.

Les Slaves semblent même être venus beaucoup plus loin à l'ouest et des historiens prétendent retrouver dans Verdun l'ancienne *urbs sclavorum* des Romains.

Mais on sait qu'aux iv° et v° siècles de notre ère les tribus germaniques, à leur tour, se portèrent, dans leurs migrations, à la fois vers l'ouest et vers le sud. De plus, les princes slaves de Bohême appelèrent, aux xii° et xiii° siècles, des Allemands pour défricher les forêts des territoires de l'ouest et du nord-ouest.

Tous les territoires situés à l'est de l'Elbe et même, selon plusieurs auteurs, ceux situés en deçà de ce fleuve, au-dessus

____

(1) A. de Quatrefages, *La race prussienne*, 1871, p. 17 et 18.

d'une ligne allant jusqu'à Lunebourg, dans le Hanovre, et Nuremberg, au sud, auraient été envahis par les Slaves. Au v° siècle de notre ère, ceux-ci conquièrent Prague sur les Germains. Du reste, beaucoup de noms de villes, tels que Berlin, Stettin, Lubeck, Dantzig, Breslau, etc., ne sont point germaniques et indiquent, comme l'ont remarqué les historiens allemands eux-mêmes, l'existence probable d'anciennes colonies slaves. En Saxe, les noms slaves sont fort nombreux. Par exemple (1) : Dresde, en allemand Dresden, viendrait d'une ancienne forme serbe, Driezdzany, en tchèque Drazdany, qui viendrait elle-même d'un ancien mot *dronzga*, qui signifie forêt; Leipzig, ancienne forme de Lipsk ou Lipsko, nom donné aux lieux où se trouvent des bois de tilleuls du slave *Lipa*, tilleul; Chemnitz provient, sans doute, du mot *kamenica*, de *kamen*, pierre et, par extension, mine, carrière. Il en est de même pour beaucoup d'autres noms de lieux moins connus. D'ailleurs, les Wendes, qui appartiennent à un rameau de la race slave et s'étaient répandus de la Baltique aux Alpes Carniques, occupent encore dans l'Etat prussien les territoires de la Haute et Basse-Lusace. Primitivement, ils habitaient la région s'étendant de la Saale thuringienne à la Bober, au nord jusqu'au parallèle de Berlin et au sud jusqu'aux monts Métalliques et aux monts de Lusace. Ils ne forment plus maintenant qu'un îlot ethnique entouré de tous côtés par les Allemands. Les Slaves de la Lusace, en allemand Lausitz, en serbe Luzica, mot slave signifie pays marécageux, et qui seraient encore au nombre de plus de 150.000, bien qu'une statistique allemande de 1900 donne le chiffre de 93.000, se trouvent actuellement répartis entre la Saxe royale, à qui cette région, appartenant à la Couronne de Bohême, fut cédée en 1635, et le royaume de Prusse. Ils s'appelaient eux-mêmes Serbjo et on les nomme communément Sorabes. En 1795, Jean Potocki publie, à Hambourg, un *Voyage dans quelques parties de la Basse-Saxe pour la recherche des antiquités slaves ou wendes, fait en 1794.* Vers 1840, un mouvement national se produisit parmi eux et les Wendes restés sur le territoire de la Saxe fondèrent, à Bautezen, une société pour le développement de leur langue et de leur littérature, *Masica Serbska*, ainsi qu'une revue. Dans la

---

(1) Cf. Louis Léger, *Le panslavisme et l'intérêt français*, 1917, p. 20-21.

principauté d'Anhalt, le nom de la ville de Zerbst reproduit
une ancienne forme slave désignant le lieu de réunion des
Serbes, aujourd'hui disparus depuis longtemps de cette région.
En Silésie, des villes ont également conservé un nom slave :
Torgau, la ville des commerçants; Glogau, la ville des houx.

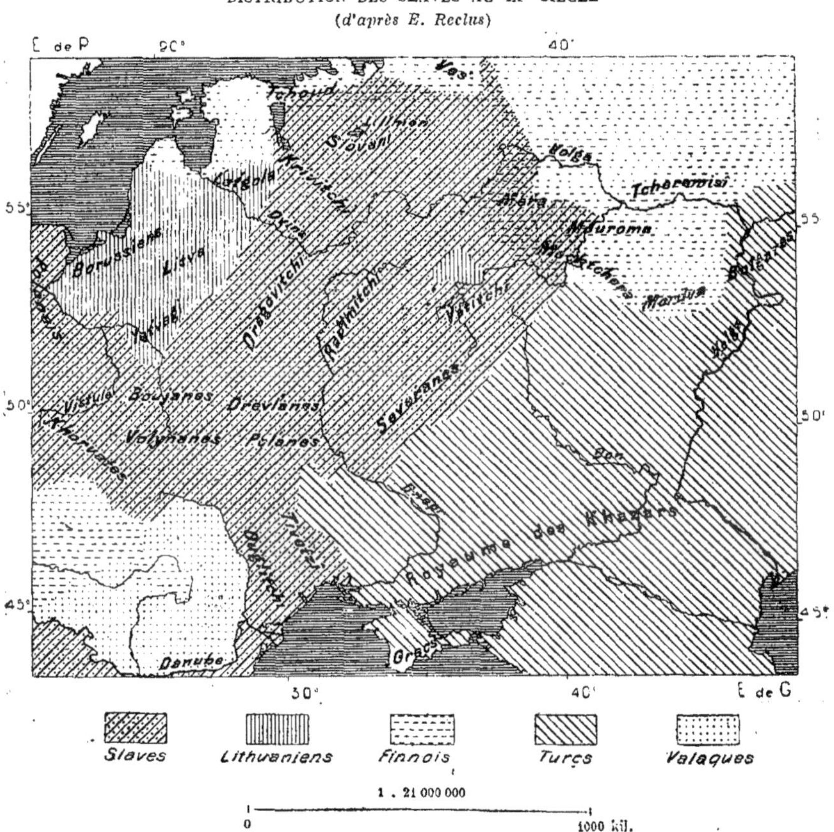

DISTRIBUTION DES SLAVES AU IXe SIÈCLE
(*d'après E. Reclus*)

Le nom de la Poméranie, en allemand Pommern, est lui-même
un mot slave qui signifie littoral, *po*, le long de, *more*, la mer.

Par contre, Moscou aurait été conquis sur les tribus ouralo-
altaïques par les Slaves, refoulés de l'ouest par les Allemands.
Cette ville, qui aurait été située à l'origine en terre finnoise,
se serait ensuite trouvée au milieu d'un territoire colonisé par
les Slaves. En effet, les Fenni orientaux, qui s'étendaient depuis

le confluent du Volga et de l'Oka jusqu'aux monts Oural, furent refoulés dans la région mal déterminée que les anciens nommaient Sarmatie européenne et qui s'étendait entre la Vistule et le Tanais, et comprenait tous les pays de la Russie situés de ce côté de la mer Baltique et de la Pologne.

E. Reclus, qui donne la carte, reproduite ci-contre, permettant de se rendre compte de la distribution des Slaves au ix° siècle, faisait remarquer qu' : « Aux origines de l'histoire « écrite, c'est-à-dire il y a neuf siècles environ, les populations « slavonnes, plus puissantes dans l'Europe centrale qu'elles ne « le sont aujourd'hui, étaient en revanche beaucoup moins « nombreuses dans les plaines orientales : elles n'occupaient « qu'un cinquième du territoire actuel de la Russie, et tout le « reste du pays appartenait aux Lituaniens, aux Finnois et à di- « verses tribus errantes ou fixées venues des steppes de l'Asie. » Or, aujourd'hui : « Les Russes et autres peuples slaves peuplent « les quatre cinquièmes de l'empire et débordent au loin en « Silésie, au Turkestan, dans les vallées du Caucase. De pareil- « les annexions ethnographiques ont-elles pu se faire en neuf « cents années sans que les nouveaux venus se soient intime- « ment mélangés avec les anciens habitants de la contrée » ? (1).

L'ethnographe et philologue estonien, le docteur M. Weske, professeur de langues finnoises à l'Université de Kasan, montre, dans un opuscule publié en russe en 1888, que les tribus finnoises occupaient autrefois toute la partie de la Russie septentrionale et orientale située au-dessus d'une ligne droite allant de Memel sur la mer Baltique à la mer Noire. Cet auteur cite des noms d'origine finnoise, de villes, de fleuves, de montagnes, de territoires, etc., qui subsistent jusque dans les Gouvernements de Kiev et de Kharkov, tels que : Moscou, *Musta joki*, le fleuve noir, Volga, *Walge joki*, la rivière blanche, Kama, Oka, Wuoksa, Ilmen, etc. Ce n'est qu'au cours des dix derniers siècles, depuis sa fondation, que la Russie a conquis et russifié les populations finnoises dont il reste encore quelques îlots dans la région du Volga : les Tchérémisses, Tchouvaches, Mordvines, Vogules, etc., qui ont conservé leur langue, leurs coutumes et même une partie de leur ancienne religion païenne. Les oppositions qui se révèlent entre diverses

---

(1) Elisée Reclus, *Nouvelle Géographie Universelle*, 1880, t. V, p. 295-296.

parties de la population de l'ancien empire russe ne sont peut-
être pas sans relation avec ces mouvements fort anciens de

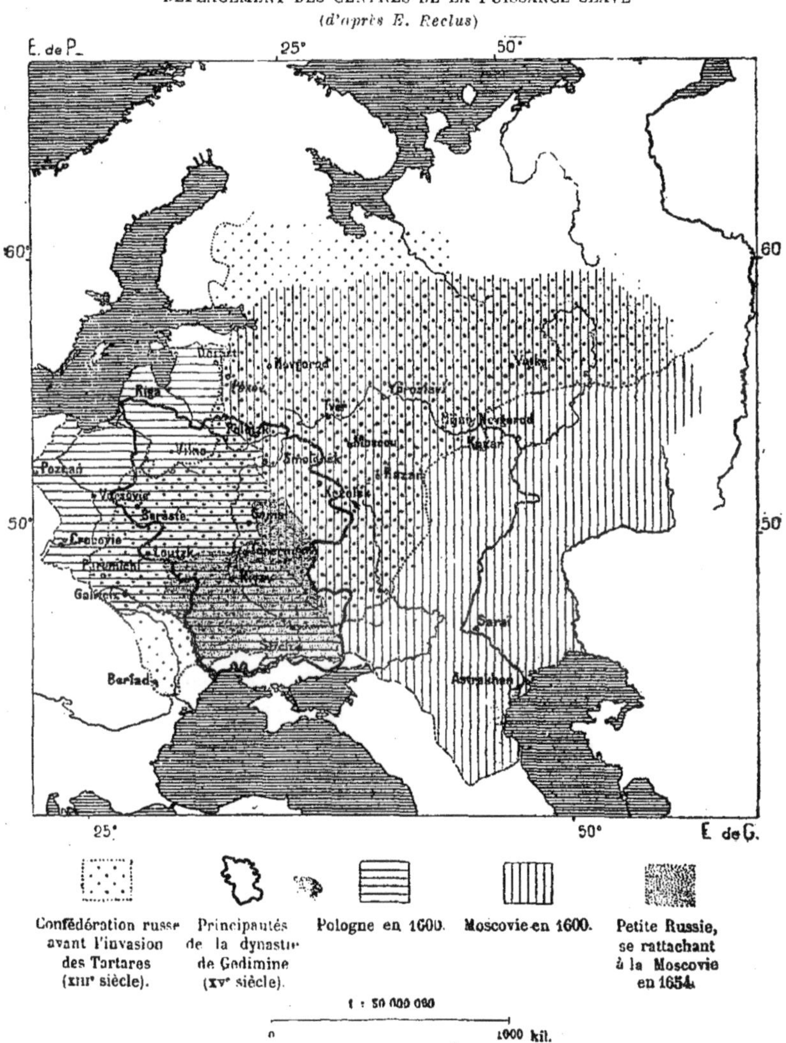

populations d'origine différente, avec l'existence consécutive
d'îlots ethniques, et il est probable qu'elles sont sous la dépendance des survivances que ces derniers ont laissées.

Plus tard, il est vrai, les empereurs de la Maison de Saxe, puis les princes des Maisons guefe, wettinienne et ascanienne (1), entreprirent avec cruauté des guerres sanglantes pour conquérir les pays situés entre l'Elbe et l'Oder, et au delà de ce dernier; les Hohenzollern poursuivirent, à leur tour, la conquête de ces mêmes territoires, pour y étendre et y assurer la domination allemande. Albert I⁰ʳ, dit l'Ours, dont un descendant, qui fut dernier grand-maître de l'Ordre teutonique, sécularisa les domaines en 1525 et les érigea en duché à son profit, conquit, vers 1160-1170, la ville de Brandebourg et les terres où est aujourd'hui situé Berlin, sur la tribu slave des Wiltzes. Enfin, les chevaliers de l'Ordre teutonique, que les souverains polonais crurent devoir favoriser, ce qui ne peut s'expliquer que par des raisons religieuses et par la situation difficile où se trouvait leur pays et peut-être aussi par la versalité de leur caractère, portèrent avec la même barbarie la domination allemande au delà de la Vistule et du Niémen, et même de la Duna.

Au XIII⁰ siècle, Premysl Otokar, roi de Bohême (1253 à 1278) encourage la colonisation allemande en Moravie et ce n'est que plus tard, lorsqu'il découvre toute l'ambition de Rodophe de Hasbourg, qu'il se plaint à un cardinal romain du tort que les Frères Mineurs allemands font en Bohême et en Pologne aux Frères de langue slave. Krijanitch, prêtre croate et l'un des plus ardents apôtres des idées panslavistes au XVII⁰ siècle, se rend compte du danger de la germanisation et fait dire à un des interlocuteurs, Hervoï, représentant le Slave du Sud, qu'il met en scène dans son traité *De la Politique* : « Les Allemands « envahissent nos pays, sous prétexte d'y apporter les arts de là « la paix et de la guerre. Ils viennent s'établir chez nous avec « leurs femmes; mais ils ne trouvent pas le chemin du retour. « C'est ainsi qu'ils nous ont chassés de la Moravie, de la Poméranie, de la Silésie, de la Prusse. En Bohême, il ne reste que « peu de Slaves dans les villes; en Pologne, elles sont complètement germanisées ». Et il ajoute, nous contentant de rapporter les paroles qu'il met dans la bouche de son personnage sans relever les erreurs de divers ordres qu'il commet : « Une « autre partie des Slaves s'est établie sur les bords de la mer

---

(1) Cf. Ernest Lavisse, *Etude sur l'une des origines de la monarchie prussienne ou la marche de Brandebourg sous la dynastie ascasienne*, 1875.

« Baltique, dans la Poméranie, la Pologne, la Silésie, la Bohê-
« me et la Moravie. Mais, à cause de leurs querelles et de leurs
« alliances avec les Allemands, ils sont tombés dans un hon-
« teux servage. Ils se sont germanisés de telle sorte qu'ils ne
« sont, aujourd'hui, ni Slaves, ni Allemands. Les Allemands
« nous ont chassés des villes de Livonie, de Prusse, de Pomé-
« ranie et de tous les rivages de cette mer naguère slave,
« aujourd'hui allemande » (1).

Au point de vue des revendications présentées actuellement
par les populations de l'Europe orientale, et étant donné
l'extension ancienne des Lituaniens de la Baltique à la mer
Noire et le balancement des Polonais à l'ouest et à l'est au
cours de l'histoire que nous examinerons plus loin, il est
également intéressant de noter l'existence d'une réaction de
l'activité allemande plus récente, mais de moindre importance,
et que les Allemands, à la fin du xviiie siècle, vinrent en
assez grand nombre dans la Russie du Sud-Ouest pour coloniser les territoires connus sous le nom de « Nouvelle Russie ».
Une partie de ces derniers, principalement les prolétaires
mennonites et quelques autres émigrèrent vers 1874, mais
la plupart revinrent ensuite s'établir dans la Russie méridionale. D'après E. Reclus (2) : « En 1789, ils fondaient plusieurs
« villages dans le Gouvernement de Yekaterinoslav, à l'ouest
« des cataractes du Dnieper et dans les steppes qui s'étendent
« entre la grande courbe du fleuve et la mer d'Azov. La plu-
« part de ces immigrants venaient du sud-ouest et de l'ouest
« de l'Allemagne, de la Souabe, du Palatinat, de la Hesse;
« quelques Alsaciens se sont également mêlés aux groupes de
« colons. Des émigrants sortis du Mecklenburg et de la Prusse
« orientale lors des années de disette ont aussi fondé diverses
« colonies dans la Nouvelle-Russie, ainsi que des Allemands de
« la Pologne et du pays des Magyars.... En 1876, le nombre
« des colonies allemandes groupées et éparses dans les quatre
« gouvernements de Yekaterinoslav, de Kherson, de Tauride
« et de Bessarabie s'élevait à 370 et les habitants y étaient plus
« de 200.000, soit un peu moins de la vingtième partie de la
« population » (3). D'autres émigrants allemands venant de la

---

(1) D'après Louis Léger, *Le panslavisme et l'intérêt français*, p. 65-66.
(2) E. Reclus, *Nouvelle Géographie Universelle*, t. V, p. 511-513.
(3) Peter Diehl, *Geogr. und Statist. Verein zu Frankfurt*, 1875.

Poméranie et de la Prusse orientale se sont également établis, vers la même époque, en Volhynie, entre Brest et Loutzk, aux environs de Novgrad-Volhynsk et de Berditchev.

D'après ce qu'on sait de ces migrations, on a pu soutenir qu'en Allemagne une importante partie de la population, estimée au tiers par les uns et même à la moitié par les autres, était d'origine slave. Les populations de la Prusse orientale, dont une partie a reçu des éléments d'origine lituanienne, de la Posnanie, de la Prusse occidentale, de la Silésie, de la Poméranie, du Brandebourg, du Holstein oriental, de la partie nord-est du Hanovre, de la plus grande partie de la province de Saxe et du royaume de Saxe, du duché d'Altenbourg, du nord-est de la Bavière, seraient celles qui auraient été plus particulièrement affectées par ces apports.

De Gobineau, dont les idées, mal interprétées, ont été fort discutées et dont les vues ont été déformées par les Allemands pour les faire servir aux besoins de leur cause, n'avait donc pas tort quand il soutenait que le véritable type germanique devait se retrouver dans les pays scandinaves et en Angleterre, et que « les populations de l'Allemagne, fortement imprégnées d'éléments slaves en Prusse et de sang celtique au sud, lui paraissaient très peu germanisées » (1).

A. de Quatrefages, parlant de ces populations, disait de même : « Les éléments ethnologiques de cette nation sont tout autres que ceux qui ont donné naissance aux populations vraiment allemandes. Des conditions climatériques spéciales ont maintenu et accentué les différences originelles », et, il concluait : « En réalité, au point de vue anthropologique, la Prusse est presque entièrement étrangère à l'Allemagne » (2).

Ces observations générales nous semblent d'autant plus importantes à rappeler que l'Allemagne s'appuie encore aujourd'hui sur des considérations de cet ordre pour légitimer ses ambitions. Un Allemand, M. Félix Wolff, qui croit pouvoir soutenir que les Français appartiennent à une race africano-berbéroïde, déclarait récemment : « Cette guerre, quelque étrange que cela puisse paraître aux personnes non initiées à l'anthropologie, est, dans la pleine acception du mot, une

---

(1) De Gobineau, *Essai sur l'inégalité des races humaines*, t. IV, p. 172.
(2) A. de Quatrefages, *La race prussienne*, p. 8.

guerre des Européens (que représentent les Allemands) contre les Africains », race qui, d'après ce dernier, « de plus en plus dominée par sa mentalité primitive, se complait dans un état d'hostilité acharnée contre les représentants du véritable esprit européen » (1).

*
* *

Lorsqu'on étudie plus spécialement l'origine et l'histoire des populations de la Baltique, et qu'on cherche à connaître exactement la place qu'elles occupent par rapport aux Allemands, on voit, bien que la présence de certains mots anciens de racine germanique mêlés au finnois aient permis à des auteurs (2) de soutenir que des populations allemandes ont vécu autrefois dans les régions de la Russie bordant la mer Baltique, que si ces populations ont, au cours de l'histoire, entretenu avec ces derniers de nombreuses relations, elles n'ont cependant rien de commun au point de vue ethnographique. Déjà Elisée Reclus s'élevait contre cette erreur et écrivait : « On donne parfois aux provinces baltiques de l'empire russe le nom de provinces « allemandes », mais bien à tort, car dans cette contrée la masse de la population n'est aucunement germanique et, comme aux premiers jours de l'invasion, les Allemands sont restés ce qu'ils étaient il y a sept cents ans, des étrangers. Le pays appartient aux Estes et aux Lettes par le droit du nombre » (3).

Selon A. de Quatrefages : « Des Finnois, puis des Slaves plus ou moins purs, plus ou moins mélangés, tels ont été, jusqu'au milieu du xiiᵉ siècle, les seuls éléments ethnologiques dans toute la région comprise de l'Estonie au Mecklembourg » (4). Toutefois, les Lettons, les Lituaniens qui occupent les territoires compris entre la Duna et Kœnisberg ne peuvent probablement pas être classés parmi les Slaves.

Au xiiᵉ siècle, des Brémois, sur un bâtiment frété pour l'île de Gothland, atterrirent, en 1158, auprès des bouches de la Dwina et les marchands de la Hanse vinrent ensuite y trafiquer

---

(1) Also sprach Germania (Ainsi parlait l'Allemagne). Extraits d'auteurs allemands publiés depuis la guerre; trad. Jean Ruplinger.

(2) Thomsen, *Ueber den Einflusz der germanischen sprachen auf die finnisch-lappischen.*

(3) Elisée Reclus, *Nouvelle Géographie Universelle*, 1880, t. V, p. 367.

(4) A. de Quatrefages, *La race prussienne*, p. 53.

et y établir des comptoirs (1). Dans l'opuscule que nous avons cité et auquel nous renvoyons, A. de Quatrefages rappelle, du reste, toutes les entreprises des Germains sur les territoires baltiques et slaves, et en donne un aperçu historique.

A la suite de ces incursions et des conquêtes des chevaliers de l'Ordre teutonique, il se constitua, dans les pays situés à l'est de l'Elbe et restés essentiellement agricoles, une classe seigneuriale allemande formée par les descendants des conquérants et qui resta profondément séparée de la population aborigène assujettie par eux. Cette distinction entre ces deux parties de la population s'est nettement maintenue jusqu'à nos jours et s'est perpétuée non seulement en Poméranie, en Brandebourg et en Silésie, mais jusqu'en Courlande et en Livonie.

A. de Quatrefages écrivait à ce sujet : « En passant définiti-« vement aux mains d'un prince allemand, en conservant à « titre de *nobles* la plupart des anciens chevaliers de même « origine, ce pays devait se germaniser de plus en plus dans « les hautes classes, tandis que le fond de la population restait « le même. Toutefois, l'élément slavo-finnois, tel que l'avait « fait la première conquête, fut loin de disparaître, même « dans la noblesse. L'ancienne aristocratie des Pruczi n'avait « pas lutté pour son indépendance avec autant de persévérance « et de ténacité que les populations. Malte-Brun revient sur ce « point à diverses reprises et Cantu confirme ses appréciations « générales par une foule de détails. Une partie des anciens « chefs avait accepté le joug de l'Ordre teutonique. Plusieurs « même étaient entrés dans ses rangs. Leurs descendants pri-« rent aussi nécessairement place à côté des chevaliers germains « sécularisés et de leurs fils. Certainement plus d'une famille « noble prussienne a là ses origines... »

Les Borussi ou Porussi, peuple de la Sarmatie, auquel la Prusse actuelle qui embrasse des pays très différents a emprunté son nom, habitaient sur les bords de la Vistule et du Neman, *Ros* étant le nom lituanien de Neman, d'où l'appellation de Po-russi, ou « gens des bords du Ros ». Cette racine *rus* ou *ros* se retrouve du reste dans beaucoup de noms de lieux, dans l'île de Rügen, en Poméranie, en Lituanie et en Russie Blanche. Ils semblent se rattacher aux peuples lettons et slaves dont

------

(1) Cantu, **Malte-Brun.**

Ptolemée (1) fait mention et que Malte-Brun range parmi ceux que nous retrouvons plus tard sur les confins de la Lituanie et de la Prusse orientale. Au début du XIII° siècle, Conrad, duc de la Mazovie, qui appartint de 1138 à 1529 à une branche de la Maison royale des Piast, tente, sans y parvenir, d'assujettir les Porusses pour les convertir au christianisme en 1207. Il appelle contre les Prussiens qui menacent ses Etats, les Porte-Glaives, en 1215, et les Chevaliers teutoniques, en 1226. Après une lutte qui dura de 1230 à 1283, ces derniers conquièrent tous les territoires prussiens, sous la conduite de leur grand-maître Hermann de Salza. L'Ordre, qui s'était installé à Marienburg, en 1309, après avoir été obligé de quitter la Terre-Sainte en 1290, et avait d'abord prospéré, ne tarde pas à péricliter à la suite des guerres perpétuelles qu'il entreprend contre la Lituanie et la Pologne; d'autre part, les chevaliers de l'Ordre, qui exaspèrent les populations par leurs rapines et leurs cruautés, soulèvent une grande insurrection, en 1454, sous le grand-maître Louis d'Erlischhausen, et celles-ci secouent le joug de l'Ordre pour se placer sous la protection de la Pologne. La paix de Thorn, conclue en 1466, met fin à la guerre et partage la Prusse en deux parties : l'une, située à l'ouest, la Prusse royale, devient partie du Royaume de Pologne, et l'autre à l'est, la Prusse teutonique, reste à l'Ordre, mais demeure sous la suzeraineté polonaise. Pour se soustraire à cette dernière, le Margrave Albert de Brandebourg, que l'Ordre choisit pour grand-maître en 1511, par la paix de Cracovie conclue avec le roi Sigismond de Pologne, en 1525, transforme la Prusse en un duché séculier qu'il garde comme fief de la Pologne et qu'il rend héréditaire dans sa propre famille. Mais les électeurs de Brandebourg, grâce à l'influence qu'ils acquièrent dès 1577, finissent par demeurer maîtres de la Prusse en 1618 et, à partir de cette époque, celle-ci reste à la Maison électorale de Brandebourg, d'abord comme fief polonais et ensuite comme possession indépendante.

Toutefois, si des représentants de ces anciennes populations ont pu s'allier à des germains et participer ainsi à la formation de quelques familles prussiennes, comme nous venons de voir de Quatrefages l'avancer, il ne faut pas oublier que la guerre

---

(1) Geogr., III, V.

entreprise par les Teutoniques au XIII° siècle avec l'appui de Rome contre les anciens Borusses, les Prussiens autochthones, s'était achevée par l'extermination presque complète de ces derniers. De nombreux colons allemands étaient venus dans les villes dotées de larges franchises et où la population était décimée, et, plus tard, ceux qui avaient échappé à ces massacres périrent pendant la terrible période de la guerre du Nord, en sorte qu'il n'existe plus aujourd'hui de véritables Prussiens (1).

Les Finnois, les *Finni* de Tacite, qui, au temps de l'Empire romain, s'étendaient depuis les Carpathes jusqu'au Volga et furent ensuite refoulés par les Goths aux III° et IV° siècles de Jésus-Christ, ne sont plus actuellement répandus que dans les provinces d'Ingrie, de Livonie et, à la suite de migrations successives, habitent actuellement en grande partie la région de l'Europe septentrionale qui a pris le nom de Finlande. Certains les considèrent comme une branche de la famille des Huns; en tout cas, ils se joignirent à eux contre l'Empire des Goths, en 376, et, au V° siècle, prirent part avec ces derniers aux invasions de l'Europe occidentale.

Le nom de Finlandais, de Finnois, paraît être d'origine germanique et traduit de l'appellation locale que les habitants *Suomi* donnent au pays *Suomen-maa*, c'est-à-dire « Pays des Lacs », et viendrait de l'anglo-saxon *fen*, en français *fagne*, *fange*, marécage. Cette étymologie est contestée, mais d'après Elisée Reclus (2) : « On peut dire, d'une manière générale, « que les habitants actuels de la Finlande sont en majorité « de souche ouralo-altaïque et qu'ils sont étroitement appa- « rentés aux Magyars, de même qu'aux peuplades non encore « civilisées des Tcheremisses, des Ostiakes, des Vogoules, des « Samoyèdes. Ils sont évidemment très mélangés, car le « pays qu'ils habitent et où ils arrivèrent, pense-t-on, vers « la fin du VII° siècle ou vers le commencement du VIII° « a été souvent envahi et les diverses tribus qui s'y sont « succédé ont laissé leurs descendants croisés avec la popula- « tion actuelle.... Dès les premiers temps de la colonisation, « c'est avec les tribus orientales habitant la Russie du Nord « que les colons finlandais eurent leurs relations les plus fré-

---

(1) Cf. Emile Haumant, *La guerre du Nord et la paix d'Oliva* (1655-1660).
(2) Elisée Reclus, *Nouvelle Géographie Universelle*, 1880, t. V, p. 332-333.

« quentes, car presque tous les objets trouvés à l'est et à
« l'ouest du lac Ladoga se ressemblent par la matière et par
« le travail. Plus tard, lors de l'âge de bronze, puis surtout
« pendant le premier âge du fer, l'influence scandinave devient
« prédominante; ensuite, un nouveau reflux historique ramène
« la civilisation slave dans le pays et, quand l'histoire propre-
« ment dite commence à éclairer la Finlande, on retrouve les
« Scandinaves, c'est-à-dire les peuples de l'Occident, en con-
« tact beaucoup plus intime que les Russes avec les popula-
« tions de la contrée » (1).

Si divers noms de lieux permettent de retrouver la trace du
passage des Lapons dans la Finlande méridionale (2), cet auteur
signale que : « Dans les régions septentrionales de la Finlande
« l'influence des Lapons a probablement été assez considérable
« par les croisements sur la population finnoise des Ostrobot-
« niens et des Qväner (Kainuläiset); en 1849, Andreas Ware-
« lius citait dans la province d'Uleaborg un grand nombre de
« districts et de hameaux dont la population agricole était de
« race mêlée et se servait encore partiellement du lapon. Quant
« à la Finlande méridionale, divers anthropologistes contestent
« encore qu'elle ait été habitée autrefois par les Lapons. Il est
« vrai que les traditions locales sont unanimes en faveur de cette
« hypothèse, et les noms de Jaettiläiset, Hiidet, Jatulit, Jotunit,
« s'appliqueraient encore à ces aborigènes disparus » (3).

Enfin, — et on verra plus loin l'importance de ces considérations au point de vue des revendications filandaises, —
il faut noter, comme le fait remarquer E. Reclus, que parmi
les Finlandais du Sud se rencontrent deux types possédant certains caractères opposés : les Tavastes, trapus, à la face large,
aux cheveux blonds avec des yeux clairs à fente étroite et
parfois obliques, et les Karéliens, de taille plus élevée, aux
traits réguliers, aux cheveux châtains et aux yeux gris-bleu
foncé, rarement bridés. « Les premiers habitent la partie sud-
« occidentale de la Finlande, dans l'espace triangulaire limité
« à l'ouest et au sud par les Suédois du littoral, et c'est la
« civilisation scandinave qui exerça sur eux la plus grande
« influence, tandis que les Karéliens se sont trouvés en con-

(1) Gustaf Retzius, *Finska Kranier.*
(2) Ujfalvy, *Mélanges altaïques.*
(3) Elisée Reclus, *Nouvelle Géographie Universelle,* t. V, p. 333.

« tact surtout avec les Russes. D'après van Haartman, qui les
« étudia le premier, les Tavastes, qui s'appellent eux-mêmes
« Hämäläiset, ce qui signifie peut-être, — à en juger par un
« mot esthonien, — « Gens du Pays Humide », seraient les
« Finnois par excellence » (1). D'après cet auteur : « Aux
« xie et xiie siècles, le centre de la puissance des Hämäläiset,
« les Yam ou Yem des Russes, paraît avoir été beaucoup plus à
« l'est, entre le Ladoga et la Dwina; mais, attaqués par les
« Karéliens du Nord, par les Russes du Sud, ils furent obligés
« de se déplacer; cependant, il existerait encore des Yem, au
« nombre de 20.000, dans les districts orientaux, vers Petroza-
« vodsk et Belozersk » (2).

Quant aux Karéliens qui peuplent la région orientale de la
Finlande et les territoires de l'Empire russe qui s'étendent jusque dans le voisinage de la mer Blanche : « L'histoire les
« montre fréquemment engagés en des expéditions de guerre.
« En 1187 et 1188, ils envahissent même la Suède, entrent dans
« le lac Mälären, incendient la ville de Sigtuna, tuent l'évêque
« d'Upsala. Trois années après, ils brûlent Abo et détruisent
« toutes les colonies suédoises de la Finlande; puis, quoique
« baptisés par les Novgorodiens au commencement du xiii^e
« siècle, ils leur font souvent la guerre, mais s'unissent aussi
« à eux pour combattre les Suédois » (3).

De Quatrefages qui avait d'abord classé les Finnois parmi
les allophyles, admet ensuite une branche finnique et déclarait
que si les populations « qui se rattachent à ce type sont loin
« d'avoir, dans l'histoire de l'humanité, un rôle comparable
« à celui des peuples aryans ou sémites », elles ont, selon lui,
« exercé une influence ethnologique plus grande qu'on ne
« l'admet d'ordinaire », quoi qu'on ne puisse « accepter aujour-
« d'hui la théorie qui attribuait aux Finnois seuls le premier
« peuplement de l'Europe » (4). Il fait remarquer que : « Les
« races finnoises, représentées à l'est de l'Oural moyen par les
« Vogouls et les Ostiaks, occupent une aire considérable jus-
« qu'au delà du Ienisseï, et leur contact avec les Jaunes a eu
« le résultat habituel. Au nord, chez les Samoyèdes, les mé-

---

(1) Elisée Reclus, *Nouvelle Géographie Universelle*, p. 334.
(2) *Id.*, p. 337.
(3) *Id.*, p. 337.
(4) De Quatrefages, Introduction à *l'Etude des races humaines*, p. 454.

« langes se sont multipliés au point que Middendorff a consi-
« déré ces derniers comme une population entièrement mixte,
« résultant du croisement des Finnois avec les Mongols » (1).

D'ailleurs, bien que les habitants de l'Estonie diffèrent singulièrement des Finnois du Nord par leurs caractères comme
par leur langue, un mouvement estonien, que signalait déjà
E. Reclus (2), et qui lui faisait dire : « C'est le commence-
« ment du « pan-finnisme », tend à rapprocher l'Estonie de la
Finlande, et il se pourrait que les événements actuels aient,
par leurs répercussions politiques, pour effet de lui donner un
nouveau regain, comme nous le verrons plus loin, en parlant
de ces deux pays. Toutefois, ce mouvement ne se présente pas
sous la forme d'un impérialisme et ne semble tendre actuellement qu'au regroupement des terres et des peuples finnois, à
leur rapprochement, dans l'intérêt de leur propre défense et
de la consolidation de leur situation.

« Les Ehstes » ou Estoniens sont considérés par E. Reclus (3)
comme « un peuple frère des Finnois » et, dit-il, « ce sont des
« Suomi, par l'origine aussi bien que par la langue, comme
« les populations de la « contrée des lacs et du granit ».
Ainsi qu'il le fait remarquer, « leur nom se rencontre dans un
« grand nombre de documents anciens, de Tacite et de Ptolé-
« mée à Jordanès et aux sagas scandinaves, sous les diverses
« formes d'Ostiones, Aesthieri, Istes, Aistones (4); les Lettes
« les appellent Igaunas ou « Expulsés », mais eux-mêmes se
« disent Tallopoëg, « Fils de la Terre », ou bien Marahavas,
« Gens du Pays », et ils sont, en effet, assez nombreux pour se
« croire la population par excellence dans un vaste territoire.
« L'espace qu'ils occupent dépasse de beaucoup les frontières
« de la province qui de leur nom s'appelle Ehstonie; ils sont
« même en masses plus compactes dans la Livonie du Nord
« que dans la province septentrionale et, par de là le Peipous,
« jusqu'au sud du lac de Pskov, ils ont des colonies dans
« les gouvernements limitrophes, Saint-Pétersbourg, Pskov,
« Vitebsk ».

Les Estoniens, vers 1080, avaient été soumis par les Danois

---

(1) De Quatrefages, Introduction à l'*Etude des races humaines*, p. 423-424
(2) E. Reclus, *Nouvelle Géographie Universelle*, t. V, p. 369.
(3) *Id.*, p. 367.
(4) Richter, *Geschichte der Baltischen Provinzen*.

sous le roi Canut IV, qui leur avait imposé le christianisme. A la fin du XIIe siècle, les chevaliers de l'Ordre teutonique et les Porte-glaives de Livonie, comme nous allons le voir, s'emparent du pays, qu'ils se partagent avec les évêques d'Ungannie et de Riga. Vers 1219, le roi de Danemark, Waldemar que l'Estonie révoltée avait appelé, reprend une partie du pays aux chevaliers de l'Ordre teutonique et le débarrasse du joug de la féodalité germanique. Au XIIIe siècle, après une période de guerre que la domination allemande avait fait régner pendant trente années, les Estoniens se soulèvent de nouveau en 1340. Mais vers le milieu du XIVe siècle, ils retombent sous la domination des chevaliers teutons à la suite du traité de Marienbourg, en 1347, par lequel Waldemar IV leur vend la Livonie et ce qu'il possédait de l'Estonie; et cela dure jusqu'en 1559. Ce perpétuel état de guerre, qui se prolongeait depuis des siècles entre les chevaliers de l'Ordre teutonique et les Danois, était suivi, au XVIe siècle, de l'invasion des Suédois en Estonie et en Livonie, qui devient également, en 1632, une possession suédoise, puis des Polonais, en Livonie, vers 1651. L'Estonie se trouva alors rattachée à la Suède par le traité d'Oliva, en 1660. La féodalité allemande y resta néanmoins toute puissante, malgré l'occupation suédoise, et l'influence scandinave apporta avec Gustave Wasa et Gustave-Adolphe quelques jours meilleurs dans la sombre histoire estonienne. La paix de Nystad, en 1721, qui mit fin à la guerre entre Charles XII et Pierre Ier et ratifia la conquête russe par la réunion de l'Estonie à la Russie, brisa à nouveau toutes les espérances des Estoniens qui, après les guerres dévastatrices et les pillages du XVIIIe siècle, avaient vu leur nombre sensiblement réduit.

Vers le milieu du XIXe siècle, après l'abolition de l'esclavage, car jusqu'en 1816 les paysans estoniens étaient tous serfs, un réveil national se produit. Alexandre Ier et Alexandre II font du reste preuve d'une politique bienveillante vis-à-vis de ces populations; mais au moment où le peuple estonien, qui s'était ressaisi à la faveur de ces temps moins pénibles, commence à affirmer à nouveau son existence, un revirement se produit sous Alexandre III et l'ère russe, qui s'était ouverte sous de mauvais auspices avec Pierre Ier, continue de se montrer favorable aux barons baltes aux dépens des populations autochtones. Le Gouvernement russe, qui croit voir dans le développement économique de ces régions, Estonie, Courlande, dans la propagation des langues estonienne et lettone et de l'instruction, un danger pour les intérêts russes, soutient alors la noblesse balte qui, sous le couvert d'un faux loyalisme, seconde avant tout les intérêts allemands et cherche par tous les moyens à se maintenir en faveur à la Cour impériale, pour y servir les plans pangermanistes. Après la période de russification à outrance commencée en 1888, sous Alexandre III, pendant et après la révolution de 1905, s'ouvre une nouvelle ère d'oppression systématique à laquelle les barons baltes apportent leur aide et dont ils se montrent les exécuteurs fidèles, sachant bien que l'action russe sera impuissante et qu'ils préparent ainsi la place à l'influence allemande.

La Livonie, comme nous venons de le voir, était restée ignorée des populations de l'Allemagne jusqu'à ce que des marchands de Brême y parviennent vers 1158. Les Danois cherchèrent alors à y introduire le christianisme et, à la faveur de ce dernier, à dominer le pays avec l'aide des évêques. Meinhard, moine Augustin de Segebert, nommé en 1186 évêque par Urbain III, en est chassé; mais, en 1200, l'évêque Albert d'Apeldern, chanoine de Brême, y fonde Riga et y crée l'Ordre des Chevaliers Porte-glaives. Ces derniers, qui avaient entrepris la conquête de la Livonie et cherchaient à en déposséder les Danois, sont battus par les Lituaniens, en 1236, et réduits à se fondre avec les chevaliers de l'Ordre teutonique, dont le rôle devient, à partir de ce moment, prépondérant dans cette partie de l'Europe. Ces chevaliers réunissent à la Livonie, l'Estonie, la Courlande et l'île d'OEsel, et leur puissance s'étend sur presque tout le littoral de la Baltique. Celle-ci atteint son apogée vers 1400 et décline ensuite. Ceci est d'autant plus important au point de vue de l'histoire des relations de ces territoires avec l'Allemagne que les chevaliers de l'Ordre teutonique, après avoir été chassés d'Asie à la fin des Croisades, étaient venus en Europe, où ils avaient acquis de vastes possessions en Allemagne, en Hongrie, en Transylvanie et aussi en Italie, qu'en 1230 un duc Piast de Cujavie les avait appelés en Prusse pour subjuguer et convertir à la fois les habitants, et qu'après avoir réussi dans cette entreprise, ils en étaient restés maîtres depuis cette époque jusqu'au XVIe siècle. Walter de Plettenberg, qui reconstitua l'Ordre des Porte-glaives, en

1525, rendit son indépendance à la Livonie, mais celle-ci fut démembrée peu après, de 1559 à 1561. L'Estonie va au roi de Suède Eric XIV, l'île d'OEsel est vendue par son évêque au Danemark; Gotthard Kettler, dernier grand-maître de l'Ordre teutonique, cède les droits de son Ordre sur la Livonie à Sigismond-Auguste, roi de Pologne, mais garde la Courlande et la Semigale comme duché séculier; le reste est rattaché à la Pologne. Les Russes, de 1563 à 1577, essaient, à leur tour, d'en prendre une partie; mais la paix de Kieverova-Horka, en 1582, restitue à la Lituanie la partie qu'ils avaient conquise et qui passe ensuite, ainsi que la partie polonaise, entre les mains des Suédois, par la paix d'Oliva, en 1660. En 1689, un gentilhomme livonien, qui avait été capitaine dans l'armée suédoise, s'efforce de soustraire son pays au joug suédois; il va, avec la députation chargée de défendre les droits de la Livonie, devant Charles XI et adresse, au nom des nobles livoniens, des protestations énergiques au Gouvernement suédois de Riga. A l'avènement de Charles XII, il essaie de rattacher la Livonie à la Russie ou à la Pologne, toujours afin de soustraire son pays à la domination suédoise. Condamné à mort, après avoir échoué dans sa tentative, il s'enfuit en Courlande et, après diverses vicissitudes, on le retrouve à la Cour du roi de Pologne comme ambassadeur de Pierre-le-Grand, d'où, pour la délivrance de son pays, il tente encore de fomenter en Livonie une révolte contre les Suédois. A la suite de ces manœuvres, il finit par s'aliéner le roi Auguste. Celui-ci, pour se concilier Charles XII, le livre à ce monarque, qui le fait exécuter. Aujourd'hui, le peuple qui donna son nom à la Livonie est presque éteint et on ne rencontre plus les Lives qu'en très petit nombre au nord de Windau, dans la péninsule qui termine le Domesnœs.

Ainsi que le signale E. Reclus (1) : « Le même sort a frappé « le peuple des Coures ou Courons, — Kors des annales russes, « Kuren des Allemands, — qui a donné son nom à la Cour- « lande, à la Kurishe Nehrung et au Kurishe Haff. On croit « qu'ils étaient d'origine finnoise; mais au XII° siècle, déjà, « ils étaient « lettisés », comme le sont les descendants de « presque tous les Lives (2). Il existe encore un certain nom-

---

(1) E. Reclus, *Nouvelle Géographie Universelle*, 1880, t. V, p. 370.
(2) Richter, *Geschichte der Baltischen Provinzen*.

« bre de familles entre Goldingen et Hasenpoth, au nord-est
« de Libau, qui se disent issues des « rois Coures ». Ces
« rois », mentionnés pour la première fois en 1320, étaient
« des paysans libres, n'ayant point à fournir de corvées,
« affranchis d'impôts et du service militaire; ils avaient aussi
« le droit de chasse : l'opinion générale est qu'ils descendaient
« de chefs coures qui s'étaient soumis volontairement aux
« Allemands. Ils perdirent leurs privilèges en 1854; mais, en
« 1865, on en comptait encore plus de quatre cents dans sept
« villages ».

La Courlande, dont on sait peu de choses jusqu'au XIIIe siècle, après avoir connu aussi l'invasion des Danois avec le roi
Sven III Estritson, vers 1044, et Erick-le-Bon, vers 1100, fut
également conquise, entre 1243 et 1247, par les chevaliers de
l'Ordre teutonique. Ce n'est que lors de la sécuralisation de la
Livonie qu'elle devint un duché vassal de l'Etat lituano-polonais et héréditaire dans la Maison des Kettler (1561-1737). La
veuve du dernier duc, Anne de Russie, — Maurice de Saxe,
qui avait été désigné par les Etats de Courlande comme successeur de ce dernier, ayant été écarté, — donna, une fois devenue impératrice, le duché à Biren, son favori, qui le transmit à
son fils. Celui-ci ayant abdiqué en 1795, Catherine II réunit
alors la Courlande à la Russie.

Les Lettes ou Lettons habitaient primitivement tout le pays
situé au sud de celui des Estes, c'est-à-dire les territoires situés
au nord de la Prusse et du Niémen. Comme le mentionnait
E. Reclus : « Les Lettes ou Lettons, qui ont déplacé les
« Livonniens finnois, sont des Aryens de langage, frères des
« Lithuaniens et des anciens Borusses ou Prussiens, fondus
« maintenant avec les Germains de l'Europe centrale. Ils se
« donnent à eux-mêmes le nom de Latvis, c'est-à-dire de
« Lithuaniens, et leur ancien nom russe, Letgola, qui est évi-
« demment le même mot que Latwin-Galas, signifie « Fin de
« la Lithuanie » (1). Aux VIe et VIIe siècles, les tribus des
Lettons et des Lèches envahirent les territoires que les anciens
dénommaient vaguement Germanie et Scythie d'Europe, et se
mêlèrent aux Slaves de la plaine : aux Polènes ou Polonais.
Peuple de race aryenne, ces Letto-Lituaniens étaient distincts

____

(1) E. Reclus, *Nouvelle Géographie Universelle*, 1880, t. V, p. 370-371.

des Slaves, bien que certains traits permissent de les croire parents.

De même, les Lituaniens, bien que se rapprochant des Slaves par quelques caractères, mais ressemblant plus aux Germains qu'à ces derniers, ont autrefois été classés par erreur parmi eux. Leur idiome est, en effet, plus ancien que le slavon et contient un grand nombre de mots plus voisins des radicaux aryens que de ceux des langues slaves. Ils occupaient, avec les anciens Prussiens, dont ils se rapprochent, tout le littoral de la Baltique, entre la Vistule et la Düna. D'après Elisée Reclus (1) : « Ils s'avançaient au loin dans l'intérieur, ainsi « qu'en témoignent un grand nombre de noms lithuaniens, « surtout dans le Gouvernement de Vitebsk, et même une de « leurs tribus, celle des Golad, habitait les bords de la rivière « Porotva, affluent de la Moskva, à l'ouest du territoire où « s'est fondée la ville de Moscou (2); peut-être avait-elle été « séparée du gros de la nation par la colonisation des Polot- « chanes. On croit aussi les Krivitchi, de Smolensk, issus du « mélange des Lithuaniens et des Slaves, leur nom rappelant « celui du grand-prêtre des Lithuaniens, Krive-Kriveyto. La « plupart des écrivains slaves classent également parmi les « Litvines ces Yatvagues ou Yadzvingues, qui occupaient le « pays du Haut Neman et du Bug, et dont quelques débris « auraient survécu, jusqu'au xvıe siècle, aux exterminations « qu'en firent les Russes et les Polonais ».

Mais, l'ancienneté même de leur idiome permettant de sup- poser que les Lituaniens sont venus en Europe antérieurement à la plupart des autres représentants de la race aryenne, ce géographe (3) fait remarquer que si les Lituaniens ont précédé les Russes dans leur migration, « puisqu'ils occupent un ter- ritoire situé à l'ouest des plaines moscovites », on peut se demander, avec R. Virchow (4), « comment leur établissement « dans le pays a pu se faire antérieurement à la venue des « Germains et des Celtes peuplant maintenant les régions du « centre et de l'occident de l'Europe, à l'occident de la Lithua- « nie. C'est par le refoulement latéral des émigrants lithua-

---

(1) Elisée Reclus, *Nouvelle Géographie Universelle*, t. V, p. 426-427.
(2) Barsov, *Géographie historique russe.*
(3) Elisée Reclus, *Nouvelle Géographie Universelle*, t. V, p. 430.
(4) R. Virchow, *Peuples primitifs de l'Europe.*

« niens que l'on s'explique cette anomalie apparente dans la
« distribution des nations qui ont envahi l'Europe : écartés du
« grand chemin des migrations, qui suit beaucoup plus au
« sud le faîte de partage des eaux entre le Dnepr et le Neman,
« protégés par des marécages, des forêts presque impénétra-
« bles, défendus même à droite et à gauche par des golfes et
« les fleuves puissants qui s'y jettent, les Lithuaniens ont pu
« laisser passer outre de nombreuses peuplades ».

Il importe également, avec E. Reclus, de distinguer chez les
Lituaniens (1) les Lituaniens proprement dits, qui peuplent
la partie orientale des provinces de Vilno et de Kovno, et les
Zemailey, Samogitiens ou Jmoudes, les « Gens venus de là
mer », qui vivent surtout dans le voisinage de la frontière
allemande, car ainsi que nous le verrons par la suite, c'est
du côté de ces territoires que se porta l'effort des Allemands au
début de la guerre actuelle, afin de s'assurer la possession du
littoral de la mer, dans le cas où ils ne pourraient pas conserver
le reste des territoires qu'ils avaient envahis.

Au xı° siècle, Rimgaudas bat les Porte-Glaives au nord et les
Russes à l'est. Après la défaite que les Lituaniens infligent aux
Porte-glaives sur le Niemen en 1236 et où périt leur grand-
maître Volkwin, ils se fusionnèrent avec les chevaliers de l'Ordre teutonique. Mindaugis, successeur d'Ardvila, qui repousse
les Tartares en 1242 et délivre de leur joug les Ruthènes
et les Ukraniens, se convertit en 1252 au christianisme avec
tous les grands du royaume; il reçoit la couronne de roi en
présence du supérieur de l'Ordre des Chevaliers teutoniques et
fonde un évêché dans la région qui porte aujourd'hui le nom
de Vilna. Mais bientôt commencent les luttes des Lituaniens
contre l'Ordre teutonique. Ceux-ci se voient forcés de prendre
les armes contre les Chevaliers de l'Ordre, qui sont défaits
en 1261, et contre lesquels les Prussiens se soulèvent également
vers la même époque. Ces derniers restent seuls à lutter contre
l'Ordre pour leur indépendance jusqu'à ce que Vitenis, qui
réussit à s'emparer du pouvoir en Lituanie, parte en guerre
contre les chevaliers teutoniques, qui, après avoir réduit les
Prussiens, menaçaient la Lituanie, et les batte près de la rivière
de Treidê. Au xiiıᵉ siècle, la Lituanie s'agrandit au sud jusqu'au

---

(1) Elisée Reclus, *Nouvelle Géographie Universelle.* t. V, p. 428.

delà du lac Pripet, à l'ouest à une centaine de kilomètres au delà de Brest-Litowsk, et à l'est jusque près de Vitebsk et Smolensk.

En 1323, Vilna est choisie comme capitale du grand-duché de Lituanie. Cependant, l'Ordre teutonique continuait ses expéditions contre la Lituanie. En 1326, Gediminas, successeur de Vitenis, qui s'en était plaint au pape sans obtenir de résultat, continue la lutte contre l'Ordre et établit la domination lituanienne à l'est jusqu'au Dnieper et au sud presque jusqu'à la mer Noire. Au XIV\ siècle, les Lituaniens se rendent maîtres de vastes régions slavo-ruthènes : ils conquièrent la Volhynie et la Kiovie, et écrasent les hordes allemandes à Rudava. La Lituanie renfermait alors Kiev et tous les affluents du Dnieper jusqu'à la Vorskla, et sa frontière orientale passait à l'est de Toropetz, Viazna, Koselsk, Mtzensk, Siniovka; après la bataille des Eaux-Bleues, les Lituaniens refoulaient les Tartares jusqu'en Crimée et étendaient leurs possessions jusqu'à la mer Noire. En sorte qu'à l'époque d'Algirdas et de Keistutis, les deux fils de Gediminas, la Lituanie, qui atteint son plus grand développement, s'étend alors de la mer Baltique à la mer Noire. Après la mort d'Algirdas, en 1377, son fils Jogaïla ou Jagellon, essaie de se rendre maître de toute la Lituanie. Après différentes alternatives, il réussit, en 1382, à s'emparer de Keistutis, par suite, dit-on, d'un excès de confiance de ce dernier, et aussi à faire prisonnier son fils aîné, Vytautas, qui s'enfuit de prison avec l'aide de son épouse. Jagellon, devenu catholique par son mariage avec Hedwige, en 1386, en faisant de la Lituanie un pays catholique, l'amène à se poloniser et unit la Lituanie, dont n'avaient pu se rendre maîtres les Chevaliers teutoniques, à la Pologne, devenue hostile à ces derniers depuis qu'ils l'avaient dépouillée de sa puissance maritime en s'emparant de l'embouchure de la Vistule. Puis il laisse la Lituanie à son frère Skirgaïla, mais celui-ci se montre incapable de prendre en main le pouvoir et cette orientation politique subsiste même après que Jagellon, obligé de choisir entre les deux couronnes, eut laissé la Lituanie à son cousin Vitold, en 1392. Celui-ci, qui avait, paraît-il, reçu une solide instruction de Hanno de Windenheim, et savait l'allemand et le latin, fait des voyages dans l'ouest et le sud de l'Europe, au cours desquels il apprend à connaître la civilisation de l'Europe occidentale. La défaite de

Vitold sur la Vorskla (1399) par les Tartares tend encore à rapprocher la Lituanie du grand-duché de Pologne en mettant fin à ses agrandissements à l'est dans les territoires russes. Du reste, malgré les influences de Cour qui amènent la Lituanie à adopter le catholicisme, religion de ses ennemis, et bien que le congrès polonais et lituanien de Horodlo, sur le Bug, en 1412, ait

LA LITUANIE A L'ÉPOQUE DE VITOLD

décidé que les Lituaniens catholiques auraient accès à toutes les grandes charges du royaume de Pologne, mais que celles de Lituanie ne seraient plus accessibles qu'à des catholiques, Vitold n'aurait pas entendu exactement travailler à l'absorption de la Lituanie par la Pologne. Mais la situation de la noblesse lituanienne s'amoindrit alors et un affaiblissement de la nation se produit par suite de l'isolement où se trouve la première qui est noyée au milieu des éléments étrangers, et de l'absorption de la seconde par ces derniers. On voit l'influence polonaise gagner peu à peu de plus en plus d'importance et, malgré tous ses efforts, la noblesse lituanienne se laisse pénétrer par la langue et les mœurs polonaises. Cependant, bien que Jagellon eut réuni les deux couronnes et que la Pologne considérât déjà les pays lituaniens comme des territoires lui appartenant, la Lituanie continue, jusqu'en 1444, d'avoir une administration séparée, avec ses ducs. En 1410, à la bataille de Grünwald, les Lituaniens l'emportent sur les Ordres allemands et les chevaliers teutoniques. Dans le traité de 1422, conclu avec l'Ordre, la frontière actuelle entre la Lituanie majeure (russe) et la Lituanie prussienne est fixée. Mais les Russes, avec Ivan III, lui prennent la Severie et Smolensk; la Volynie, la Podolie, Kiev, sont annexés, par la Pologne, malgré les protestations de ses alliés lituaniens contre cette spoliation. En 1529 parut la première édition du *Statut lituanien*, de Gostauta, qui réunit les anciennes ordonnances des grands-ducs lituaniens et les coutumes du droit usuel lituanien. Ce dernier, qui se rapprochait du droit scandinave, régit la législation de tout le territoire de l'ancienne Lituanie historique, après son démembrement entre la Prusse et la Russie, jusqu'en 1848. En 1569, la Lituanie est définitivement unie à la Pologne par une décision de la Diète de Lublin et, à partir de ce moment, en partage toutes les vicissitudes. En 1586, Bathory, roi de Pologne et de Lituanie, dont le règne fut écourté, dit-on, par son médecin Simonius, fit une tentative contre le pouvoir détenu par les seigneurs allemands. Aux xviie et xviiie siècles, Vilna est dévastée par les Suédois et les Russes, et, malgré sa résistance, tombe au pouvoir de ces derniers le 12 août 1794. Lors du premier démembrement de la monarchie polonaise, en 1772, la plus grande partie des territoires lituaniens est rattachée à la Russie et le reste lors des deuxième et troisième partages. Seul, le district de Gumbinnen est donné à la Prusse. Vilna est de nouveau occupé par Napoléon Ier, en 1812, et l'empereur n'y revient, le 6 décembre, que pour se diriger vers Paris, en passant par Varsovie et Dresde.

Depuis le dernier partage de l'Etat lituano-polonais, en 1795, jusqu'à la dernière insurrection de 1863, le gouvernement impérial russe désignait officiellement les trois gouvernements de Kovna, Vilna et Grodna sous le nom de Litovkaja Gubernija, et, depuis cette époque, les appelait Sievero Zapodnyikrai, c'est-à-dire Pays du Nord-Ouest. Ces trois gouvernements lituaniens constituèrent toujours, depuis leur annexion à la Russie, une unité administrative, une lieutenance administrée par un gouverneur général, désigné sous le nom de Gouvernement Général. Le gouvernement lituanien de Souvalki, bien que rattaché arbitrairement au grand-duché de Varsovie par Napoléon Ier, se considérait d'après la déclaration de l'Assemblée nationale des Lituaniens de ce gouvernement, en 1905, comme faisant bien partie de la Lituanie. Vilna fut le centre du mouvement insurrectionnel lituanien de 1830 et 1863.

Les territoires de l'ancienne Pologne, peuplés aujourd'hui d'Allemands et de Slaves germanisés, étaient autrefois habités par des Slaves, des Lèches, qui se distinguaient des Slaves orientaux. De blonds Mazures, « c'est-à-dire en lithuanien, d'après Reclus, des trapus » (1), qui vivaient à l'est et au nord sur les frontières prussiennes, des Yatvagues d'origine probablement lituanienne avec des Lituaniens à l'est et de Petits-Russiens dans le sud se sont mêlés à eux. « Après le passage « des Mongols, écrit Reclus, les princes, et surtout les évêques « et les couvents, firent appel aux colons allemands pour repeu- « pler les terres dévastées et leur accordèrent de grands privi- « lèges, entre autres celui de nommer leur propre *schultze* et de « se gouverner eux-mêmes suivant le « droit teutonique ». « Plusieurs villes furent également fondées par des colons alle- « mands et la plupart se régirent d'après le « droit de Magde- « bourg », droit de l'un des plus anciens municipes de l'Alle- « magne du Nord, dont les archevêques avaient été jadis les « chefs de l'Eglise polonaise. Ce droit n'empêcha point les Alle- « mands des villes de se « poloniser » peu à peu comme ceux « des campagnes. Au xive siècle, les « Souabes » étaient établis « en Pologne au nombre de plusieurs centaines de mille, mais « ce premier élément germanique s'est complètement fondu « dans la population polonaise et catholique » (2).

E. Reclus (3) distingue dans l'histoire de l'Etat polonais « deux périodes distinctes d'expansion, dont chacune fut suivie d'une époque d'affaiblissement et terminée par des partages », et ces deux moments sont des plus importants à noter au point

---

(1) Ketrzynski *Des Mazures*, Poznan, 1872.
(2) E. Reclus, *Nouvelle Géographie Universelle*, 1880, t. V, p. 396-397.
(3) *Id.*, p. 388.

de vue de l'extension de l'influence slave et des réactions qui
s'y opposèrent. Ainsi qu'il le fait remarquer, « au XI° siècle et
« au XII° siècle, les agrandissements se firent surtout du côté
« de l'ouest et la Pologne était à l'avant-garde des populations
« slaves contre les Allemands. Au commencement du XI° siècle,

BALANCEMENT DE L'ÉTAT POLONAIS A L'OUEST ET A L'EST
(d'après E. Reclus)

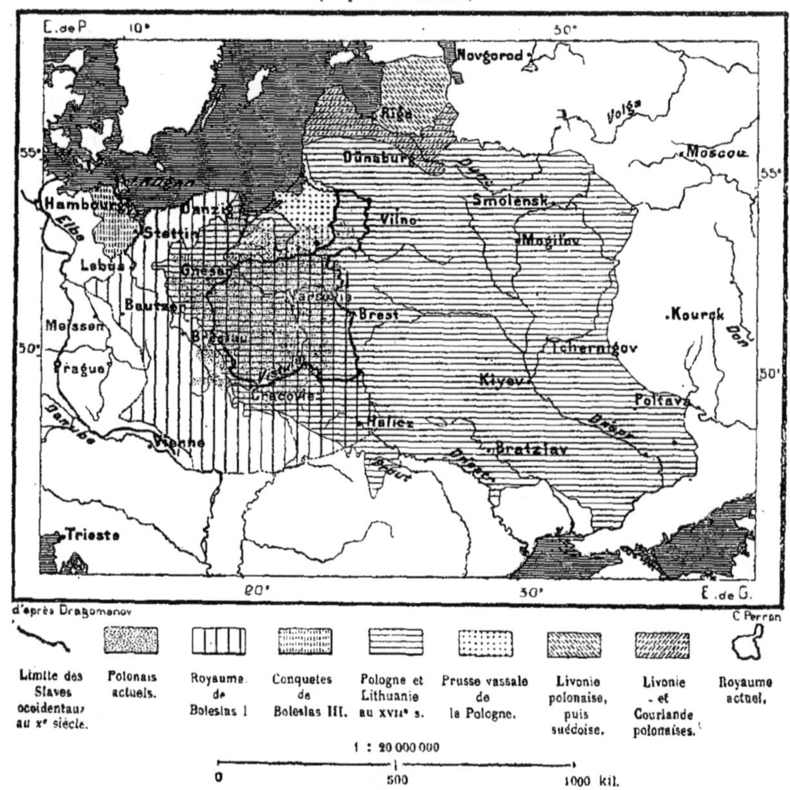

« Boleslas le Grand eut en sa possession la Moravie, la Slova-
« quie, la Lusace et même la Bohême pendant une courte
« période (1). Vers les commencements de l'histoire écrite du
« peuple polonais, le royaume qui comprenait la Polska pro-
« prement dite, c'est-à-dire les « champs » de la Vistule et
« de la Warta, la Pologne actuelle et la Poznanie, cherchait à

______

(1) Lelewel, *La Pologne au moyen âge;* Hilferding, *Histoire des Slaves baltiques;*
Ouspenskiy, *Les premières Monarchies slaves du Nord-Ouest.*

« absorber les tribus parentes qui peuplaient le territoire jus-
« qu'à l'Elbe. Tantôt ennemis des empereurs d'Allemagne,
« tantôt subissant la fascination du « saint Empire romain » et
« fiers de se dire ses vassaux, les rois de Pologne réussirent à
« s'emparer de presque tous les pays slaves de l'Occident ».
Au contraire, « du xive au xve siècle le mouvement d'annexion
« se porta du côté de l'Est, contre les Slaves orientaux ».

De plus, E. Reclus faisait justement observer que la destinée
de la Pologne et « les balancements de ses frontières » à l'ouest
et à l'est s'expliquent en partie par « les conditions géographi-
« ques du territoire qu'elle occupait » (1). En effet, si au sud
et au nord la Pologne a des frontières assez nettes, « à l'est et
« à l'ouest le pays est ouvert, si ce n'est dans les parties où
« s'étendent des marécages et de vastes forêts presque impéné-
« trables : la vaste dépression qui a valu à ses habitants du
« bassin de la Vistule leur nom de Polonais ou « Gens des
« Plaines » se continue des deux côtés, en Allemagne et en
« Russie; or, c'est précisément dans ce sens, parallèlement
« aux degrés de latitude qu'ont lieu les mouvements de migra-
« tion et que la pression des peuples les uns sur les autres se
« fait de la manière la plus énergique. Par ces deux larges
« brèches, la frontière de la Pologne devenait flottante, pour
« ainsi dire, à la fois du côté des Germains et du côté des
« Slaves orientaux : les incursions et les guerres déplaçaient
« incessamment des populations en lutte pour la suprématie ».

D'autre part, et cette remarque, qui confirme la précédente
en montrant la difficulté d'assigner des frontières naturelles à
la Pologne et achève d'expliquer les vicissitudes de ce pays,
n'est pas sans intérêt au point de vue de la question baltique :
« Par la distribution de ses versants hydrographiques, la Polo-
« gne ne mérite qu'en partie le nom de « Pays de la Vistule »
« qui lui a été officiellement imposé. Toute la zone occidentale,
« confinant à la Silésie et à la Poznanie, appartient au bassin
« de la Warta, c'est-à-dire de l'Oder, et la province de Suwalki,
« dans la partie nord-orientale de la Pologne, est sur le versant
« du Neman (Nemen en polonais), qui lui sert de limite à l'est
« et au nord; tout le reste du territoire est arrosé par la
« Vistule, le Narew, le Bug ou leurs affluents » (2).

____

(1) E. Reclus, *Nouvelle Géographie Universelle*, t. V, p. 387-388.
(2) *Id.*, p. 393.

On signalait récemment (1), que le comte Michel Tyszkievics avait découvert, dans la bibliothèque du couvent des Bénédictins, à Einsideln, de vieilles cartes des anciens territoires de la Baltique et de la Prusse, qui présentaient un grand intérêt au point des questions soulevées par la guerre actuelle, en établissant les limites historiques des anciens Etats dont ils dépendaient autrefois. Ces atlas, et notamment l'*Atlas Novus*, de Homann, de 1716, et l'*Atlas Minor*, de Vischer, de 1735, donneraient des cartes séparées et détaillées de la Pologne, de la Lituanie, de l'Ukraine, de la Finlande, etc., en qualité d'Etats libres et souverains, et ornées de leurs armoiries respectives. Ces cartes établiraient l'appartenance du pays de Cholm et de la Galicie orientale aux Ruthènes (Ukrainiens) et celle de la Russie-Blanche à la Lituanie; elles indiqueraient la frontière historique entre la Pologne et la Lituanie, Vilna et Grodno restant en Lituanie, l'accès de la mer pour la Lituanie sur son propre territoire et, pour la Pologne, par Dantzig; on y verrait que l'Ukraine et la Lituanie étaient des pays distincts, comme la Hongrie ou la Moldavie-Valachie et la Finlande, et que la Russie actuelle, encore grand-duché (1735), car l'Europe n'avait pas reconnu le titre d'empereur que Pierre-le-Grand s'était donné, portait sa vraie dénomination de Moscovie.

Herder, qui, déjà, dans ses « Idées sur la philosophie de l'histoire de l'Humanité », se plaçait pourtant au point de vue du Deutschtum, de l'allemanité, écrivait, à propos de l'histoire de ces pays pendant le moyen âge : « Le sort des peuples sur les bords de la Baltique constitue une triste page de l'histoire de l'humanité.... L'humanité frissonne d'horreur devant le sang qui a été ici répandu, dans des guerres longues et sauvages, jusqu'à ce que les Vieux-Prussiens (Lituaniens) aient été presque anéantis, jusqu'à ce que les Koures et les Lettons aient été réduits en un esclavage sous le joug duquel ils languissent encore maintenant » (2).

Toutefois, les interprétations fournies par les partis, selon les besoins de leur politique, n'étant pas conciliables, il est difficile de juger de la véritable portée actuelle soit de l'influence des Germano-Baltes, soit de la russification qui commença vers

---

(1) *Journal de Genève*, 19 octobre 1918.
2) Herder, *Idées sur la philosophie de l'histoire de l'humanité*, IVᵉ partie, liv. XVI.

1880. Il s'étale là une telle déloyauté de part et d'autre, on découvre par moment une telle partie liée des deux influences qui veulent y prédominer quand il s'agit d'opprimer ces populations, qu'on ne peut que déplorer la situation faite à ces pays, où subsiste une opposition latente aussi bien contre le germanisme des barons baltes que contre le slavisme du régime russe.

Nous voyons, d'un côté, Treitschke se plaindre que : « Le « vainqueur tient le peuple soumis à l'écart de ce qui est « allemand. Il lui suffit que l'Esthonien remplisse ses dures « corvées et obéisse. Ainsi se maintient avec ténacité cette « nationalité illégitime d'un peuple d'esclaves, tandis que le « paysan allemand, par la langue allemande, arrivait peu à « peu à la liberté de l'Allemagne. Les enfants crient, les « chiens se cachent en rampant lorsqu'un Allemand entre « dans la hutte, pleine de fumée, de l'Esthonien. Dans les « nuits claires de l'été court et chaud, les malheureux sont « assis sous un bouleau, l'arbre préféré de leur pâle poésie, et « chantent derrière le dos du Seigneur le chant de la haine « contre le voleur allemand de troupeaux » (1).

De l'autre, nous voyons les Allemands soutenir, au sujet de la russification qui se fit sentir à partir de 1880, que : « Si cette brusque et violente destruction de tous les moyens « allemands de culture n'était pas intervenue comme une catas- « trophe, il se serait produit une germanisation si vaste et « d'une façon si naturelle que les buts d'avenir vers lesquels « tendaient les conducteurs prévoyants du développement de « la Kultur dans les provinces baltes auraient été atteints à peu « près au moment où a éclaté la terrible guerre mondiale » (2).

Or, les Baltiques déplorent précisément que la Russie se soit servie des barons allemands et que ceux-ci se soient mis à son service tout en soutenant les intérêts pangermanistes. Ailleurs, le même auteur fait cet aveu, qu'il faut retenir : « Jusque vers « 1860, la plupart des Baltes n'avaient pas l'idée qu'ils appar- « tenaient à la Russie » et que, dans la suite, dès qu'ils crai- gnaient d'y être incorporés, ils faisaient appel aux Allemands pour les défendre : « En conséquence, on pensa que la Prusse « et l'Allemagne, après avoir délivré le Schleswig-Holstein et

---

(1) Treitschke, « Das deutsche Ordensland Preussen », dans *Historiche und poli-tische Aufsätze*, 1867, p. 19.

(2) *Das neue Deutschland*, p. 65.

« l'Alsace-Lorraine, se souviendraient aussi de leur ancienne
« colonie de l'Est » (1). Il y a là, à côté de la déloyauté habituelle que l'Allemagne a toujours montrée, un conflit d'influences et une complexité de faits qu'il faut dissocier pour bien
comprendre ce qui a dû se produire et ce qui en résulte.

La noblesse balte, qui tenait à l'indépendance dont elle jouis-
sait dans les provinces baltiques, bien qu'elle fût soutenue en
Allemagne, avait, en effet, pendant longtemps, empêché les
Lettons et les Estoniens de se germaniser, et les pangermanistes
actuels ne se sont pas privés de lui en faire grief. C'est seulement par la suite, devant l'affirmation des nouvelles tendances
allemandes, qu'elle voulut bien travailler à cette germanisation
et s'y employa par tous les moyens. Il en résultait, pour ces
populations, une perpétuelle situation équivoque dans laquelle
elles se trouvaient alternativement exposées aux sollicitations
opposées et plus ou moins pressantes de l'Allemagne ou de la
Russie.

*
* *

Aujourd'hui encore, une séparation très nette, au point de
vue du langage subsiste parmi les différentes classes des populations vivant à l'est de l'Alle, du Niémen et des lacs Mazouri-
ques, à l'est et au sud-est de la Prusse orientale, dans la Lituanie, la Courlande, la Livonie et l'Estonie. Tandis que la
noblesse, la classe seigneuriale, le clergé et la bourgeoisie des
villes parlent allemand, les populations rurales utilisent, selon
leur origine, le mazourique, qui est un patois polonais, le
lituanien, le letton, qui semblent être deux dialectes d'une
même langue dont le lituanien serait le plus archaïque, ou
l'estonien, qui est un dialecte finnois (2). L'idiome des Lives,
très peu nombreux, qui subsiste, est fortement mêlé d'expres-
sions et de tournures lettes (3), et, d'autre part, « la langue
« lettonne montre en Livonie les traces d'un mélange avec
l'élément finno-livonien » (4).

A. de Quatrefages insiste du reste sur l'erreur où sont tombés
Adelung et Prichard, pour qui les populations vivant de la

(1) *Das neue Deutschland*, p. 54.
(2) Cf. A. Meillet, *Les langues dans l'Europe nouvelle*, 1918, p. 35-39.
(3) Cf. E. Reclus, *Nouvelle Géographie Universelle*, t. V, p. 370.
(4) Rittich, *Les Provinces baltiques*.

Vistule au Memel résultaient d'un mélange de Slaves et de
Germains, et bien que la linguistique crut voir alors, dans
« les divers dialectes lithuaniens, des langues entièrement
« slaves, mélangées seulement de quelques mots gothiques »,
tout au plus croit-il pouvoir conclure que « la grande race de
« ces contrées est probablement elle-même un produit mixte
« dont l'élément slave forme de beaucoup le fond principal.
« L'élément goth n'y est entré que pour une faible part et y
« a joué un rôle entièrement subordonné » (1).

D'autre part, les Estoniens constituent, selon A. de Quatrefages, « le groupe finnois le plus compact et le mieux étudié » (2)
et les éléments finnois qui ont dû occuper autrefois des territoires bien plus étendus « tiennent leur petit nombre et leur
« isolement actuels, au moins en grande partie, à des mélanges
« accomplis au profit des populations qui les ont comme sub-
« mergés ». Il faisait, du reste, remarquer que les populations de la *famille linguistique finnoise* sont « partagées en
« une vingtaine de petits peuples, qui ne comptent pas ensem-
« ble quatre millions' d'individus, presque tous isolés géographiquement et distribués en îlots au milieu des Blancs aryens
et des Jaunes » (3). Aujourd'hui, ces populations forment un
groupe d'environ 7 millions d'individus.

Selon lui, les Lettons de la Livonie et de la Courlande sont
des frères des Estoniens, « amenés par n'importe quelles cir-
« constances à adopter une langue étrangère, sans perdre pour
« cela les caractères physiques qui trahissent leurs véritables
« affinités » (4), et, pour lui, les Lettons comme les Estoniens
ne sont ni des Germains ni des Slaves. Dès le xii⁰ siècle, les
Lettons et les Estoniens formaient, du reste, des peuples différents ayant des dialectes particuliers.

D'autre part, A. de Quatrefages admet que « les Esthoniens,
« les Lives, les Finnois de Courlande, les populations qui leur
« ressemblent physiquement et parlent comme eux une langue
« finnoise, sont les descendants de la petite race humaine qui
« a vécu en Europe pendant l'époque quaternaire » (5).

----

(1) A. de Quatrefages, *La race prussienne*, p. 52.
(2) *Id.*, p. 25.
(3) *Id.*, p. 24.
(4) *Id.*, p. 27.
(5) *Id.*, p. 35-36.

Il croyait même pouvoir rapprocher les Lituaniens de certains types de la Basse-Bretagne (1); seulement, dit-il, si « le « mélange du sang finnois et du sang aryen s'est opéré dans « les deux contrées, dans le bassin de la Baltique, c'est au « Slave que s'est unie la race allophyle; c'est avec le Celte « qu'elle s'est croisée chez nous » (2).

Toutefois, il reconnaissait plus tard que les affinités ethniques d'après lesquelles il avait cru « pouvoir admettre entre les « hommes de Furfooz et les Estoniens des rapports presque « aussi étroits que ceux qui unissent la race de Grenelle aux « Lapons », étaient exagérées. Néanmoins, il ajoutait : « mais « les ressemblances que j'ai signalées, entre autres l'identité « presque absolue des indices horizontaux, n'en existent pas « moins. Aujourd'hui, je pense que, tout en étant plus éloi- « gnés que je me l'étais imaginé d'abord, ces deux types sont « loin d'être étrangers l'un à l'autre et sont tout au moins « deux rameaux de la même branche. En somme, les races de « Furfooz et de Grenelle forment une série qui va de la mésati- « céphalie à la brachycéphalie, touche, d'un peu loin peut- « être, aux Esthoniens et va se confondre avec les Lapons. Or, « les Esthoniens, les Lapons, sont universellement acceptés « comme Finnois. C'est donc bien à côté d'eux que je devais « placer les vieux habitants des vallées de la Lesse et de la « Seine » (3). Et il insistait sur l'importance des « éléments, « bien nombreux, bien divers, qui, enchevêtrés par les hasards « de l'immigration, brassés par la guerre, fusionnés par la paix, « ont donné naissance à nos populations européennes » (4).

On voit, par ce rapprochement, l'intérêt actuel des études, un peu négligées ou tout au moins peu répandues, qui essaient de mettre en lumière les rapports anciens et lointains des hommes. Il est donc bien évident, comme nous l'avons rappelé au début, qu'on ne saurait, d'après cela et plus particulièrement dans le cas qui nous occupe, prétendre pour établir sagement une politique dans ces pays, s'appuyer sur des considérations purement ethnologiques sans risquer de se tromper grossièrement; on voit également qu'on ne peut davantage admettre,

---

(1) A. de Quatrefages, *La race prussienne*, p. 44.
(2) *Id.*, p. 45.
(3) A. de Quatrefages, *Introduction à l'étude des races humaines*, p. 451.
(4) *Id.*, p. 452.

d'une façon absolue, d'antagonisme radical entre les races, du moins entre la plupart, comme on l'a fait précisément pour les races aryenne et finnoise, et, par suite, combien l'Allemagne est peu fondée à faire appel, à l'appui de sa politique pangermaniste, aux arguments ethnologiques auxquels elle croit pouvoir avoir recours pour justifier scientifiquement ces ambitions.

Du reste, A. de Quatrefages, qui s'est surtout appliqué, dans l'opuscule que nous avons cité, à montrer comment « a pris « naissance et s'est constituée la *race prussienne*, race parfaite- « ment distincte des *races germaniques* par ses origines ethni- « ques et par ses caractères acquis » (1), rappelle, à ce propos, qu' « un ancien voyageur allemand, Heberstein, cité par Pri- « chard (2), caractérise la population de la Prusse en disant « qu'elle est composée de *géants* et de *nains* ». Or, selon lui, « la diversité des races est ici nettement accusée par l'exagé- « ration même de l'auteur; et, certes, ce n'est pas une *race* « *naine* que les anthropologistes rattacheront, soit aux Goths, « soit aux Slaves » (3).

D'ailleurs, la linguistique confirmerait ces vues et « le *boru-* « *sien* ou vieux-prussien que parlait encore, vers la fin du « xvii° siècle, cette population mélangée de *géants* et de *nains*, « n'était, à proprement parler, qu'un dialecte du lithua- « nien » (4).

Les raisons que l'Allemagne invoque à l'appui de ses ambitions se retourneraient donc contre elle, d'après l'ethnographie, et ce sont les Lituaniens qui pourraient légitimement prétendre faire valoir en Prusse les droits qu'elle soutient avoir sur les habitants des provinces baltes. D'ailleurs, à l'heure actuelle, les districts de Tilsitt, Memel, Insterburg et Gumbinnen, dans la Prusse orientale, sont encore en majorité peuplés de Lituaniens qui ont réussi à maintenir leur individualité.

Sans doute, de Quatrefages prend soin de faire observer, en note, que cette manière de voir a été contestée. Il rappelle que des auteurs ont soutenu que les langues lituaniennes ne contenaient pas de mots finnois, qu'on ne rencontrait ceux-ci que,

---

(1) A. de Quatrefages, *La race prussienne*, p. 80.
(2) Herberstein, *Researches into the physical of mankind*, t. III.
(3) A. de Quatrefages, *La race prussienne*, p. 45-46.
(4) *Id.*, p. 49.

chez les Lettons, voisins des Lives et, que certains admettent l'existence d'éléments gothiques; mais il fait remarquer que, selon d'autres, « ces ressemblances pourraient bien tenir au fonds commun de toutes les langues indo-germaniques », et le terme indo-germanique est toujours employé par les Allemands pour indo-européen. Il mentionne du reste, d'après Thunmann, cité par Malte-Brun, l'existence d'un îlot finnois dans la Prusse orientale, vers 1259 (1).

Un commentateur allemand de Tacite, à propos des diverses contrées « baignées par la mer Orientale », dont parle l'historien latin au chapitre 45 de sa *Germania*, écrivait : « Nos con-
« naissances ethnologiques les plus certaines prouvent que
« ces peuples appartenaient à la race lituanienne et sont les
« arrière-ancêtres des Prussiens.... Il est probable que leur
« langue était la langue lithuanienne. C'est, en tout cas, une
« preuve décisive qu'ils n'étaient pas de race allemande » (2).

D'ailleurs, Treitschke, parlant de la conquête allemande du moyen âge, écrivait : « Après avoir écrasé la révolte des
« Vieux-Prussiens, en 1281, l'Ordre forma le dessein bien net
« d'exterminer en Prusse les indigènes ou de les germaniser, et
« il atteignit si complètement son but que l'ancienne langue
« lituano-prussienne, comme on le sait, était déjà en voie de
« disparaître du temps de Winrisch's von Kniprode » (3).

*
* *

Enfin, à l'époque actuelle, de nouveaux apports slaves sont venus ajouter leur action à celle de la slavisation ancienne, et cela dans des régions qui n'avaient pas encore été antérieurement soumises à cette dernière. L'immigration d'ouvriers polonais, à laquelle les industries métallurgiques et minières ont fait largement appel, et l'emploi de ces derniers principalement comme mineurs dans les mines allemandes, ont introduit un nombre notable d'éléments slaves dans les provinces restées plus particulièrement allemandes du Rheinland et de la Westphalie.

---

(1) A. de Quatrefages, *La race prussienne*, p. 50.
(2) Dr Anton Baumstarck, *Cornelli Taciti Germania, besonders für studirende erläutert*, 1876.
(3) Von Treitschke, lettre du 5 avril 1868, dans *Preussiche Jahrbücher*, 1868, p. 255.

De plus, l'Allemagne, qui, malgré sa forte natalité, se trouve dans la nécessité, comme les autres pays en guerre, de s'occuper comment elle pourra remplacer les masses d'hommes qu'elle a fait tuer, tout le « matériel humain » qu'elle a détruit, ne craint pas, pour prévenir la crise de main-d'œuvre dont aura à souffrir son industrie, de proposer ce qu'elle appelle des « mariages de guerre » avec les éléments des pays situés en bordure de ses frontières orientales, pour les coloniser. Lors de l'assemblée de la Société des Agriculteurs d'Allemagne, en septembre 1917, le comte de Schwerin-Putzor disait :

J'estime que les offres d'emploi dans l'agriculture faites par nos nationaux ne suffiront pas. Comment alors trouverons-nous le supplément d'ouvriers nécessaires ? Il me semble qu'il n'y aura pas d'autre moyen que de combler les places vides au moyen d'ouvriers slaves et qu'il nous faudra *marier*, soit les faucheurs polonais, soit les prisonniers de guerre russes, soit les Serbes, en un mot les Slaves qui sont actuellement chez nous, afin de les établir ensuite sur notre sol. Ce sera regrettable au point de vue national, mais nécessité n'a point de loi et il faut que la terre allemande soit travaillée et cultivée, fût-ce à la rigueur avec des Slaves.

Cette propagande a naturellement été amenée à s'adresser surtout aux prisonniers russes pour suppléer à la main-d'œuvre agricole qui manquait. Ces prisonniers étant pour la plupart des paysans, ceux-ci ont été détachés dans les fermes allemandes. Là, ils ont été bien accueillis, constituant une main-d'œuvre disciplinée et d'un bon rendement, et, ayant parfois bénéficié d'un traitement plus supportable que dans leur pays, on comprend que beaucoup de ces Russes se soient mariés en Allemagne et que, par suite de la nécessité où l'Allemagne se trouvait placée de ne pas laisser son sol inculte, celle-ci ait ainsi consenti à une nouvelle slavisation d'une partie de la terre allemande.

*
* *

Parlant du rôle ancien que l'Allemagne avait joué dans ces pays, Treitschke croyait pouvoir écrire orgueilleusement : « Ce « sont les débuts de notre peuple comme dompteur et comme « dresseur », et, ainsi qu'il le faisait remarquer, on ne saurait en effet, comprendre son histoire ultérieure « si on ne se plonge « pas dans ces combats sans merci des races, combats dont les

« traces se sont mystérieusement encore conservées, consciem-
« ment ou inconsciemment, dans les habitudes de la vie du
« peuple » (1). Treitschke voyait là « le point de départ de la
politique allemande de conquête ».

Après avoir constaté qu'une guerre s'était poursuivie dans
ces contrées « d'une cruauté monstrueuse », il proclamait avec
fierté : « Toute la dureté de notre propre peuple s'affirme ici,
« où le conquérant se dresse contre le païen avec le triple
« orgueil du chrétien, du chevalier et de l'Allemand »; et,
après les meurtres, les pillages et les dévastations accomplis
par les chevaliers durant leur conquête de 1234, il concluait,
en faisant ici un aveu qu'on doit retenir : « La nouvelle Alle-
« magne était fondée.... La Prusse était germanisée; mais en
« Courlande, en Livonie et en Esthonie il y avait seulement une
« légère couche d'éléments germaniques sur la masse des indi-
« gènes » (2). Un peu plus tard, il confirme la restriction précédente : « En Livonie et en Esthonie, la puissance moins forte
« des Allemands ne pouvait s'enhardir jusqu'à songer soit à
« anéantir, soit à fondre les indigènes. Elle dut se contenter
« de maintenir sa domination » (3). Plus récemment encore,
un Germano-Balte, Sylvio Broederich, écrivait : « Lorsque
« l'Allemand pénétra dans la terre magnifique de la mer Orien-
« tale, il trouva les Koures et les Lives belliqueux qui ne se
« soumirent pas et durent être exterminés » (4). Et ces consta-
tations faites par des Allemands sont à retenir pour juger précisément du bien-fondé des ambitions pangermanistes sur ces
territoires en tant que « terres allemandes ».

Comme on le voit, malgré les conquêtes des chevaliers teutoniques, l'Allemagne n'avait donc jamais eu qu'une mainmise
sur ces territoires et elle l'avait maintenue par l'intermédiaire
des barons baltes, mais elle ne les avait pas véritablement péné-
trés de son influence. Ces peuples, profondément meurtris,
avaient néanmoins entièrement conservé leurs caractères et,
aujourd'hui, l'Allemagne, qui voulait définitivement les absorber et leur imposer sa Kultur en détruisant chez eux tout ce qui

---

(1) Von Treitschke, « Das deutsche Ordensland Preussen (Le pays de l'Ordre allemand, la Prusse), *Preussische Jahrbücher*, 1862, et réimprimé dans *Historiche und
politische Aufsätze*, 5e édit., p. 9-11.
(2) *Id.*, p. 18.
(3) Lettre du 5 août 1868, *Preussische Jahrbücher*, 1868, p. 255.
(4) *Das neue Deutschland*, 1915, p. 64.

constituait leur originalité, s'efforçait de faire passer l'occupation de leurs territoires pour leur libération et interprétait leur annexion comme leur légitime retour à l'Empire allemand, en sorte que l'Empereur s'écriait, le 4 septembre 1917 : « Riga est délivrée ».

CARTE ETHNOGRAPHIQUE DES BORDS DE LA BALTIQUE

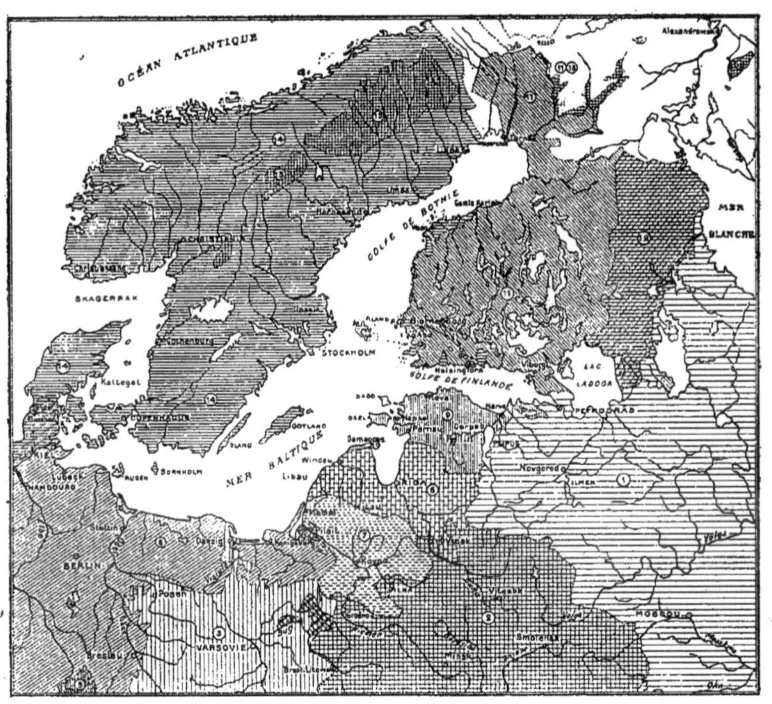

1 Grands Russiens.	6 Allemands.	11 Finnois.
2 Blancs Russiens.	7 Lituaniens.	12 Karéliens.
3 Polonais.	8 Lettons.	13 Lapons.
4 Wendes.	9 Estoniens.	14 Scandinaves.
5 Tchèques.	10 Lives.	

On découvre ainsi toute l'étendue de l'erreur radicale du pangermanisme allemand qui, soutenu presque exclusivement dans ces pays par des éléments allemands pour la plupart d'origine non germanique, ne craignait pas de faire appel, au nom du germanisme, aux populations de race étrangère qu'il désirait absorber, et, en même temps, celle du panslavisme qui de même prétendait enchaîner à sa suite ces nations d'origines très diverses convoitées par l'Allemagne et sur lesquelles il ne l'empêchait pas d'étendre son emprise. Sans parler de ce que le rêve du panslavisme avait d'utopique et de mystique, comme nous l'avons indiqué au début, la Russie, agglomérat de populations appartenant à plus de cent cinquante races différentes, a méconnu complètement ses intérêts les plus directs en oubliant tout ce que ses éléments slaves ou autres ont apporté aux Allemands, les droits qu'ils lui conféraient, et, en encourageant, aux dépens des races allogènes qui étaient les plus proches des Slaves, la mainmise allemande sur les populations de la Baltique comme sur celles de ses autres frontières de l'Est.

*
* *

Dans un livre anonyme paru, en 1900, par les soins du *Militär-Verlag* de Berlin, sous le titre *Deutschland bei Beginn des 20. Jahrunderts von einem Deutschen* (L'Allemagne au début du xxᵉ siècle, par un Allemand), on lisait :

L'Allemagne pangermanique ne sera possible qu'une fois la grande puissance slave, la Russie, complètement battue et réduite par nous. Lorsque les armées allemandes victorieuses camperont de la Moldavie à l'Adriatique, il sera possible d'expulser simplement de Cisleithanie la population non allemande, en la dédommageant, il est vrai; mais il faudra faire table rase et faire alors de la colonisation allemande. Dans des circonstances si exceptionnelles, nous n'hésiterons pas à prendre, à la France comme à la Russie, de larges bandes de territoire que nous organiserions en marches sur nos frontières de l'Est et de l'Ouest. On ferait de l'évacuation de la population étrangère dans ces régions (qui auraient la plus vaste étendue possible) et, sans doute aussi de son indemnisation par le gouvernement vaincu, une condition de la paix. Alors nous coloniserions. Voilà comment nous nous représentons l'élargissement de nos frontières en Europe, et notre population, aussi rapide accroissement, en a besoin comme de pain.... Un peuple qui a supporté l'incendie du Palatinat; un peuple à qui les Tchèques, depuis les jours des Hussites, ont créé des difficultés sans fin; un peuple que tous les Slaves, Russes ou Polonais, haïssent et harcèlent de concert, a, de par Dieu, le droit d'agir ainsi, selon des procédés sommaires, mais certainement plus humains que ceux qu'il nous a fallu subir au temps de la guerre de Trente Ans et sous Napoléon....

Bien qu'on ait écrit que les hobereaux prussiens entendent aujourd'hui, par le *Junkertum*, reprendre et faire revivre les vieux rêves féodaux de l'ancien Ordre teutonique, les projets de l'Allemagne semblent toutefois, d'après les écrits des auteurs pangermanistes, quelque peu différents ou tout au moins s'être transformés; mais, pour être devenus plus insidieux, ils n'en demeurent pas moins menaçants pour les peuples de ces pays. Sans doute Friedrich List, rappelant à l'Allemagne le grand exemple que devait rester pour elle la Ligue hanséatique, afin qu'elle devienne une « forte nationalité », écrivait : « Com-« bien facile encore, avec l'aide de la puissance impériale, « d'atteindre à l'unité nationale en faisant une seule nation « des territoires de tout le littoral, depuis Dunkerque jusqu'à « Riga » (1).

Mais pour l'auteur de *La grande Allemagne et l'Europe centrale vers 1950*, parue à Berlin en 1893 :

Les provinces baltiques deviendront des duchés indépendants — Esthonie, Livonie, Courlande et Lithuanie — et recevront, sous la domination de princes thuringiens protestants, des constitutions qui tiendront compte à la fois de la culture allemande et de la langue slave de la majorité de la population, et introduiront un régime bilingue dans la législation de l'Administration, l'Eglise et l'Ecole; elles renonceront à entretenir des armées ou des marines, recevront des garnisons allemandes, des postes, des télégraphes et des chemins de fer allemands, et pour le reste, deviendront membres de l'Union Douanière Grande-Allemande, mais non de l'Empire, ni de la Confédération pangermanique. Le mot de Lagarde vaut pour l'Allemagne orientale tout comme pour les Balkans : nous serons d'autant mieux préservés contre le géant moscovite que nous aurons à nos côtés un nombre plus grand d'Etats autonomes et vraiment indépendants (2).

De même Ernst Hasse écrivait :

En ce qui concerne les provinces baltiques, nous arrivons aux résultats suivants :

1° L'Empire allemand doit renoncer à faire contre la Russie, et sans prétexte extérieur, une guerre de conquête dont l'objet serait de reprendre les terres du vieil Ordre teutonique le long de la côte russe actuelle.

2° Si l'on en vient à une liquidation à main armée entre l'Empire allemand et l'Empire russe, il faudra examiner la question du détachement des provinces baltiques, non seulement dans le but d'affaiblir l'Empire russe, mais aussi en se fondant sur ce que ces pays n'appartiennent pas au territoire des Grands-Russiens et que la Russie ne s'est pas montrée capable jusqu'à présent de les russifier.

3° Les Allemands devront saisir toutes les occasions en temps de paix,

---

(1) Friedrich List, *Système national d'Economie politique*, éd. Th. Heberg, 1883, p. 38 (d'après Andler, *Les origines du Pangermanisme*).
(2) *Grossdeutschland und Mitteleuropa um das Jahr 1950, von einem Alldeutschen* 2 te. Aufl., Berlin, 1895, p. 39.

comme en temps de guerre, pour rendre possible l'autonomie politique de ces provinces et pour donner des garanties aux restes de la population allemande, de culture allemande et de religion évangélique dans ces pays (1).

Parlant ailleurs de la politique polonaise, il préconisait les dispositions suivantes, qui confirment les vues précédentes :

Respect du territoire de la race grande-russienne; par contre, nationalisation de tout le pays intermédiaire entre le domaine de la race allemande et celui de la race russe, à l'exclusion du pays habité par les Polonais; la plus large autonomie possible, culture allemande, mais pas de domination allemande [Finlande, Livonie, Estonie, Courlande, Lituanie, Ukraine] (2).

Pour Ernst Hasse, « les terres coloniales de l'avenir » offertes « à la croissance des Etats nationaux forts et puissants de l'avenir », se composent « des vastes territoires occupés par les Polonais, les Tchèques, les Magyars, les Slovaques, les Slovènes, les Ladins, les Rhétiens, les Wallons, les Lithuaniens, les Esthoniens et les Finlandais » (3). Il demandait du reste la création d'un ministre d'Etat prussien pour les Marches (Marches de l'Est et du Nord), « étant donnée l'attitude du premier « ministre comte de Bulow, qui a mis, le 13 janvier 1902, la « question des Marches de l'Est au centre de toute la politique « prussienne et allemande » (4), et il les considérait comme réservée à la colonisation allemande.

Cependant Constantin Frantz, après avoir insisté sur le danger pour la Prusse du voisinage de la Russie en Pologne et en Lituanie, et du coup mortel que porterait à l'Allemagne la perte de la Prusse orientale, envisageait les avantages que présenterait la réunion à la Prusse orientale des territoires russes du Niemen inférieur (5). Revendiquant, au nom des conquêtes des Chevaliers teutoniques, un droit ancien de l'Allemagne sur les provinces russes de la Baltique (6), il demandait à l'Allemagne de revenir à la colonisation continentale et déplorait qu'elle cherchât à s'assurer la possession de colonies transocéaniennes

---

(1) Ernst Hasse, *Deutsche Grenzpolitik*, Munich, 1906, p. 110.
(2) *Id.*, p. 105.
(3) *Id.*, p. 167.
(4) Ernst Hasse, *Die Besiedelung des deutschen Volkbodens*, Munich, 1905, p. 133.
(5) Constantin Franz, *La politique allemande de l'avenir*, *Die deutsche Politik der Zukunft*, 1899, p. 137.
(6) *Id.*, t. I, p. 78.

« au lieu de tourner nos regards vers nos anciennes et vérita-
« bles colonies, qui sont tout à portée de notre main, mais que
« nous avons perdues, comme la Livonie, par exemple.... Si
« nous pouvions tout d'abord recouvrer seulement la Livonie,
« cela seul vaudrait mieux pour nous qu'une douzaine d'îles de
« Samoa » (1).

De même Albrecht Wirth (2), qui préconisait une expansion allemande au sud-est, écrivait :

List, Moltke, Rodbertus, Lagarde, les milieux pangermanistes ont indiqué que les fins de l'émigration allemande, de l'expansion allemande sont au sud-est. A quoi sert, même en mettant les choses au mieux, un pangermanisme brésilien ou sud-africain ? Il peut servir beaucoup à la diffusion de la race allemande. Il n'est pas dit que ces groupements exotiques ne se développent pas dans le sens de l'autonomie. Au contraire, l'accroissement continental du sol allemand et la multiplication de la classe rurale allemande, dont la ténacité, les capacités sont mille fois supérieures à l'indolence obtuse du moujik, formeraient une digue solide contre le flot montant de nos ennemis, une assise ferme de notre puissance qui s'élève. Il nous faut reprendre l'œuvre colonisatrice des Othons, des Saxons de Transylvanie, de l'Ordre teutonique et des premiers rois de Prusse. L'établissement de paysans allemands sur la Volga, et le rôle croissant de l'industrie et du commerce allemands dans la vie économique de la Russie, sont un bon commencement.

Aussi, à partir de 1915, époque de la défaite de la Russie, l'état-major allemand, puis le Gouvernement allemand, pratiquent une *Randstaatenpolitik*, ou politique des Etats limitrophes, qui consiste à transformer en protectorats allemands toutes les provinces désormais séparées de l'ancien Empire russe.

Profitant des avantages qu'elle obtenait en Russie au cours de la guerre actuelle, par des procédés relevant plus de la corruption que de la stratégie, et mettant plus en évidence la perfidie de ses manœuvres et la déloyauté de sa diplomatie que la supériorité de sa puissance militaire, l'Allemagne cherchait de nouveau, d'une façon ouverte et plus active après s'y être employée sournoisement, à étendre sa domination sur les provinces baltiques et ne cachait nullement ses visées sur leurs territoires, afin de s'en assurer les ressources et d'établir son

---

(1) Constantin Franz, *Die Welt Politik*, 1882-83, t. II, p. 92.
(2) Albrecht Wirth, *Volkstum und Weltmacht in der geschichte 2 te vermehrte Aufl.*, Munich, 1904, p. 235.

4

hégémonie sur la mer Baltique. La façon dont elle entendait traiter les anciennes provinces baltiques rattachées à la Russie : Courlande, Livonie, Estonie et Lituanie, son intervention en Finlande, l'occupation des îles Aland après ses campagnes contre la Suède et la Norvège; ses menaces au Danemark, qui constituaient une véritable offensive contre les Scandinaves et leur influence dans la Baltique, révèlent clairement que l'Empire voulait faire de cette mer un lac allemand.

On lisait dans *Die Woche* (1) que « pour protéger leur belle « province de la Prusse orientale contre une nouvelle incursion « des Russes », l'Allemagne devait s'assurer la possession de la région comprise entre la route Tilsitt-Chalvi et le Niémen et la Dubissa, au moment où de violents combats étaient en cours en mai 1915.

En juillet 1915, c'est-à-dire au moment où les Allemands venaient à peine d'envahir la Courlande, Paul Rohrach écrivait, dans la revue *La plus grande Allemagne* :

> Ce qui est plus important que tout le reste, c'est d'agrandir le territoire allemand le long de la mer Baltique et dans l'arrière-pays qui est au voisinage immédiat de la côte. C'est là seulement, en effet, qu'on peut réaliser une contiguïté immédiate avec l'Allemagne et se garantir en même temps contre la Russie.

M. de Bethmann-Hollweg, dans un discours du 5 avril 1916, montrait que l'Allemagne entendait bien s'approprier les provinces baltiques et que leur annexion était d'ores et déjà décidée. Répondant à M. Asquith, qui avait invoqué, dans les conditions de paix qu'il considérait comme essentielles, le principe des nationalités, le chancelier déclarait :

> S'il le fait, s'il se met à la place de son adversaire invaincu et invincible, peut-il admettre que l'Allemagne livre de nouveau les peuples délivrés par elle et ses alliés entre la Baltique et les marais de Volhynie, qu'il s'agisse de Polonais, de Lithuaniens, de Baltes ou de Lettons, au régime des réactionnaires de Russie ? (*Vifs applaudissements.*) Non, messieurs, il ne faut plus que la Russie puisse faire marcher une seconde fois ses armées contre les frontières sans défense de la Prusse orientale et occidentale. (*Longue tempête d'applaudissements, bravos et battements de mains dans la Chambre et aux tribunes.*) Elle ne pourra pas une seconde fois se jeter, grâce à l'argent français, dans les pays de la Vistule, contre l'Allemagne sans défense....

____

(1) N° 31, 1915.

M. Stresemann, qui parlait ensuite au nom des nationaux-libéraux, achevait de découvrir les véritables intentions de l'Allemagne en essayant de justifier l'explosion soudaine des sentiments si vifs qu'elle affichait à l'égard des populations de la Baltique, l'intérêt subit qu'elle portait aux droits des Lituaniens, des Lettons et des Polonais, et sa haine contre « les réactionnaires russes », dont elle avait utilisé les bons offices. C'est que, disait-il :

Je considère les provinces baltiques comme un pays de culture allemande. On peut m'objecter que les Baltes y sont moins nombreux que les Esthes et les Lettons. Mais ce n'est pas seulement le nombre qui détermine le caractère national d'un pays, mais la souche ethnique qui lui donne l'empreinte de sa culture et de son esprit. (*Vive approbation.*) Ce sont nos Baltes-Allemands qui, à travers tous les obstacles, après que le Tsar, au mépris de sa parole, a supprimé leurs franchises constitutionnelles, ont conservé jusqu'à ce jour le caractère allemand de Libau, de Mitau, de Riga, de Dorpat.

Le peuple allemand ne sait pas assez quelle plénitude de vie intellectuelle allemande on trouvait à Dorpat dans les siècles passés, ni combien les provinces baltiques ont rayonné jusqu'aujourd'hui sur la culture allemande, ni combien les professeurs des Universités allemandes nous sont venus de là-bas. C'est de Dorpat que Kant a daté son premier ouvrage. C'est à Dorpat, après Iéna, que s'est fondée la deuxième *Burschenschaft* allemande. Ils savent bien en Russie pourquoi ils ont installé dans ces provinces, où le Tsar possède de grandes terres domaniales, plusieurs centaines de mille de paysans russes. Il s'agissait d'y briser le génie allemand. Si nous quittions ces provinces, ce serait leur russification sans merci et nous aurions, devant l'histoire, la responsabilité redoutable d'avoir abandonné un peuple qui, à travers toutes les difficultés d'une vie de persécutions, a conservé, malgré tout, sa fidélité à l'Allemagne.

A la fin de 1916, on lisait dans le *Lokal Anzeiger* : « Toutes « les intentions et tous les efforts de l'administration de l'Ober-« Ost ont pour but de nous procurer de nouveaux territoires » et le *Posener Tagblatt* faisait remarquer que « la Lithuanie et « les provinces baltiques pourraient compenser le déficit de « l'Allemagne en produits agricoles ».

Dans un document rédigé en langue allemande et portant la mention « strictement confidentiel », découvert à Noyon, se trouvent résumés, pour la propagande, tous les arguments que l'Allemagne croyait pouvoir faire valoir en faveur de l'annexion des provinces baltiques. Il y était impudemment affirmé, à l'appui de cette théorie :

1° La culture des provinces baltiques est allemande. Elle l'est depuis que s'est installée chez elles la première colonie allemande, elle l'a été à travers l'histoire de ces provinces, aux époques polonaise, suédoise et russe; elle l'est encore aujourd'hui;

2ª La culture des Lettons et des Esthoniens est également allemande. Ils la doivent aux Allemands, principalement aux pasteurs, et aussi aux nobles, aux chevaliers et à la bourgeoisie allemande dans les villes. Les provinces baltiques sont les plus allemandes de toutes les terres frontières russes;

3° L'influence russe ne s'est manifestée chez elles que comme élément de destruction et de décomposition. Elle est restée d'ailleurs toute de surface et n'a été maintenue que par les fonctionnaires russes. Ceux-ci disparus, elle tombera avec eux;

4° Les Lettons et Esthoniens n'ont trouvé nul appui dans l'hinterland parce qu'ils ne sont que des peuples fragmentaires. L'hinterland est habité par d'autres races, par les Russes, qui sont aussi loin des Lithuaniens et Esthoniens que des Allemands eux-mêmes;

5° Le pays est presque entièrement protestant. Les Lithuaniens et Esthoniens sont donc protestants tout comme les Allemands. Seule, une faible fraction, à part les fonctionnaires russes immigrés, est de confession grecque orthodoxe. Cette fraction gréco-orthodoxe, dont la conversion a été obtenue par l'artifice et la force, tend au protestantisme et s'y ralliera certainement d'elle-même quand elle aura sa liberté de conscience.

6° Ces trois provinces ne sont qu'un seul et unique champ de civilisation : elles doivent donc former un tout. Elles ont religion unique, langue unique (l'allemand) et constitution unique, en laissant de côté quelques divergences locales;

7° Les provinces baltiques étant nos voisines immédiates, nous pourrons nous y maintenir bien plus facilement que dans n'importe quelle colonie d'outre-mer;

8° Le pays est peu peuplé et offre ainsi des ressources considérables à l'immigration (1).

Le professeur Dietrich Schœfer, de l'Université de Berlin, et fondateur du « Comité indépendant pour la Paix allemande », publiait un appel dans lequel il attirait l'attention sur l'importance des provinces baltiques pour la domination de la Baltique, et déclarait :

L'Angleterre sait quelle est l'importance de ces provinces. On connaît ses efforts répétés pendant plusieurs siècles pour y prendre pied.

L'heure est venue pour nous de prendre sa place ou d'y renoncer pour toujours. La possession de la partie la plus peuplée et la plus fertile des côtes de la Baltique peut seule nous garantir, dans le nord, un avenir écono-

---

(1) D'après le *Temps*, 7 mai 1917.

mique et militaire. Maîtres de la Livonie et de l'Estonie, nous pourrons exclure de la mer Baltique la puissance maritime anglo-américaine et nous assurer une puissance durable sur la Finlande qui, sans cela, malgré tous nos sacrifices, ne pourrait pas se soustraire à la puissance maritime que l'Amérique et l'Angleterre exerceraient sur elle de leur côté (1).

Enfin, on annonçait, au début de juillet 1918, que la Chambre de Commerce de Hambourg avait, avec l'approbation et sous la direction des autorités militaires allemandes administrant ces pays, envoyé une Commission en Lituanie, en Courlande, en Livonie et en Estonie pour étudier les conditions économiques locales et renforcer les relations commerciales avec les pays baltiques. Au début d'août, à l'ouverture d'une exposition livonienne et estonienne qui avait été organisée à Hambourg, le prince Henri de Prusse, suivant le *Lokal Anzeiger*, déclarait que les pays baltiques seraient, selon leur désir, unis à tous égards et étroitement liés à l'empire allemand.

Il est clair que les pangermanistes, sans parler des diverses populations dont ils préparaient l'annexion : Flamands, Lorrains, Alsaciens à l'ouest, éléments slaves d'Autriche au sud, qu'ils prétendaient organiser sous la domination allemande, en s'appuyant sur des raisons politiques et ethniques, entendaient également à l'est réunir les territoires de la Baltique constitués par les provinces de Courlande, d'Estonie et de Livonie, pour créer un « Baltikum » et en faire moins un bastion de l'Occident contre les incursions russes qu'une menace dressée contre la Russie. Ce projet se trouvait nécessairement faire partie de leur vaste plan pangermanique et l'un d'eux a déclaré : « La même nécessité qui nous entraîne au sud-est, par les Balkans et les Dardanelles, jusqu'en Asie mineure et en Mésopotamie, nous pousse au nord, par les provinces baltiques et la Finlande, jusqu'à la mer Blanche et aux rives de l'océan Glacial ».

---

(1) D'après le *Temps*, 7 mai 1917.

L'ALLEMAGNE ET LES PEUPLES DE LA BALTIQUE
PENDANT LA GUERRE

I

COURLANDE ET LIVONIE
LES LETTONS ET LA LETTONIE

Aussitôt après l'invasion des territoires lettons, de la Courlande et de la Livonie, les Allemands s'empressent d'y faire,
comme partout, une active propagande et inondent ces pays
de brochures. Ils s'emparent des fermes lettones en forçant
les propriétaires lettons à les louer et à y travailler eux-mêmes
comme ouvriers agricoles. Par différentes mesures, ils favo-
risent, en même temps, les émigrants allemands aux dépens des
ouvriers et paysans lettons, dont ils cherchent à déterminer
l'émigration, afin de les éliminer. Ils fondent trois sociétés pour
la colonisation de la Lettonie : la *Société terrienne pour les Soldats allemands blessés*, qui était plus spécialement soutenue
par la Bavière; la *Société terrienne pour les Colons allemands
de Russie*, largement dotée par les capitalistes allemands de la
Volga, et, enfin, la *Société terrienne de Courlande*, qui était
la plus importante et grâce à laquelle la noblesse allemande de
Courlande, qui se sentait, déjà avant la guerre, menacée par
l'esprit d'entreprise des Lettons, pensait sauver sa situation
politique en procédant, sur une grande échelle, au remplace-
ment, par des émigrés allemands, de la population rurale lettone. Le 22 septembre 1917, la noblesse allemande élisait une
Commission composée du baron N. Manteuffel, de M. W. von

Hahn et de Silvio von Broederich, le germano-balte, ancien fonctionnaire russe en Courlande et auteur du mémoire *Das neue Ostland* (La nouvelle terre d'Orient), pour élaborer un projet de colonisation de la Courlande par les Allemands, et déclarait que, si ce pays était annexé à l'Allemagne, elle vendrait à cette Société, au prix d'avant-guerre, un tiers de toutes ses terres, ce qui représentait environ une superficie de 1.000 acres. La Saxe donna 500.000 mark et d'autres Etats allemands fournirent des fonds. Mais comme cette Société ne prospérait pas, le 17 juin 1918 le feld-maréchal Hindenburg et le général Halndorf prenaient un décret lui conférant des droits exceptionnels pour une durée de trente ans, allant de 1918 à 1948. Cette Société obtenait un véritable privilège relatif à l'achat des terres pour la colonisation allemande, *zu Besiedelungszwecken*; le droit lui était donné d'intervenir dans tous les achats conclus et de payer, si elle le jugeait bon, la somme marquée dans les contrats, ou de porter l'affaire devant un Conseil spécial qui devait décider du prix dû par la Société aux propriétaires lettons; elle avait également celui d'acheter les terres vendues aux enchères, alors même que les opérations régulières avaient pris fin.

En même temps, dès le début de l'occupation allemande, le Gouvernement impérial se hâtait de préparer le rattachement des provinces baltiques à l'Empire. Les autorités allemandes convoquaient, le 19 septembre 1917, à Mitau, la Diète de Courlande, dans laquelle les grands propriétaires allemands jouissaient d'une prépondérance marquée. Après avoir assisté à un office solennel dans l'église de la Trinité, les membres se réunissaient dans la sacristie pour élire leur « maréchal », M. Rudolf von Hoerner-Ihlen, et demandaient qu'une autre assemblée lui fut substituée pour régler le sort du pays. Cette nouvelle assemblée devait, d'après l'Agence Wolff, comprendre quatre-vingts membres, dont trente-sept seraient de grands propriétaires fonciers, quatre appartiendraient à la noblesse, ce qui assurait une majorité aux *Kulturtraeger*, et les autres au clergé, à la bourgeoisie des villes et aux petits propriétaires.

Cette assemblée, constituée par les Allemands, n'était autre que l'ancien Landstag, aux élections duquel participaient seulement les nobles immatriculés, représentant 6 % de la population, et qui, à l'occasion, était augmenté de quelques représentants des villes et des communes. Du reste, un auteur allemand nous fournit lui-même des renseignements sur la manière dont on procédait pour ces élections : « Comme la « plupart des Allemands sont propriétaires, ils ont plus d'avan- « tages dans les élections. De plus, on a recours à une manœu- « vre habile pour procurer aux Allemands qui n'ont pas de « biens immobiliers le droit de voter. Ceux qui ont de grandes « propriétés les divisent et cèdent des parties ayant la valeur « exigée par la loi, en sorte que ceux qui ne possèdent rien « jouissent d'une propriété nominale. De cette façon, on « est arrivé, dans les grandes villes, à leur conserver la pré- « pondérance dans l'administration » (1). De plus, il ne faut pas oublier que ces votes étaient obtenus sous la pression des armées d'occupation et ne pouvaient émaner que d'une frac- tion très petite de la population, dont la plus grande partie avait fui devant l'envahisseur.

En novembre 1917, un Conseil national letton était consti- tué, qui groupait autour de lui toutes les associations existantes, les Diètes locales, les partis politiques, les organisations mili- taires, les corporations, etc. Le Conseil national letton choisis- sait, dans son sein, par voie d'élections, le pouvoir exécutif. Le collège, ou ministère, était composé des chefs de neuf départe- ments et cette administration élisait son siège à l'abri des forces allemandes.

Dans ses sessions du 16 au 19 novembre 1917, du 15 au 19 janvier 1918, il protestait contre la politique que prétendait suivre l'Allemagne dans les pays lettons.

Du reste, à la fin de novembre 1917, les Lettons transmet- taient aux Alliés l'appel suivant :

Devant l'Europe et les Alliés, nous dressons, avec indignation, notre protestation la plus catégorique contre l'annexion de la Courlande à l'Alle- magne et contre le partage de la Lettonie.

Nous élevons une fois encore la voix pour réclamer notre liberté devant le germanisme. Nous faisons appel aux puissances alliées pour qu'elles protestent au nom des petites nationalités et comme défenseurs de la cause de l'humanité.

Nous sommes persuadés que la France généreuse, champion de la liberté, ne nous abandonnera pas au germanisme, contre lequel nous avons lutté

---

(1) Tornius, *Die baltischen Provinzen*, p. 71.

sans faiblesse depuis sept cents ans; que la puissante Angleterre n'admettra pas le rétablissement de l'hégémonie des Allemands sur les côtes de la Baltique et que l'Amérique démocrate ne permettra pas la mainmise de l'autocratie allemande sur les pays libres (1).

Cet appel était signé par le Conseil provisoire de la Courlande, le Comité central letton d'Assistance aux Réfugiés, l'Union nationale militaire lettone, la Société des Artistes et Ecrivains lettons; MM. Kreisberg et Schakste, députés de la Courlande à la première Douma; Goldmans, député de la Courlande à la quatrième Douma, et membre du pré-Parlement; Carlitz, député de Riga à la quatrième Douma, membre du Comité exécutif pan-russe des Paysans, et Tachmanis, membre du Conseil nationaliste de Russie.

A la fin de décembre 1917, les journaux allemands annonçaient qu'une délégation de la Diète de Courlande était arrivée à Berlin pour notifier au Gouvernement allemand que la Diète, réunie le lundi 17 décembre à Mitau, s'était prononcée à l'unanimité en faveur d'un rapprochement plus étroit avec l'Allemagne. C'était le commencement des manœuvres que le Gouvernement allemand allait entreprendre pour dissimuler les annexions auxquelles il voulait procéder et les présenter comme l'expression de la volonté des populations de ces pays.

Au lendemain de la signature de la paix de Brest-Litowsk, le *Vorwœerts* commençait même la publication d'une série d'articles d'un écrivain letton, qui s'efforçait de montrer qu'une conformité d'intérêts unissait le peuple allemand au peuple letton et qu'ils devaient conclure entre eux une étroite union politique.

Cette même Diète, dont nous avons indiqué le mode de recrutement, émettait, au début de mars 1918, un vote tendant à offrir à l'Empereur d'Allemagne la couronne ducale de Courlande. On lisait dans le *Lokal Anzeiger* du 12 mars 1918 :

La Diète de Courlande s'est réunie, à Mittau, le 8 mars. Il ne manquait qu'un seul membre, qui s'était excusé. La Diète a voté, à l'unanimité, une résolution par laquelle :

1° Elle prie l'Empereur d'Allemagne, roi de Prusse, d'accepter la couronne ducale de Courlande:

2° Elle demande qu'une union aussi étroite que possible soit établie entre

____

(1) Agence Radio, 29 novembre 1917.

la Courlande et l'Empire d'Allemagne, grâce à la conclusion de conventions militaires, judiciaires, commerciales et ferroviaires;

3° Elle exprime l'espoir que tous les pays baltes constitueraient un Etat militaire qui serait rattaché à l'Allemagne.

L'Allemagne préparerait en Livonie des manifestations analogues.

Cette information n'était pas sans provoquer une vive émotion dans les milieux politiques, car l'offre qu'elle faisait connaître ne pouvant émaner de la masse du peuple de ce pays et provenant de l'aristocratie balte et de quelques Lettons ralliés à la cause allemande, il était évident que la réponse qui serait faite à ce vœu de la soi-disant Diète de Courlande révélerait, d'une façon peut-être inopportune, les véritables intentions de l'Allemagne, et celle-ci avait alors intérêt à ne pas préciser de quelle manière elle entendait régler définitivement le problème des provinces baltiques. Aussi, tandis qu'une partie de la presse ne dissimulait pas son mécontentement, la presse conservatrice se félicitait de la décision de la Diète et invitait le Gouvernement allemand à la ratifier.

Toutefois, la *Gazette de Francfort* (1) rappelait que 80 % de la population de la Courlande étant lettone, la Diète actuelle, telle qu'elle était composée, ne pouvait représenter la volonté du pays et, par conséquent, n'était pas qualifiée pour conclure avec l'Allemagne, au nom de la Courlande, un traité qui échapperait au contrôle du Reichstag et qui équivaudrait à une annexion pure et simple de ce pays. Elle écrivait :

Mieux vaudrait incorporer franchement et simplement la Courlande. Et cependant la population aurait tout au moins dans ce cas la possibilité de faire entendre ses doléances auprès de l'opinion publique allemande. Sinon, on court le risque de voir s'établir dans ce pays un régime où domineront les militaires et les grands propriétaires.

L'empereur Guillaume II répondait au Président de la Diète par le télégramme suivant :

C'est avec une joie profonde que j'ai reçu l'hommage que vous m'avez adressé au nom de la Diète de Courlande. Mon cœur est profondément ému et plein de reconnaissance envers Dieu à la pensée qu'il m'a été donné de sauver de la ruine une population et une civilisation allemandes. Que Dieu bénisse votre pays auquel la loyauté allemande, le courage allemand et la ténacité allemande ont imprimé leur caractère.

---

(1) *Gazette de Francfort*, 21ᵉ édition, 13 mars 1918.

Le chancelier était chargé, au nom de l'Empire allemand, de proclamer la reconnaissance de ce duché libre et indépendant, et, d'après les informations officielles, d'assurer son appui à l'élaboration d'une Constitution prévoyant la représentation du pays sur une base plus large. Le sous-secrétaire d'Etat von Radowitz faisait part à la délégation du Conseil provincial de Courlande de la satisfaction et de l'émotion avec laquelle l'Empereur avait pris connaissance du vœu qui lui avait été exprimé de le voir prendre la couronne du grand-duché de Courlande et l'informait que le souverain, après en avoir conféré avec les autorités intéressées, se réservait de prendre seulement plus tard une décision qui serait communiquée au Conseil provincial. En fait, l'Empereur ne croyait pas pouvoir immédiatement accepter l'offre qui lui était adressée par cette assemblée.

A la séance du Reichstag du 19 mars 1918, après l'intervention de plusieurs orateurs qui essayaient de démentir que l'union de la Courlande à l'Allemagne n'était désirée que par les barons baltes et les junkers prussiens, M. Ledebour, au nom des socialistes indépendants, s'élevait violemment contre la politique pratiquée par le Gouvernement et les autorités militaires dans les provinces baltiques, il déclarait :

Lorsque les commissions lettones ont voulu, en décembre dernier, se réunir à Riga pour discuter du sort de la Courlande, on leur a imposé comme condition l'engagement de s'abstenir de toute attaque contre l'Empire allemand, l'administration militaire et les autorités. On leur a remis un modèle de résolution tout préparé, où était demandée une Constitution avec l'appui de l'Allemagne dans un Etat baltique indépendant de la Russie.

Cette résolution n'a été acceptée que par dix-huit membres de la Diète. L'administration allemande, mécontente, s'est alors préoccupée d'obtenir le vote d'une nouvelle résolution un peu différente. Pour cela, il n'est pas de moyen de pression qu'on ait négligé. Les représentants des petits propriétaires de la Diète ont été nommés par les chefs de commissions désignées par les autorités allemandes, sur la proposition des grands propriétaires, et c'est là ce qu'on appelle une représentation du peuple courlandais, et l'Empereur va devenir duc de Courlande !

En attendant, la violence l'emporte.

Les divers votes émis par les Comités de Riga émanaient, en effet, de deux partis bien distincts : l'un, germano-balte, auquel se référait le général Hoffmann, exprimait naturellement le désir de voir les provinces baltiques rattachées à l'Allemagne; l'autre, qui reflétait une grande partie de l'opinion lettone, se prononçait pour l'unification du territoire letton et son autonomie. Du reste, le Conseil de Courlande, élu par les réfugiés lettons en Russie, ainsi que d'autres organisations lettones, adressaient une protestation aux Gouvernements alliés contre les projets allemands d'annexion.

On lisait dans la *Gazette de Francfort*, qui donnait quelques précisions sur l'attitude prise par le Gouvernement impérial dans les questions de la Courlande, de l'Estonie et de la Livonie :

La réponse du chancelier Hertling à la délégation courlandaise, qui avait pour mission d'offrir à l'Empereur allemand, roi de Prusse, la couronne ducale de Courlande, a été on ne peut plus courtoise et bienveillante. Ces déclarations permettent de penser que, bien que l'intention du gouvernement soit d'entendre les organes compétents de l'Empire avant de prendre une décision, les sphères gouvernementales sont disposées à accepter l'union personnelle avec le duché de Courlande et à accorder au nouvel Etat l'appui et la protection de l'Empire allemand.

La question de savoir si l'union personnelle sera réalisée au profit de la couronne impériale ou à celui de la couronne de Prusse ne semble pas avoir été résolue jusqu'à présent. Mais la réponse du chancelier implique déjà la reconnaissance de l'autonomie courlandaise. Rien ne s'oppose donc plus à ce que soient conclus avec le duché, conformément au vœu du Conseil de Courlande, des accords d'ordre militaire, douanier, économique, ainsi qu'un accord concernant la question des transports.

La réponse du chancelier passe sous silence le désir exprimé par la Diète courlandaise de voir réunir en un seul Etat baltique la Courlande, l'Esthonie et la Livonie, en rattachant cet Etat unique à l'Empire allemand. Il est permis de supposer, d'après les déclarations de M. de Hertling au Reichstag, que le gouvernement n'a pas l'intention de rattacher à l'Empire l'Esthonie et la Livonie, par des liens analogues à ceux qui y rattacheront la Courlande.

Quant aux Lithuaniens, dont une délégation est attendue à Berlin, ils ne demanderont sans doute pas l'union personnelle avec l'Empire. Leur intention est de choisir un duc ou un prince comme souverain particulier. Néanmoins, il est probable qu'ils concluront avec l'Allemagne des accords d'ordre militaire et économique analogues à ceux dont nous parlions plus haut.

Toutefois, à la suite du traité de Brest-Litowsk, conclu le 3 mars 1918, et du discours prononcé par le chancelier comte Hertling, le 19 du même mois, lors de la discussion en première lecture de ce traité devant le Reichstag, la colonie lettone de Paris élevait une protestation contre l'incorporation de la Lettonie ou d'une partie du territoire letton à l'Allemagne, dans laquelle elle déclarait :

1° Que la Courlande, la Livonie (partie sud) et la Latgale (trois districts du Gouvernement de Vitebsk) représentent le territoire national letton et que seul le peuple letton a le droit d'en disposer, conformément au principe du droit des peuples de disposer d'eux-mêmes;

2° Que l'élément d'origine allemande ne représente sur le total du territoire national letton que 3,7 %;

3° Que deux tiers des habitants de la Courlande se trouvent encore comme réfugiés en Russie et que toutes leurs organisations se sont, à l'unanimité, exprimées pour une Lettonie indivisible et autonome au sein des Etats fédératifs russes, ou bien, pour une Lettonie indépendante et neutre, placée sous des garanties internationales;

4° Que ces résolutions ont été, de même, maintes fois proclamées par tous les partis politiques lettons et par toutes les organisations administratives et sociales de Riga et de la Livonie, en pleine liberté de conscience, avant l'entrée des troupes allemandes;

5° Qu'enfin, l'attitude du peuple letton en face des prétentions de libération allemande est au mieux caractérisée par le fait que le peuple letton a organisé en 1915, spontanément, une armée nationale, composée en grande partie de volontaires, armée qui a combattu pendant deux ans sur le front de Riga avec un héroïsme admirable, en subissant des pertes énormes, et dont les restes continuent encore la lutte contre l'impérialisme allemand.

Durant près d'un mois, les autorités allemandes refusèrent du reste de laisser venir à Berlin trois représentants de la nation lettone appartenant à la délégation de Livonie et d'Estonie, MM. Tœnnisson, Menning et Martna, qui durent attendre à Copenhague l'autorisation d'aller exposer au Gouvernement allemand les vœux de leurs concitoyens, et, c'est pendant le temps où ces représentants lettons étaient ainsi tenus à l'écart, que le prétendu Conseil national de Livonie, Estonie, Riga et Oesel demandait le rattachement des pays baltiques à l'Empire d'Allemagne et que Guillaume II promettait d'examiner avec bienveillance cette requête inspirée par ses propres agents. La délégation lettone publiait à ce propos un memorandum, dans lequel elle rappelait que les autorités allemandes avaient désarmé les troupes régulières lettones, qu'elles avaient suspendu le Gouvernement légal et national de l'Estonie, et qu'elles avaient constitué une assemblée factice qui représentait uniquement des minorités.

____

(1) D'après le *Temps* du 10 mai 1918.

D'autre part, dans sa session du 26 au 29 juin 1918, le Conseil national letton décidait de porter à la connaissance des puissances de l'Entente sa demande irréductible en faveur d'une Latvia une et indivisible. Au mois de juillet 1918, une protestation signée de MM. J. Goldmans, chef du département des Affaires étrangères, et J. Seskis, secrétaire, au nom du Conseil national letton, était adressée à tous les Gouvernements et à toutes les nations du monde entier. Après avoir rappelé, dans ce document, la protestation énergique remise le 4 avril 1918 au chancelier allemand par le Conseil national letton et restée sans effet, le Conseil national letton dénonçait le traité de Brest-Litowsk, qui démembrait le territoire de la Lettonie et s'élevait à nouveau contre l'annexion de la Lettonie à l'Allemagne et contre son union personnelle à la Prusse. Il y était dit notamment :

D'après ce traité, la Courlande et le département de Riga, y compris la ville, sont soumis au protectorat allemand et tout ce qui reste de la Livonie lettone (les départements de Cesis, de Valmeera et de Valk) restera occupé par les troupes allemandes jusqu'à ce que, « en accord avec les désirs de la population, l'ordre et la paix y soient établis ». Mais la troisième partie de la Lettonie, la Latgale, reste tout à fait à part. C'est ainsi que le territoire de la Lettonie, habité par un seul peuple, avec la même culture et les mêmes buts politiques, a été divisé artificiellement en trois parts entre deux Etats, sous des conditions politiques différentes.

Il y était affirmé que : « Ni les intérêts économiques, ni les « intérêts sociaux, ni la situation géographique ne lient orga- « niquement la Lettonie à la Prusse » et que :

Pour dissimuler leurs gestes de violence sous une apparence légale et morale, les envahisseurs se sont empressés de former des Diètes composées des représentants de la noblesse balte et des délégués nommés par eux-mêmes. Cette Diète s'efforce de présenter au monde, sous une fausse lumière, la jeune politique lettone : elle supprime le droit qu'a la Lettonie de disposer librement d'elle-même et masque l'annexion de la Lettonie à la Prusse. La Diète de Courlande décida, le 8 mars 1918, de créer un duché de Courlande et d'en offrir la couronne à la dynastie des Hohenzollern. Les représentants de « la ville de Riga et les trois Diètes réunies de la Livonie, de Samsala et de l'Estonie », décidèrent, le 12 avril, de fonder un royaume de la Baltique et d'en offrir la couronne au Kaiser, en concluant une union personnelle avec la Prusse. Ensuite, le Gouvernement allemand a donné l'ordre de conclure une convention économique et militaire entre la Prusse et le duché **de Courlande.**

Les Diètes, organisées par la force des envahisseurs, n'ont ni droit juridique, ni droit moral pour parler au nom du peuple letton et décider du sort de la Lettonie.

Le 30 octobre 1918, dans un mémoire sur les aspirations politiques et l'état économique de la Latvia ou Lettonie, présenté au Gouvernement de Sa Majesté britannique, M. Z.-A. Meierovitz, membre et représentant plénipotentiaire du Conseil national letton à Londres, demandait que la Latvia, composée de la Courlande, du Latgale, de la Livonie, — les districts estoniens ayant été détachés de la Livonie par la loi du 22 juin 1917, — et des territoires habités par les Lettons, fût reconnue comme un Etat souverain indépendant. Le Conseil national letton y affirmait que la Latvia n'avait pas reconnu le traité de Brest-Litowsk, du 3 mars 1918, et qu'ainsi, ne se considérant point comme engagé par ce traité, il demandait que le sort de la Latvia fut réglé à la Conférence générale de la paix, en collaboration avec les délégués lettons dûment accrédités par le Conseil national.

M. Arthur James Balfour répondait à cet appel adressé à la Grande-Bretagne et aux Alliés, le 11 novembre 1918, que : « Le « Gouvernement de Sa Majesté considérait avec la plus pro- « fonde sympathie les aspirations du peuple letton et son désir « de se libérer du joug allemand » et qu' « il était heureux « d'affirmer de nouveau qu'il est prêt à reconnaître le Conseil « national letton comme un corps indépendant de fait, jusqu'à « ce que la Conférence de la paix pose les bases d'une ère nou- « velle de liberté et de bonheur pour le peuple letton ».

Le 23 novembre 1918, la République de Lettonie était proclamée à Riga, capitale lettone, et M. K. Ulmans en était nommé président. Ce dernier, qui avait dû émigrer en 1905 et avait fait ses études à l'étranger et notamment en Amérique, était revenu en Lettonie après 1910. Il y était resté pendant la guerre et avait été à la tête de tous les mouvements d'opposition qui s'étaient produits contre les mesures d'oppression prises par l'envahisseur.

*
* *

Les Lettons, qui devraient s'appeler Latwiens, ainsi qu'ils le désirent, leur pays se nommant Latwija et non Lettonia, et

qui peuplent aujourd'hui la Courlande anciennement habitée
par les Coures (des Lives, comme nous l'avons dit, subsistent
encore dans la pointe au nord de Windau), le sud de la Livonie,
ancienne terre des Lives, et la Latgale, bien que leur nom ne
figure que sur les cartes ethnographiques et qu'ils n'aient pas
encore constitué d'unité administrative, se trouvèrent donc, à
la suite des événements qui s'étaient produits depuis la révolution russe, amenés à tenter de former une unité économique et
naturelle indépendante, bien qu'ils n'aient d'abord cherché qu'à
obtenir tout au moins une autonomie dans un Etat fédératif
russe, selon la Constitution qui semblait alors devoir être celle
de la Russie reconstituée. Diverses manifestations montraient,
en effet, que les Lettons n'avaient d'abord eu en vue que la conquête de leur indépendance d'accord avec la démocratie russe,
c'est ce dont témoignaient, par exemple, le discours du délégué du groupe de la race lettone à la Douma, dans la séance
du 8 août 1914, la lettre ouverte des social-democrates lettons
à la social-demokratie allemande en septembre 1915 et les protestations du Comité letton de Suisse contre le prétendu manifeste de la Ligue des Allogènes de Russie adressé à M. Wilson (1).

La Courlande occupant environ 27.000 kilomètres carrés, la
Livonie du Sud 22.000 et la Latgale 13.000, son territoire aurait
une superficie de 63.000 kilomètres carrés environ. Du reste,
il n'y avait en Livonie, d'après la statistique, que 4,5 % d'Allemands en 1771; vers 1830, par l'effet de la germanisation, on
en comptait 15 %; en 1881, époque à laquelle se produisit un
réveil national, il n'y en avait plus que 9,7 % et, en 1897,
7,5 %. L'élément letton, qui s'élève à près de 2 millions, y
serait donc prépondérant puisqu'il représente environ 75 % de
la population totale des régions considérées et que, dans les
campagnes, la population compterait 95 % de Lettons. La Lettonie ainsi constituée comprendrait, en effet, 2.605.600 habitants, dont :

Lettons...................	1.973.460 représentant	75,8 %
Russes...................	199.160 —	7,9 %
Israélites................	158.850 —	6,4 %

---

(1) V. *Un peuple menacé*, appel du Comité d'Etudes de la Question lettone à
Genève, *in Journal de Genève*, 15 février 1917.

Allemands................	113.340	—	3,7 %
Lituaniens, Polonais, Esthes, et autres................	160.790	—	6,2 %

Dans la population urbaine, l'élément letton entrerait dans une proportion variant de 40 à 80 %, selon les villes, et, par exemple, la population de la ville de Riga serait, d'après les données statistiques de 1913, constituée de la façon suivante :

Lettons................	218.097	représentant	42	%
Russes................	99.603	—	19	%
Allemands................	69.016	—	13	%
Polonais................	47.595	—	9	%
Israélites................	33.651	—	6,5	%
Lituaniens................	25.150	—	5,7	%
Estoniens et autres........	23.882	—	4,8	%
Soit au total................	516.994	habitants		

Ces populations ne sont d'ailleurs pas sans posséder certains caractères qui leur permettent légitimement de revendiquer la place qu'elles désirent occuper et qui semblent devoir leur permettre de la tenir.

Déjà Herder, qui cependant se place exclusivement au point de vue du germanisme, signalait chez eux un sens poétique original.

Au cours de la période moderne, depuis une quarantaine d'années et surtout dans les vingt dernières, malgré les rigueurs du régime russe et la domination de la noblesse balte, une vie intellectuelle avait commencé à se développer et un courant national s'affirmait.

Après la constitution, en 1862 et 1873, d'une administration locale chargée, pour la Livonie et la Courlande, de la direction des écoles primaires (1) dans les paroisses, dans les districts et tout le gouvernement, qui obligeait les enfants de confession luthérienne à fréquenter ces écoles pendant trois hivers, le Gouvernement russe, qui les soustrayait à l'influence de la noblesse balte, y rendait obligatoire la langue russe; mais plus tard l'enseignement du letton était réintroduit dans les deux classes inférieures.

---

(1) V. *Annales des nationalités*, juin 1913.

En 1868, se fonde à Riga la Société lettone qui sera un centre de vie lettone et autour de laquelle se multiplient d'autres sociétés : sociétés de crédit mutuel, de chants, etc. Une société lettone d'éducation et d'instruction, constituée à Riga en 1908, a créé, la même année, quatorze écoles populaires et une école secondaire de filles. Depuis la guerre, le Gouvernement russe avait autorisé la création d'un gymnase pour les garçons et d'un autre pour les filles, et d'une université populaire; mais celle-ci fut fermée par le Gouvernement russe pendant l'automne 1916. Des écoles lettones secondaires ont également été créées par des initiatives privées.

A côté des deux théâtres, l'un allemand et l'autre russe, existant à Riga, bien que la population de cette ville ne compte que 18 % de Russes et 13 % d'Allemands, les Lettons possédaient deux théâtres; mais ce n'étaient pas des édifices affectés uniquement à cette destination, et bien que la ville de Riga ait voté un million de roubles il y a une dizaine d'années, pour la création d'un théâtre letton, qui aurait été le troisième, celui-ci n'est pas encore construit.

Enfin, un grand nombre de sociétés, qui révèlent l'activité des Lettons, se sont fondées et, selon le titre symbolique de l'ouvrage de l'un de leurs écrivains, Andreews Needra, *La Fumée du défrichement* semble monter au-dessus de la Lettonie. Aussi ce mouvement, qui se trouvait contenu sous le régime russe, n'était point sans inquiéter les Allemands. On lisait, dans la *Deutsche Rundschau* (1) : « Le peuple letton, qui « prospère et se développe avec force, constitue un danger « sérieux et permanent pour les Germano-Baltes, un danger « qui, à notre époque, pourrait vite prendre un caractère aigu « si un gouvernement, animé de tendances hostiles à l'Alle-« magne, lui livrait libre carrière ».

La guerre, comme nous allons le voir, permettait à ce mouvement de s'affirmer, mais toutefois au milieu de difficultés intérieures dues à la pénétration du bolchevisme qui, au début,

---

(1) *Deutsche Rundschau*, septembre 1915, p. 333-334 : « Bevölkerung und Wirtschaftsverhältnisse der russichen Ostseeprovinzen. '

trouvant parmi les Lettons de nombreux partisans, risquait ainsi d'en retarder la marche et d'en compromettre le développement.

Après l'opposition que la demande faite par les Lettons de former des corps de volontaires avait rencontrée auprès du gouverneur de Livonie, le 13 juillet 1915, cette autorisation, sur l'insistance du général Potapoff, leur était accordée et aussitôt de nombreux corps se formaient.

Lors de la retraite russe, à la fin de 1915, ces populations, sentant la menace de l'asservissement germanique et la nécessité pour elles de ne procurer aucun avantage à l'envahisseur, brûlent leurs biens, conformément aux ordres reçus, et se réfugient en Grande-Russie où, au commencement de 1916, on comptait 736.000 réfugiés lettons. En Courlande, les récoltes, qui étaient abondantes, furent détruites, et les fermes et leur matériel agricole mis hors d'usage. Les 50.000 hommes qui s'étaient enrôlés et formaient les bataillons lettons, se portent alors vers les bords de la Dvina et, par leur tenue devant l'ennemi, acquièrent bientôt la réputation d'être des troupes d'élite. Les batailles de décembre 1916 et de janvier-février 1917 leur causent de lourdes pertes. Seuls ils auraient opposé une résistance à Wenden, à Wolmar, à Rejitja et à Pskoff, que les troupes de réserve lettones auraient repris trois fois aux Allemands. Mais voyant la lutte se prolonger et n'apercevant pas d'issue prochaine à la situation dans laquelle ils se trouvaient engagés, las d'être toujours exposés, découragés sans doute par les pertes subies et mal informés peut-être de l'énergie déployée par les Alliés sur le front occidental, leur effort leur semble vain et leur fermeté est ébranlée. De plus, les manœuvres germanophiles achèvent de jeter le trouble parmi eux, les font douter de l'utilité de leurs sacrifices, et le bolchevisme achève bientôt leur désorganisation.

En effet, lorsque vient la révolution de 1917, des hommes nouveaux, des Lettons prennent en main l'administration publique; des organisations nouvelles se constituent et les partis politiques déploient une grande activité en vue des élections au Conseil municipal de Riga et au Conseil national de Livonie. Le suffrage universel donne aux Lettons, dans ces élections, 60 % des sièges au Conseil municipal de Riga et 95 % au Conseil national de Livonie. Le parti des extrémistes, grâce à

une active propagande par laquelle il exploite les pertes subies
par l'armée lettone, la misère et la famine venant après une
offensive désastreuse, mais dont la faute incombait précisément
à la désorganisation russe, dénonce la politique de Milioukoff
et critique l'attitude hésitante de Kerensky dans la question des
nationalités; ce parti gagne, rapidement, de plus en plus de
terrain et prend peu à peu le dessus sur les partis démocratiques. Une scission se produit alors dans la nation : la masse
du peuple met son espoir dans le parti maximaliste, qui promet
avec la paix immédiate du pain et des terres, affirme que les
Allemands évacueront la Courlande et que le peuple letton sera
libre. Dans le Soviet des soldats lettons, les Maximalistes l'emportent également; toutefois, à côté, se forme une autre organisation appelée « Union nationale des Militaires lettons », qui
groupe les éléments anti-maximalistes.

La révolution russe du mois d'octobre 1917 rendait donc plus
critique la situation matérielle et politique du pays letton, devenue difficile depuis l'invasion allemande. Les chefs bolchevistes
s'appuyant sur les décrets pris par les Soviets de Petrograd,
relatifs à la propriété des terres, groupaient une bonne partie
de la population des campagnes et des villes, et mettaient immédiatement en application les mesures prises par ces derniers.
Le Congrès des ouvriers et « sans terre », c'est-à-dire des
ouvriers agricoles ne possédant aucune propriété foncière, qui.
se tint à Wolmar, du 16 au 19 décembre 1917, sous la direction
des Bolcheviki, abolit toutes les institutions locales qui avaient
été élues par le suffrage universel : le Conseil du Gouvernement
de Livonie, les Conseils municipaux, les Comités d'approvisionnement, les Conseils des Communes, etc. Ce Congrès retirait le droit de vote à l'Union des Paysans lettons, qui comptait environ 40.000 membres recrutés parmi les fermiers, les
métayers et même les ouvriers agricoles « sans terre », dans la
partie de la Lettonie non occupée par les Allemands, comme
société contre-révolutionnaire. Une garde rouge de campagne,
à laquelle les troupes russes fournissaient des armes, était organisée avec les éléments populaires les plus douteux et, après la
prise de Riga, le 20 août 1917, et la retraite de l'armée russe
qui s'opéra dans le plus grand désordre, des criminels libérés
des prisons et des maraudeurs de toute sorte venaient s'y
adjoindre, qui terrorisaient les populations et ruinaient le pays.

Non seulement les effectifs des gardes rouges à Petrograd continuèrent de comprendre la division des fusiliers lettons et les Bolcheviki amenèrent des soldats lettons avec des matelots et de l'artillerie de marine sur le chemin de fer de Vologda, mais à la fin de 1918, des éléments lettons étaient choisis pour former le noyau du corps de gendarmerie de Petrograd attaché à la Commission extraordinaire chargée de combattre la contre-révolution et à la tête de laquelle se trouvait le Letton Peters. Enfin, lors de l'attaque de Riga par les Bolcheviki, des unités lettones auraient, paraît-il, refusé de combattre ces derniers et seraient passées de leur côté.

Il paraîtrait, cependant, que c'est en partie à cause de l'intervention des Maximalistes lettons que la paix n'a pas été signée dès les premiers jours à Brest-Litowsk. Lénine, ayant, dit-on, exprimé à plusieurs reprises l'avis de sacrifier la Courlande pour rendre la paix possible de suite, les Lettons s'y opposèrent et comme la garde de l'Institut Smolny était confiée à un régiment letton, et que Stutschka, leader des Maximalistes lettons, originaire de Courlande, avait le portefeuille de Commissaire du peuple pour la justice, leur opposition aurait eu du poids. Après les premiers pourparlers au cours desquels les délégués russes s'étaient montrés conciliants au sujet de la Courlande, Trotsky et Stutschka, avec voix consultative, se seraient rendus à Brest-Litowsk, où Trotsky aurait déclaré que sacrifier la Courlande ce serait trahir la révolution. Mais les actes postérieurs du Gouvernement des Soviets ne confirmèrent pas cette déclaration et on sait que ce dernier a depuis fait connaître au Gouvernement allemand qu'il se désintéressait de ce territoire comme de celui des autres provinces baltiques. Les Lettons se trouvaient ainsi leurrés par les Maximalistes, à la suite de la paix signée par Lénine et leur erreur, qu'ils ne semblaient pas reconnaître, puisque des régiments lettons continuaient de les soutenir, était d'avoir mis leur confiance dans ce parti dont les dirigeants faisaient le jeu de l'Allemagne et placé leur espoir dans un mouvement qui, selon la doctrine soviétiste, prétendait également la forcer à déposer les armes.

Les troupes lettones protestèrent contre cette paix qui allait à l'encontre de l'union des nationalités de Russie, proclamée au Congrès de Kief de septembre 1917, et c'est en défenseurs d'une Russie fédéraliste que certains régiments lettons auraient dissous l'Union militaire ukrainienne, qui s'employait à préparer une paix séparée et le Conseil estonien qui proclamait son indépendance.

Il y a là, comme on le voit, une situation confuse, qu'il est presque impossible d'éclaircir à l'heure actuelle avec les renseignements que nous possédons jusqu'à présent, et des raisons diverses font que ces pays, soit directement, soit par répercussion, se sont trouvés, au cours des événements actuels, attirés plus ou moins fortement à des moments différents dans la sphère d'influence de l'Allemagne. Après l'Ukraine, qui la première a trahi la cause commune et traité avec les Empires centraux, la Finlande s'est faite complice de l'Allemagne. La Pologne n'a pas craint de modifier à plusieurs reprises sa politique, tout en se montrant, pendant un long temps, indécise, et on sait que les troupes polonaises de Dovbor-Yusnicki ont bien voulu se battre contre les Maximalistes, mais non contre les Allemands; or, de même que l'attitude de la Finlande a pu avoir à un moment une action sur les Estoniens et jusqu'en Livonie et en Courlande, celle des Polonais a pu influer sur celle des Lituaniens, malgré leurs anciens dissentiments.

Après la révolution allemande, il se produisait dans les pays lettons un retour offensif de la propagande bolcheviste, qui, bientôt, était suivi d'une avance des Bolcheviki à la suite de la retraite des troupes allemandes.

D'après une communication du Conseil des soldats de Mitau, à la fin de novembre 1918, le Parlement de tous les Conseils de soldats de l'Est, sous la présidence de M. Albert, de Mitau, et en présence du Commissaire impérial pour les pays de la Baltique, Auguste Winnig, qui, après avoir organisé à Libau un soviet de matelots, avait été choisi comme plénipotentiaire civil et envoyé à Riga pour y constituer le Conseil des soldats de la 8e Armée, siégeait pour la première fois dans cette ville le 22 novembre 1918, et trois cent soixante délégués de Courlande, d'Estonie, de Livonie et de Lituanie assistaient à cette réunion. D'après le programme de Mitau, ceux-ci se mettaient d'accord sur une déclaration affirmant que : « Les Conseils de soldats ne feraient pas de politique et ne s'en occuperaient que pour appuyer les travaux du Gouvernement populaire ». Une commission de vingt-cinq membres était nommée, qui devait choisir dans son sein un comité exécutif de cinq membres. Le siège de la commission devait être Riga. Tous les Conseils de l'Est se seraient joints au Conseil central des soldats de Kovno.

Après le départ des troupes allemandes, qui quittèrent Reval le 4 décembre 1918, les Bolchevistes, redoutant une intervention alliée et craignant que leur situation ne fut compromise, ordonnèrent à leurs avant-gardes de suivre les contingents en retraite, à une journée de marche. Les territoires abandonnés par les troupes allemandes se remplirent bientôt de bandes bolchevistes, qui semaient la dévastation sur leur passage. Les Conseils de Livonie et de Courlande adressaient aux Alliés et aux neutres un appel pressant pour les inviter à intervenir contre les Bolcheviki et les informer que ceux-ci avaient déjà commencé d'envahir les provinces baltiques, massacrant les habitants et incendiant les maisons.

Dans la seconde moitié de décembre, l'avance des Bolcheviki dans la région de la Baltique revêtait un caractère de plus en plus alarmant. Walk, importante station de chemin de fer en Livonie, tombait entre leurs mains et leurs troupes, après avoir traversé la Dvina en Courlande, marchaient sur Libau. D'autres approchaient déjà des districts de Dunabourg et de Vilna, et d'importantes forces de l'armée rouge, munies du matériel d'artillerie acheté aux Allemands, étaient en marche vers la frontière allemande.

*
* *

Pour se rendre compte de l'importance que la prise de possession par l'Allemagne de ces provinces baltiques aurait au point de vue international, il suffit de rappeler que le tiers environ du commerce général extérieur de la Russie, soit 30 % des importations et 33 % des exportations, s'effectuait par Riga, Windau, Libau.

En 1896, Riga, qui est devenu le premier port d'exportation de la Russie, assurait à lui seul 18,5 % du trafic extérieur russe. Depuis 1906, il a pris le premier rang parmi les ports russes dans le mouvement général du commerce extérieur.

En 1911, le mouvement commercial de Riga se chiffrait par 334.160.000 roubles. De 1900 à 1912, ce port accusait une augmentation de trafic de 72 % et avait à lui seul un trafic aussi important que celui de Petrograd, qui avait augmenté de 35 %; d'Odessa, qui s'était accru de 15 %, et de Nicolajew réunis.

Sur l'ensemble des exportations russes, 20 % de celles qui allaient en Angleterre et 11 % environ de celles qui allaient en Allemagne passaient par Riga. D'autre part, sur le total des importations en Russie, Riga recevait 11,7 % des exportations allemandes et 38,5 % des exportations britanniques.

Si au lieu du commerce général d'exportation russe on considère le seul trafic du port de Riga, on voit que dans le chiffre des exportations de ce port 25 % partaient à destination de l'Allemagne et 41 % à destination de l'Angleterre, qui en était le principal client.

Ainsi, dès 1911, au point de vue du trafic maritime, Riga se plaçait avant Stettin, qui tient le premier rang parmi les ports allemands de la Baltique. D'ailleurs, les journaux allemands, qui ont maintes fois insisté sur l'importance de ce port, le considèrent comme le meilleur de la Baltique et ne cachent pas qu'en s'en assurant la possession l'Allemagne garderait une porte ouverte sur les vastes territoires de la Russie; de plus, si le projet du canal joignant la Dvina au Don était réalisé, il est probable que le développement de Riga prendrait des proportions encore plus considérables.

Les ports de Windau et de Libau, qui ont été délaissés par les Russes, ne gèlent pas et sont également de très bons ports naturels, qui sont appelés à prendre une importance de plus en plus grande lorsque la vie économique de ces régions et de toute la Russie aura repris. A Windau, aboutit du reste la ligne transibérienne Windau-Wladivostok.

Enfin, ceci touche directement à la question de la Baltique et mérite de retenir toute l'attention, on sait que les Allemands, dans le grand effort qu'ils font actuellement en Ukraine, étudient deux lignes navigables reliant l'Ukraine et la Baltique, et intéressant ces régions au premier chef, l'une par le canal du Dnieper au Bug et la Vistule jusqu'à Dantzig, l'autre jusqu'à Kœnisberg.

II

ESTONIE

Au mois d'avril 1917, les renseignements communiqués par le Service de propagande allemand semblaient indiquer que l'Allemagne entendait procéder en Estonie comme elle venait de faire en Courlande et, par le même jeu, réaliser l'incorporation de ses territoires en se servant d'assemblées inconnues jusqu'alors et qui, bien que constituées par une aristocratie terrienne d'origine et d'affinités allemandes, prétendaient exprimer les volontés populaires. Mais pour se rendre exactement compte des plans pangermanistes dans les provinces baltiques, et plus particulièrement en Estonie, et des manœuvres auxquelles l'Allemagne allait se livrer pour les réaliser, il est nécessaire d'examiner la situation faite à ce pays par la guerre et celle dans laquelle il allait se trouver après la révolution russe.

Dès les premiers jours de la déclaration de guerre, toutes les parties de la population estonienne se montrèrent unanimes pour déclarer qu'il fallait appeler tous les hommes sous les armes, afin de défendre le pays contre l'Allemand, qui, s'il y avait été soutenu sous le régime tsariste et avait pu ainsi y prendre pied, n'en était pas moins l'ennemi historique. L'Estonie, avec sa population de deux millions environ d'habitants, donna plus de 200.000 hommes à la Russie.

La révolution de 1917, puis les paroles que M. Kerensky, représentant du nouveau Gouvernement, adressait, au mois d'avril 1917, aux milliers d'Estoniens assemblés pour l'entendre devant le théâtre national de Reval, ranimaient les espoirs de L'Estonie désireuse de recouvrer la liberté et l'indépendance. « Esthoniens, vous êtes libres de venir avec nous ou de suivre votre chemin », s'était écrié M. Kerensky, et la foule avait répondu : « Nous irons avec vous » et avait porté sur ses épaules à travers la ville le représentant du peuple russe.

A la suite de ces événements, le Gouvernement provisoire russe, sous le ministère Lvov-Kerensky, procédait à une modification de la division administrative des provinces baltiques :

il réunissait, par un décret en date du 3o mars/12 avril 1917, la partie septentrionale de la Livonie à l'ancien gouvernement d'Estonie, conformément à leurs relations ethnographiques, les Lettons étant voisins des Estoniens, et, toute la compétence du Gouvernement autonome et de l'administration locale était concentrée dans les mains d'un commissaire et du Conseil national.

Ce Conseil national, Conseil du pays estonien (Maapâew) et l'administration locale qui étaient octroyés à l'Estonie par ces nouvelles dispositions étaient élus au suffrage universel, dans tous les districts de population estonienne, d'après les principes démocratiques les plus libéraux.

Un décret introductoire à la précédente loi était ratifié le 22 juin/5 juillet 1917 et le Conseil national se réunissait pour la première fois le 1/14 juillet de la même année. Le Congrès national des Estoniens, dispersés dans toute la Russie, qui se tint le 6/18 juillet 1917, reconnut également ce Conseil comme représentation nationale.

Cette représentation nationale, indépendante et légale, du peuple estonien, avait entre autres tâches celle d'élaborer pour l'Estonie un projet de gouvernement autonome sur la base du suffrage universel, égal, direct, secret et proportionnel, sans distinction de sexe. Dans le décret introductoire, il avait été déclaré que ce projet devait être soumis à la ratification du Gouvernement provisoire russe, avec l'avis du ministre des Affaires intérieures. Le commissaire du Gouvernement russe en Estonie ne devait que veiller à la légalité des actes du Conseil national. En fait, le Conseil national reçut la direction des affaires des mains de l'administration gouvernementale et des Landstags. Il promulgua les lois réglant la vie locale et fut considéré comme l'organe suprême du pays.

On peut dire qu'à cette époque l'Estonie se regardait comme un Etat confédéré de la Russie, car l'autonomie accordée par le Gouvernement provisoire russe, en avril 1917, n'avait d'abord été envisagée que dans les limites d'une fédération républicaine des Etats russes, et, ce n'est que devant la crainte d'une occupation allemande que le désir d'une complète indépendance devint générale. Seuls quelques membres de la noblesse et une partie de la bourgeoisie allemande, qui représentaient à peine 5 % de la population, souhaitaient l'union avec l'Allemagne.

Et encore, en avril 1917, ceux-ci étaient, paraît-il (1), également partisans de l'autonomie et ce ne serait que plus tard, à la faveur du renversement de la situation militaire qui leur donnait l'espoir de rétablir leur propre position détruite par la révolution, qu'ils auraient changé d'opinion.

Mais l'Estonie, qui, dès le début de la guerre, semblait avant tout avoir désiré que son armée servit à la défense de son sol, voyait de ce côté ses aspirations non satisfaites. Pendant le ministère Kerensky, comme au temps de Nicolas II, la question d'une armée nationale dont la constitution aurait tout au moins été une confirmation de la reconnaissance de l'indépendance estonienne, alors même qu'elle ne lui aurait pas permis de protéger seule l'intégrité de son territoire, restait sans solution. Peu avant l'invasion allemande, les Estoniens, à la suite de nombreuses et incessantes démarches, arrivaient, en septembre 1917, avant la contre-révolution bolcheviste, à former une première division estonienne et entreprenaient, avant la paix de Brest-Litowsk, la formation d'une deuxième division. La Russie, qui était déjà profondément troublée et était entrée dans une période de complète décomposition, n'avait presque pas contribué à l'équipement et à l'armement de ces troupes, dont les frais auraient été principalement couverts par des souscriptions volontaires.

La contre-révolution bolcheviste, qui déposa le Gouvernement provisoire russe le 26 octobre/7 novembre 1917 à Petrograd, mettait non seulement le Conseil du pays estonien dans l'impossibilité d'établir un pouvoir central, mais imposait à l'Estonie des commissaires du peuple, dont le premier soin était de dissoudre le Conseil national et de supprimer le Gouvernement autonome par la force armée. Les Bolcheviki tentaient même de provoquer des dissentiments entre les différents éléments de la population des provinces baltiques, en faisant participer des détachements lettons à l'arrestation d'officiers estoniens à Dorpat, Fellin, Wesenberg et, dans cette entreprise, il était possible de trouver sinon la preuve de l'action allemande à qui ces procédés sont familiers, du moins d'en soupçonner les agissements. En même temps, la presse démocratique était supprimée et les journalistes arrêtés. Les délégués,

---

(1) *Frankfurter Zeitung*, 1ᵉʳ juin 1918. Interview du socialiste estonien **Martna**.

nommés par le Conseil national, qui devaient aller demander aux Gouvernements alliés de reconnaître l'indépendance de l'Estonie et solliciter leur appui à la fois contre l'anarchie russe et l'invasion allemande, étaient déclarés hors la loi. Les Bolcheviki cherchaient à incorporer les troupes estoniennes dans les gardes rouges, à l'aide de promesses ou sous le coup de la menace, et, pendant ce temps, une armée russe de 200.000 hommes dévastait le pays et dévalisait les populations.

Après la paix de Brest-Litowsk, les bandes de soldats et de matelots russes se retiraient et, devant la menace d'invasion de plus en plus précise créée par l'avance allemande, les troupes estoniennes brisaient le pouvoir bolcheviste pour enlever à l'Allemagne tout prétexte d'intervention.

S'appuyant sur le droit des nationalités à décider elles-mêmes de leur propre sort, affirmé par les puissances de l'Entente et reconnu à l'Estonie à la suite de la révolution russe par le nouveau Gouvernement des soviets qui, d'après le décret du 4/17 novembre 1917, accordait aux peuples le droit de disposer d'eux-mêmes et même de se séparer de la Russie, le Conseil national, conformément à l'arrêté de septembre 1917, avait préparé un projet relatif à la constitution future de l'Estonie et examiné la convocation d'une assemblée constituante estonienne. Par suite de la crise dans laquelle se débattait le nouveau régime révolutionnaire et la désorganisation de l'armée russe, le Conseil du pays estonien, réuni à Reval le 15/28 novembre 1917, décidait de proclamer l'indépendance de l'Estonie et de constituer un Gouvernement provisoire. Cette assemblée s'arrêtait aux dispositions suivantes :

1º Pour déterminer la forme future du gouvernement et créer un pouvoir démocratique souverain en Estonie, de même que pour résoudre toutes les questions ultérieures, il y a lieu de convoquer une assemblée constituante estonienne;

2º Le Conseil du pays se proclame l'unique dépositaire du pouvoir suprême en Estonie; ses décisions et prescriptions sont obligatoires pour tous les habitants du pays, jusqu'à la convocation de l'assemblée constituante. Cette assemblée sera élue directement par la voie du suffrage démocratique et, après avoir déterminé un mode de gouvernement, elle créera définitivement le pouvoir législatif et administratif;

3º Pendant l'interruption de ses sessions, le Conseil du pays remet à la présidence du Conseil, en même temps qu'à l'administration du pays et au Comité des Anciens, le droit de prendre et publier des décisions et prescriptions extraordinaires, dans le but de régulariser les formes de la vie publique dans le pays et de les faire exécuter en attendant leur confirmation définitive par le Conseil du pays.

Le Conseil national considérait qu'il lui incombait, comme organe démocratique et indépendant, d'élaborer un projet de constitution, puisque le pouvoir central de Russie n'existait plus, et celui-ci ne pouvant par suite ratifier ce projet, il se proclamait l'unique pouvoir souverain et laissait dans l'intervalle des sessions l'exercice des droits souverains à un comité choisi parmi les membres de la présidence du Conseil, les anciens du Conseil national et les membres de l'administration du pays.

Le 10/24 janvier 1918, après avoir examiné la situation créée par l'indiscipline des troupes russes, l'anarchie du régime qui menaçait les ressources de la population et la fortune du pays, et avoir envisagé la possibilité d'une occupation par les troupes allemandes qui pouvaient, quand elles voudraient, par suite de la désorganisation de l'armée russe, envahir l'Estonie sans rencontrer de résistance et en faire une province allemande, l'assemblée générale du Comité des Anciens et de l'administration du pays, ainsi que les représentants des partis politiques et des détachements de troupes estoniennes, qui s'étaient aussi assuré l'appui moral de tous les partis politiques du pays, à l'exception des Bolcheviki, se réunissaient à Reval et rédigeaient une proclamation au vote de laquelle ne prenaient pas part ces derniers. Dans cette proclamation étaient rappelés les desiderata qu'ils avaient précédemment exprimés les 15/28 novembre 1917 et 10 janvier 1918, et que nous venons d'exposer ci-dessus, afin de faire connaître aux puissances étrangères, par une déclaration publique, la situation actuelle de l'Estonie, en même temps que ses aspirations, et que ce pays n'entendait point que son sort fût laissé à la discrétion de l'Allemagne ou qu'il fût réglé par un « referendum » organisé sous le contrôle allemand.

A la fin de ce memorandum, il était dit, sous forme de conclusion, qu'une Estonie indépendante n'empêcherait en rien « le commerce mondial d'entretenir de libres relations avec la Russie et que ce pays, se trouvant par sa situation être le débouché naturel des grands marchés russes, serait un terrain favorable au développement de ce commerce mondial ». Il apparaissait, en effet, intéressant au premier chef que les ports importants de l'Estonie sur la Baltique : Reval, Pernau, Narva, Kielkond, ne tombassent point aux mains de l'Allemagne. Il y était également laissé entendre que l'Estonie pourrait « entrer en relations plus étroites avec d'autres puissances » et que ces questions seraient résolues « dès qu'elle aurait acquis son indépendance par l'organe de son Assemblée constituante ou par un referendum pris en toute liberté ».

*
* *

Le pays des Estoniens, qui s'étend au nord du pays des Lettons sur un espace de 47.000 kilomètres carrés environ au bord de la mer Baltique, entre le golfe de Finlande, la rivière Narowa, le lac Peîpus et le golfe de Riga, comprenant l'ancien gouvernement d'Estonie et la partie septentrionale du gouvernement de Livonie, avec les îles de Moonsund, est habité, comme nous l'avons vu, par une population d'origine ougro-finnoise de un million et demi d'habitants, dont 90 % sont Estoniens, 4 % Russes et les 2 % restant composés de Suédois, de Lettons, de Polonais, de Juifs et d'éléments d'autre origine. Plus de 500.000 Estoniens ont, en outre, dû chercher asile dans les plaines de Russie, en Sibérie, au Caucase ou ont émigré en Amérique et en Australie. Ces émigrants sont pour la plupart des agriculteurs qui se sont trouvés forcés de quitter l'Estonie parce que 60 à 70 % du sol est la propriété personnelle de deux cents familles de barons allemands, alors que 74 % de la population vit dans les villages. D'après une statistique de 1897, il y avait en Livonie 908.744 cultivateurs et, parmi ceux-ci, 40.594 familles ou environ 222.970 individus possédant la terre, tandis que les 685.774 autres ne possédaient pas de terre et étaient obligés de travailler comme ouvriers agricoles ou d'aller chercher leur vie ailleurs.

Par sa situation géographique, autant que par le développement dont sa vie intérieure et économique est susceptible, et qui lui permettrait de former une unité nationale indépendante, en même temps que par la cohésion ethnique de sa population, on comprend que les Estoniens aient formé depuis longtemps le projet de constituer un Etat indépendant dont l'étendue territoriale, plus grande que celle du Danemark, de la Hollande ou de la Belgique, est capable de nourrir environ quatre millions d'habitants, et qu'ils aient profité des événements actuels, qui entraîneront un remaniement de la carte du monde, pour présenter leurs aspirations.

Au reste, l'Estonie a conservé toutes ses traditions et fait preuve d'une très grande vitalité, malgré les dures épreuves qu'elle a traversées au cours de son histoire et, plus récemment, malgré la situation qui lui était faite dans l'empire russe. Malgré la politique réactionnaire des ministres Tolstoï, Delianov, Kasso et Schwartz, sous l'administration desquels le nombre des illettrés était passé de 5 % à 15 % en une vingtaine d'années, et qui avait forcé une partie de la classe instruite à chercher hors du pays une position quand ce n'était pas seulement la sécurité, la Russie n'était pas parvenue à empêcher cette province de conserver son art et sa littérature populaires. Malgré les prikases qui défendaient dans les écoles primaires et secondaires de répandre la langue estonienne, en une quinzaine d'années des sociétés estoniennes d'instruction populaire, dont les membres étaient des paysans, des ouvriers qui ne versaient que des cotisations annuelles d'un rouble, réussissaient à fonder quelques dizaines d'écoles de langue estonienne. Il est même curieux de noter à ce propos que Kerensky décrétait, en 1917, que le russe était la langue officielle et à son défaut l'allemand, si le russe n'était pas compris, et ce n'est qu'en troisième lieu et si les deux premières ne pouvaient pas être entendues, que les langues parlées dans les provinces baltiques étaient admises. Des théâtres nationaux avaient été construits avec des souscriptions recueillies de la même manière, des banques de crédit mutuel avaient été fondées et même des expositions d'art estonien avaient été organisées. Bien que les gouverneurs russes aient eu recours aux amendes quand ce n'était pas à l'emprisonnement des rédacteurs, pour étouffer la presse naissante, cela n'avait pas empêché, au cours des quarante dernières années, à plus de trente journaux de se créer, et le nombre des lecteurs de quelques-uns d'entre eux était monté à 40 et même 60.000. Enfin, en dehors de Reval, qui est un grand port de la Baltique, l'Estonie a d'autres villes importantes comme Tartu ou Dorpat (Youriew), qui possède une ancienne université, Pernau et Narva, qui sont des centres manufacturiers et maritimes; Kuresaare (Arensburg) et Hapsal qui sont des places bien connues, Wiljandi (Fellin), centre de production du lin, Rakwere (Wesenberg), centre de production du ciment.

*
* *

Mais, malgré la volonté des Estoniens, exprimée à plusieurs reprises par les représentants qu'ils avaient élus, la noblesse allemande établie en Estonie décidait, le 28 janvier 1918, d'en appeler au Gouvernement allemand et l'invitait à occuper militairement le pays. Une protestation énergique contre cette démarche était présentée le 4 février au Gouvernement de Berlin par le représentant diplomatique du Gouvernement provisoire d'Estonie à Stockholm. Les partis politiques et les associations d'Estonie appuyaient cette protestation par un manifeste publié le 7 février contre les prétentions allemandes sur les îles d'Œsel, Dago, Moon et sur l'ensemble du territoire estonien. Ce manifeste, signé par le Comité directeur des troupes estoniennes, le Parti estonien socialiste révolutionnaire, le Parti social-démocratique, le Parti estonien démocratique, l'Union des Paysans de l'Estonie, l'Union agricole estonienne, l'Union de l'indépendance estonienne et la Société des Habitants des îles occupées par les troupes allemandes, était communiqué aux ambassadeurs de Grande-Bretagne, de France, d'Italie, des Etats-Unis et du Japon, aux ministres de Belgique, de Serbie, de Suède, de Norvège, du Danemark, d'Espagne et du Portugal, au bureau de la presse américaine, à la rédaction des journaux de l'Entente en Russie : le *Daily News*, le *Times* et le *Temps*. Elle était rédigée dans les termes suivants :

Nous déclarons par la présente que le peuple esthonien tout entier considère comme une grossière violation de ses droits souverains la séparation forcée des îles esthoniennes : Œsel, Dago, Moon, etc., habitées par les populations esthoniennes, du reste de l'Esthonie, considérée comme un tout indépendant. Le peuple esthonien proteste de toutes ses forces contre la réunion de ses îles à l'Allemagne, à quelque égard et sous quelque prétexte que ce soit.

Il exige que, conformément aux droits qu'ont les peuples de décider de leur sort, il lui soit exclusivement réservé la future destinée politique de ces îles, ainsi que de toute l'Esthonie, en exprimant sincèrement sa volonté par la voix de ses organes autorisés et par la voix du plébiciste.

De plus, pour assurer la liberté du suffrage, les troupes des deux puissances belligérantes, tant allemandes que russes, devront évacuer les îles aussi bien que le continent d'Esthonie.

Cette protestation devait primitivement être formulée par la Constituante estonienne, dont la réunion avait été projetée pour le 28 février, mais qui se trouva désorganisée par les Bolcheviki et la marche de l'armée allemande sur Reval. A cette date, les troupes allemandes n'occupaient pas encore l'Estonie, mais un mois plus tard elles l'envahissaient.

Après la reprise des hostilités avec la Russie, les troupes allemandes traversaient le Moonsund et occupaient Verder, Leal, etc., sous le prétexte de combattre les éléments bolchevistes qui avaient proscrit la noblesse allemande d'Estonie.

Le 24 février, les derniers représentants des Bolcheviki en Estonie, qui s'y étaient livrés à une active propagande et avaient mené une agitation au seul profit de l'Allemagne, quittaient le pays et se rendaient à Helsingfors à bord des navires russes. A la même date, et par conséquent après l'éloignement des représentants du Gouvernement des soviets russes et avant l'invasion des Allemands, le Conseil national proclamait l'Estonie « République démocratique indépendante et neutre ». Un nouveau gouvernement provisoire de la République estonienne se constituait et entrait officiellement en fonction. Il était composé de :

M. Konstantin Päts, membre du Conseil du pays, premier ministre, ministre de l'Intérieur et du Commerce;

M. Jüri Wilms, membre du Conseil du pays, adjoint au premier ministre, ministre de la Justice;

M. Jaan Poska, représentant d'Estonie à l'Assemblée constituante russe, ministre des Affaires étrangères;

M. Andres Larko, général, ministre de la Guerre;

M. Johan Kukk, membre du Conseil du pays, ministre des Finances et des Domaines publics;

M. Jaan Raamot, membre du Conseil du pays, ministre de l'Agriculture;

M. Ferdinand Petersen, ministre des Transports;

M. Willem Maasik, membre du Conseil du pays, ministre du Travail et de la Prévoyance sociale;

M. Peter Pôld, membre du Conseil du pays, ministre de l'Instruction publique.

La république estonienne proclamée, assurait des droits égaux à tous les citoyens, quelles que soient leur nationalité, leurs croyances ou leurs opinions politiques, et, le Gouvernement formait aussitôt une garde civile qui, dès le premier jour, commençait le désarmement de la garde rouge. A la suite des mesures prises immédiatement par le Gouvernement, celui-ci réussissait à ramener momentanément l'ordre dans le pays. Les confiscations et les réquisitions opérées par les Bolcheviki étaient annulées et les biens privés rendus à leurs propriétaires.

Mais les Allemands continuaient à avancer. Déjà, dans l'île de Moon, deux compagnies estoniennes avaient dû assurer seules la retraite de deux régiments russes et les troupes estoniennes ne pouvaient songer à résister aux forces allemandes bien supérieures.

Le 25 février 1918, les troupes allemandes entraient à Reval. Elles envahissaient tout le pays qu'elles occupaient militairement; les autorités allemandes commençaient par supprimer l'organisation démocratique et le Gouvernement estonien se trouvait ainsi privé de tout pouvoir.

Dès l'entrée des troupes allemandes à Reval, l'administration militaire faisait savoir qu'elle ne reconnaissait pas le Gouvernement estonien, et celui-ci était suspendu. Le conseil municipal était dissous; sur l'ordre du colonel Berring, la direction des affaires municipales était remise à un conseil composé de vingt-quatre membres choisis parmi les Germano-Baltes. Dans plusieurs villes, les conseils municipaux étaient également relevés de leur fonction par les Allemands et le lieutenant-général von Seckendorff ordonnait que les maires qui étaient en fonction avant le 1er mars 1917 reprissent la direction des municipalités avec huit conseillers municipaux désignés par les autorités allemandes. A Dorpat, un marchand allemand était également nommé maire. Dans tous les villages, les conseils établis sur la base de la loi électorale des communes étaient dissous et le cens électoral de 1914 était rétabli.

Bien que le chancelier Hertling ait présenté au Reichstag l'action militaire en Estonie et en Livonie comme une « mesure de secours entreprise au nom de l'humanité », le général von Seckendorff n'avait cure de ces déclarations et, à la séance d'ouverture d'une assemblée qu'il avait convoquée par ordre, déclarait que les troupes allemandes resteraient en Estonie « pour une protection de longue durée ». La pression exercée par les autorités militaires n'était pas, du reste, sans susciter des commentaires, même dans la presse allemande, où certains organes jugeaient cette manière de faire inopportune et périlleuse. Dans le *Berliner Tageblatt*, M. Hans Vorst dénonçait la politique suivie dans ce pays par l'Allemagne comme contraire non seulement aux stipulations du traité de Brest-Litowsk qui venait d'être signé, mais aux intérêts allemands en même temps qu'aux intérêts estoniens en faveur desquels l'Allemagne prétendait intervenir et qu'elle soutenait vouloir sauvegarder.

Dans ces conditions, la convocation d'une assemblée constituante estonienne était, on le conçoit, pratiquement impossible, d'autant plus que les élections n'avaient pas pu être terminées avant l'invasion allemande. Celles-ci permettaient toutefois de juger de l'opinion estonienne et constituaient, en quelque sorte, un referendum sur l'indépendance de l'Estonie, puisque 70 % des électeurs avaient voté pour l'indépendance absolue et les autres pour l'établissement d'une république autonome faisant partie d'une confédération russe. D'ailleurs, le commandement militaire allemand déclarait qu'il ne pouvait plus être question de la convocation de la Diète estonienne, pas plus que des autres libertés obtenues par la révolution de 1917 et qu'il considérait l'annexion comme légitime.

Dès l'entrée en Estonie des troupes allemandes, la presse estonienne est supprimée. Plus tard, trois quotidiens purent paraître à nouveau, un à Reval et deux à Tartu. De ces trois feuilles, l'une cessa de paraître à partir du 28 mai. L'*Eesti Paevaleht*, le Quotidien estonien, était publié à Petrograd.

Le censeur allemand exigeait que les articles portant sur la question baltique envoyés au journal par le bureau de la presse allemande fussent reproduits sans aucun commentaire de la rédaction et sans que la moindre indication permît de se rendre compte de la source de ces articles officiels. Comme une de ces communications, publiée dans une gazette de Tartu, était précédée de quelques lignes indiquant son origine, celles-ci furent supprimées et la presse allemande cita ce fait pour donner un exemple de l'état d'esprit qui régnait dans la presse estonienne. Du reste, l'oppression exercée sur la presse était telle qu'une publication purement technique, faite par l'Union centrale des Agriculteurs, fut interdite.

Toutes les organisations, toutes les associations étaient supprimées.

Dans les écoles, toute propagande nationale était sévèrement défendue, ainsi que l'enseignement de l'histoire estonienne. Du reste, la langue allemande devenait la langue officielle, bien que le nombre des Allemands à Reval ne représentât, d'après le recensement d'avril 1918, que 7,2 % des habitants. L'allemand était obligatoirement enseigné dans toutes les écoles, même communales, et la presse allemande annonçait qu'il allait devenir la langue d'enseignement dans les écoles secondaires.

L'Université de Tartu (Dorpat) était germanisée. La correspondance ne pouvait plus se faire qu'en allemand et toutes les lettres étaient censurées.

Des Allemands étaient nommés juges et les jugements rédigés en langue allemande étaient rendus selon les lois criminelles allemandes. La vie publique était entravée par une série d'ordonnances draconiennes et la population devait subir toutes sortes de vexations.

Les directeurs et fonctionnaires du service estonien d'approvisionnement étaient révoqués pour avoir remis à l'autorité militaire une pétition attirant son attention sur les défauts que présentaient des ordonnances et qui rendaient leur application difficile.

Le président du conseil municipal de Tartu, M. Olesk, avocat, qui avait protesté contre la sujétion de la ville et contre l'imposition de la langue allemande comme langue officielle, était arrêté avec quarante-neuf autres personnes, à la suite de la découverte, au coin d'une rue, d'une affiche soi-disant provocante. Ailleurs, le commandant décrétait que les habitants, y compris les enfants, devaient le saluer respectueusement, sous la menace de peines diverses.

La situation devenait de plus en plus dure en Estonie, à la suite des succès que les Allemands remportaient à ce moment en Occident. Mais l'influence du Conseil national sur l'opinion publique et surtout sur les paysans, restait considérable.

En mars, les Allemands commencèrent à acheter des terres aux réfugiés estoniens ruinés. Pour parer à cette mainmise allemande, le Conseil national estonien décida que quiconque vendrait des terres à un Allemand ou à un étranger serait déclaré traître à son pays, mis à l'index et passible d'une peine après la guerre. Dès que cette mesure eut été édictée, la vente des terres cessa.

Le Conseil national estonien tentait de se réunir le 5 avril 1918 et demandait au chancelier et à l'autorité militaire allemande les sauf-conduits nécessaires; ils lui étaient refusés. Il se réunit quand même secrètement, mais un lieutenant allemand se présenta pour dissoudre l'assemblée. En sa présence, celle-ci protesta contre les mesures allemandes et les atteintes portées à la volonté nationale et sa protestation fut remise au chancelier qui en accusa réception.

L'arrestation de M. Päts, premier ministre du Gouvernement provisoire, prenait une signification particulière du fait de sa personnalité et mettait à nu les intentions de l'Allemagne dans ce pays. En 1905, alors qu'il était maire de Reval, M. Päts avait, en effet, été condamné à mort par contumace par un conseil de guerre, dont le président se trouvait être un baron balte adjudant dans l'armée russe. Après avoir vécu en exil jusqu'en 1909 et avoir ensuite, après la révolution de 1917, joué un rôle important comme président du Comité estonien de défense nationale, il avait été arrêté par les Bolcheviki, dès leur arrivée au pouvoir. Aussitôt après la retraite de ces derniers et leur expulsion devant l'avance allemande, le Conseil national estonien lui confiait la formation du Gouvernement provisoire.

Au cours de ce même mois d'avril 1918, M. Peet, jurisconsulte à l'administration municipale de Reval, adressait au commandement allemand une demande de démission, donnant pour motif de sa décision la dissolution du conseil municipal élu légalement d'après les ordonnances du Gouvernement provisoire, et la nomination par l'autorité allemande de nouveaux conseillers choisis dans les milieux allemands.

M. Peet, ayant fait remarquer, dans cette lettre, qu'il y avait violation de la Convention de La Haye et du traité russo-allemand de Brest-Litowsk, et que, jurisconsulte, il ne pouvait, dans ces conditions, continuer l'exercice de ses fonctions, était arrêté et traduit devant le conseil de guerre de Reval. Le conseil ne put rien trouver dans ses termes qui portât atteinte aux armées allemandes et on lui permit de regagner son domicile, en l'avertissant d'attendre le verdict chez lui. Mais, le lendemain soir, un officier allemand se présentait, accompagné d'un agent de la police secrète allemande. Tous deux déclarèrent à M. Peet qu'il devait immédiatement adresser à l'autorité militaire une lettre d'excuse, dans laquelle il se dédirait de tout ce qu'il avait écrit pour motiver sa démission. Sur son refus, ils lui firent savoir qu'il avait une demi-heure pour se préparer à partir pour Riga. Il ne lui fut même pas permis de mettre en ordre ses affaires, ni de revoir ses parents et ses amis. Les Allemands l'internaient dans un camp de prisonniers de guerre en Courlande, dans lequel les conditions de détention étaient très rigoureuses, sous l'accusation d'avoir organisé en Estonie la résistance passive contre l'Allemagne.

Les Landtags ou Diètes d'Estonie et de Livonie, dont les Allemands invoquaient à chaque instant les délibérations, composées en majorité de représentants de la noblesse allemande fixée dans ces pays, et dont la constitution ne reposait sur aucun droit réel, n'étaient donc nullement qualifiés pour parler au nom de leurs populations et présenter leurs véritables revendications. A l'instigation des autorités militaires, elles n'en formulaient pas moins des vœux ou prenaient des résolutions au nom de ces populations, dans le but de faciliter la réalisation des aspirations pangermanistes par l'établissement d'un régime d'union personnelle de l'Estonie avec la Prusse, et, la propagande germanique usait de tous les moyens pour obtenir toutes les adhésions qu'elle pouvait recueillir, en demandant au plus grand nombre possible de personnes d'apposer leur signature au bas des décisions prises par ces assemblées, afin de les authentifier et de leur donner l'autorité nécessaire. L'Allemagne ne répugnait à aucune manœuvre et continuait à se livrer à toutes les tentatives pour égarer le monde sur les dispositions et la volonté des populations de ces pays.

La plus remarquable de ces tentatives est celle faite à l'assemblée de Livonie, tenue à Riga le 10 avril 1918. Les élections pour la nomination des délégués à cette assemblée furent commencées sans que rien ait été préalablement annoncé sur son but ou sa mission. Aussi, des maires ruraux, qui devaient élire des délégués, refusèrent de prendre part aux élections et déclarèrent qu'ils n'avaient pas été élus par les communes pour résoudre des questions de politique générale, mais qu'à cet effet l'année précédente avait été élu légalement le Conseil national estonien, auquel on devait donner la possibilité de se réunir.

Avant la première séance, un pasteur vint s'enquérir de l'attitude que les maires allaient prendre. Il déclara que l'assemblée de Livonie devait se prononcer sur le retour sous le régime russe ou la séparation. Il expliquait qu'il était impossible de rester sous la domination russe, mais que les organes politiques propres de l'Estonie ne sauraient protéger son indépendance; qu'on ne pouvait se tourner vers la Suède, état neutre, et que, l'Angleterre étant trop loin, il ne restait d'autre moyen que de s'entendre avec l'Allemagne. A la première réunion, les délégués estoniens déclarèrent vouloir conférer entre eux sur la question de la séparation de leur pays et de la Russie. Des agents allemands, des pasteurs, des étudiants, etc., menaient une active campagne autour d'eux pour les engager à voter pour la séparation, conformément au vœu de l'Allemagne. Lorsqu'ils purent, enfin, délibérer seuls, ils conclurent unanimement qu'ils n'avaient pas le droit de décider du sort de l'Estonie, mais que l'on devait donner à tout le peuple estonien ou à ses représentants la possibilité d'exprimer sa volonté, et qu'il ne pouvait même pas être question de réunir le peuple estonien au peuple letton, selon le désir exprimé par la Courlande et la ville de Riga.

Une résolution fut votée dans ce sens, qui devait être présentée à l'assemblée comme déclaration commune de tous les maires et insérée dans les comptes rendus des séances.

L'assemblée fut ouverte par l'autorité militaire allemande de Riga, représentée par un général accompagné de deux officiers. Le général fit une déclaration par laquelle il annonçait que, la veille, l'Estonie s'était séparée unanimement de la Russie, bien qu'à Reval comme à Riga, les Estoniens aient refusé de participer au vote de l'assemblée; puis il fit procéder à l'élection du président de l'assemblée. Sur la proposition de plusieurs Allemands, le baron Stäel-Holstein fut élu. Celui-ci, dans un long discours, remercia l'armée allemande pour la délivrance de l'Estonie et les services rendus au pays.

Ce discours fut traduit en letton et en estonien, car la plupart des maires ne comprenaient pas l'allemand; mais il était visible que les organisateurs de cette assemblée désiraient traiter en allemand les questions qui lui étaient soumises et avaient hâte de les résoudre avant que les membres ne fussent mis exactement au courant des faits. Dans ce but, le président proposa de résoudre affirmativement la question de la séparation de la Livonie et de la Russie.

Un des délégués estoniens déclara au nom de tous ses collègues qu'ils ne pouvaient prendre part ni aux délibérations, ni aux votes de l'assemblée, car n'appartenant pas au Gouvernement de Livonie, mais à l'Estonie unifiée, ils ne se considéraient pas autorisés à formuler des résolutions au nom de cette dernière, et que cela incombait à ses représentants élus, auxquels on devait permettre de se réunir. Le président de l'assemblée ayant refusé de recevoir la résolution votée par ces délégués, la séance fut suspendue au milieu de menaces adressées aux Estoniens. A la reprise de la séance, le président n'ayant traduit en allemand que quelques phrases de la déclaration des maires estoniens, bien qu'une traduction *in extenso* lui eut été remise, ceux-ci voulurent alors quitter la salle. Quelques-uns déjà étaient sortis quand le baron Stäel-Holstein le leur interdit, au nom de l'autorité militaire, et ordonna de fermer les portes. Les maires restés dans la salle protestèrent et déclarèrent qu'ils ne prendraient pas part au vote. Aucun compte rendu ne fut fait de cette réunion.

Après la séance, le général allemand essaya de savoir quel était l'auteur de la déclaration; il fit des menaces, puis, n'étant pas parvenu à ses fins, invita les délégués à agir sur l'opinion au cours de réunions publiques; les délégués ayant riposté que les réunions étaient interdites, le soir celles-ci étaient de nouveau permises.

Dans leur déclaration devant cette assemblée, les maires estoniens avaient insisté sur ce point qu'ils n'avaient pas le droit de modifier la décision du Conseil national qui, en qualité de représentant légitime du peuple estonien, et se basant sur le décret du Gouvernement russe actuel accordant aux peuples le droit de décider eux-mêmes de leur sort, avait proclamé l'Estonie république démocratique indépendante, et que, d'autre part, pour fixer la nature des relations que l'Estonie entendait avoir avec l'Allemagne ou quelque autre des Etats voisins de la Baltique, le peuple estonien ne voulait prendre de décision que par la voie d'une représentation indépendante, élue librement par lui.

Une protestation contre la réunion de ces Diètes et leurs décisions, contenant un exposé détaillé de la véritable situation des populations vis-à-vis d'elles, fut envoyée au Gouvernement allemand, le 21 mars 1918, par les soins de la délégation estonienne en Suède, et une nouvelle protestation contre les propositions faites par les Diètes estonienne et livonienne, en vue d'une union avec la Prusse fut, le 13 avril, présentée au chancelier et au secrétaire d'Etat des Affaires étrangères de l'Empire allemand par la délégation estonienne, à Christiania.

Néanmoins, au milieu d'avril, on mandait officiellement de Berlin que le Conseil national de Livonie, d'Estonie, de Riga et d'OEsel, réuni au château de Riga, avait pris, par acclamation, les décisions suivantes (1) :

L'assemblée demande à l'Empereur allemand : 1° de maintenir continuellement la Livonie et l'Estonie sous sa protection militaire et de les soutenir efficacement dans la réalisation définitive de leur séparation avec la Russie; 2° exprime le vœu qu'on forme de la Livonie et de l'Estonie, de la Courlande, des îles s'y rattachant et de la ville de Riga un Etat constitutionnel monarchique unique, avec Constitution et administration uniques; que cet Etat soit lié à l'Empire allemand par une union personnelle avec le Roi de Prusse; que l'Empereur allemand daigne entendre ce vœu des populations des provinces baltiques et le réaliser; 3° demande à l'Empereur allemand de rendre possible l'institution des organisations nationales en Livonie et en Estonie, afin d'administrer ces deux provinces jusqu'au groupement des provinces baltiques réunies; 4° demande que des conventions monétaires, de transports, de douanes, de poids et mesures soient conclues entre l'Empire allemand, le Royaume de Prusse et l'Etat à former avec les provinces baltiques.

Dans le même temps, on annonçait également que le chancelier devait recevoir, au grand quartier général, une délégation des provinces de Livonie et d'Estonie, qui, sous la conduite du baron Dollinghausen, lui transmettrait les vœux de ces pays; mais les prétendus vœux dont cette délégation se chargeait n'étaient autres que ceux de ces Diètes baltiques, assemblées aristocratiques composées, ainsi que nous venons de le voir, d'éléments totalement étrangers aux populations dont elles se donnaient comme les représentants et au sujet desquelles le *Post*, de Munich, écrivait :

Quels sont tous ces éléments qui ont voulu, avec tant d'ardeur, faire de la Livonie, de l'Estonie, de la Courlande, des îles de la côte et de la ville de Riga un seul Etat, qui serait une monarchie constitutionnelle rattachée à l'Allemagne ? Voici les chiffres fournis par l'Agence Wolff : la Diète de Livonie, d'Estonie, de Riga et d'OEsel se compose de cinquante-huit membres nommés par les assemblées locales : la noblesse a nommé trois délégués

____

(1) D'après le *Temps* du 15 avril 1918.

allemands; les propriétaires fonciers, treize Allemands; les communes rurales ont treize représentants, dont neuf sont Estoniens et quatre Lettons; les villes ont vingt délégués (treize Allemands, deux Estoniens, cinq Lettons); l'Université de Dorpat a un représentant, qui est Allemand; le territoire de Petschory est représenté par un Letton; le clergé par quatre Allemands, deux Estoniens et un Letton.

Ainsi, la noblesse allemande, les propriétaires fonciers allemands, les délégués municipaux de race allemande, les membres allemands du clergé représentent actuellement un peuple qui se compose, en son écrasante majorité, d'éléments non allemands. Les classes privilégiées allemandes de Livonie et d'Estonie ont exprimé leurs désirs personnels. Elles correspondent à peu près aux anciennes classes sociales du moyen âge : la noblesse, le clergé et les villes. On a l'audace de considérer cette résolution des classes possédantes comme l'expression du « droit des peuples à disposer d'eux-mêmes ». Conception du droit bien prussienne !

A la suite de la publication de ces informations par la presse allemande, les représentants du Gouvernement provisoire estonien, MM. Charles-Robert Pusta, Antoine Piip et Edouard Wirgo, adressaient à la Russie, en même temps qu'à toutes les autres puissances, un nouveau memorandum, en date du 8 mai 1918, dans lequel ils leur demandaient de reconnaître immédiatement l'indépendance de l'Estonie et la compétence du Parlement général démocratique estonien, pour décider seul, à l'exclusion des différentes assemblées de la noblesse estonienne et livonienne, du futur régime politique du pays et de sa situation au point de vue du droit international. En vertu du précédent memorandum du Conseil estonien et à la suite des faits nouveaux qu'ils exposaient, ils demandaient à ces gouvernements :

1° De reconnaître l'indépendance de la République démocratique estonienne dans ses frontières ethnographiques, y compris les îles du Moonsund;

2° De reconnaître le Gouvernement provisoire nommé par le Conseil du pays estonien comme le seul pouvoir exécutif du pays;

3° De reconnaître à l'Estonie le droit de participer à la Conférence générale de la paix, afin qu'elle puisse y défendre ses intérêts et soumettre à la Conférence un projet relatif à la reconnaissance par les puissances de la neutralité de la République estonienne et aux garanties internationales de cette neutralité.

A la suite de la remise de ce memorandum sur la situation politique de l'Estonie, par MM. Antonius Piip, représentant du

Gouvernement provisoire estonien à Londres, Edward Wirgo et Ch.-R. Pusta. M. Arthur James Balfour déclarait dans sa réponse, en date du 3 mai 1918 :

It gave me much pleasure to receive your recent visit, and I take this opportunity of assuring you that His Majesty's Government greet with sympathy the aspirations of the Esthonian people and are glad to reaffirm their readiness to grant provisional recognition to the Esthonian National Council as a de facto independent body, until the Peace Conference takes place, when the future status of Esthonia ought to be settled as far as possible in accordance with the wishes of the population. It would obviously be impossible for His Majesty's Government at the present time to guarantee to Ethonia the right to participate at the Peace Conference, bu at any such Conference His Majesty's Government will do their utmost to secure that the above principle is applied to Esthonia.

M. Charles-Robert Pusta, représentant du Gouvernement provisoire estonien à Paris, qui avait fait auprès de M. le Ministre des Affaires étrangères la même démarche, en vue d'obtenir la reconnaissance par la France de la République estonienne, recevait de M. Stephen Pichon, le 13 mai 1918, une réponse où il était dit notamment :

C'est avec une très sincère sympathie que la France salue les aspirations de la nation estonienne, et je suis heureux de vous affirmer à nouveau que le Gouvernement de la République est prêt à reconnaître provisoirement le Conseil national estonien comme une organisation indépendante de fait, jusqu'à ce que la Conférence de la paix permette d'établir définitivement le futur statut de l'Estonie, conformément aux vœux de la population.

Le Gouvernement français fera, d'ailleurs, tout ce qu'il pourra pour que, le moment venu, le peuple estonien soit en mesure de présenter l'exposé de ses revendications.

J'ajoute que le Gouvernement français réserve tous ses droits en ce qui concerne la participation de votre pays au règlement ultérieur de la dette étrangère de la Russie.

M. S. Sonnino répondait peu après, le 29 mai 1918, dans un sens analogue, au nom du Gouvernement italien, à qui la même communication avait été faite :

Il R. Governo, fedele ale tradizioni dell'Italia, è lieto di esprimere le sue vive simpatie per le aspirazioni del popolo estoniano verso la libertà. Il R. Governo è dispoto a riconoscere provisoriamente il Consiglio Nazionale estoniano come una organizzazio ne indipendente di fatte, ma non può dare alcun affidamento pel riconoscimento della futura indipendanza delle State di Estonia essendo questa una questione, come le altre analoghe concernanti provincie vicine, che devrà essere riservata alle decisioni delle Potenze in occasione del Congresso della Pace. Gli Alleati considerano la pace di Brest-Litowsk come non avvenuta e portante ogni sistemazione definitiva delle regioni che formavano parte dell'Impero Russo deve riservarsi al Congresso della Pace. Per questo motivo l'Italia non ha riconosciuto fino ad ora alcuno dei nuovi Governi sorti in Russia. D'altra parte le S. V. IIIme possono ritenere per certo che, in seno al Congresso della pace, l'Italia non mancherà di sostenere i principii generali di giustizia e di libertà pei quali essa ha preso le armi.

Intanto il Regio Governo confida che il Consiglio Nazionale e il popolo dell'Estonia faranno tutto il possibile per salvaguardare la loro patria da ogni dipendenza dalla Germania.

Un courant d'opinion se manifestait cependant en Allemagne contre ces annexions. Après le *Vorwaerts,* qui estimait que les protestations auxquelles se référait la note remise par M. Joffé reflétaient l'opinion générale du pays, la *Gazette de Francfort* (1) s'élevait contre l'intervention allemande dans les affaires d'Estonie et de Livonie. On y lisait :

Le problème baltique va recevoir bientôt une solution définitive. L'attitude prise par le Gouvernement impérial est en contradiction avec le traité de Brest-Litowsk et risque d'amener les conséquences les plus graves. Nous avouons que le rôle que certains groupes voudraient faire jouer à l'Allemagne, dans l'affaire de Livonie et d'Esthonie, ne nous touche nullement.

On ne peut encore se rendre compte de toutes les conséquences de la paix de Brest-Litowsk, mais une chose est claire : les plénipotentiaires russes ne l'ont signée que parce qu'ils y étaient contraints. Le comte Hertling a dit, après la signature du traité, que l'Allemagne désirait entretenir des relations étroites et amicales, non seulement avec les peuples baltiques, mais aussi avec la Russie. Or, si la Russie peut, sans que sa vie soit mise en danger, supporter les nouveaux coups qu'on voudrait lui infliger, elle peut très bien ne pas témoigner à notre égard de sentiments amicaux et pacifiques. Il est absolument invraisemblable que la Russie se console jamais de la perte de la côte baltique. Sa vie économique serait privée de tout débouché maritime et sa liberté d'action politique en serait à l'avenir paralysée.

C'était le moment où la *National Zeitung* montrait le danger de la haine que l'Allemagne avait soulevée dans le monde, et ne craignait pas de dire que ses victoires ne lui donneraient pas la paix.

----

(1) 3o Mai 1918.

Devant les difficultés qu'elle voyait surgir à l'Est, malgré les traités qu'elle avait conclus, l'Allemagne ne craignait pas, du reste, pour y faire face, de revenir sur ses paroles ou ses conventions. Sans se soucier des nouveaux rapports avec les provinces baltiques ou avec l'Ukraine qu'elle avait essayé d'établir mais dont elle sentait la précarité et qui passaient ainsi au second plan dans ses préoccupations, elle n'envisageait plus que la situation générale qui lui était faite à l'Est et ne s'embarrassait d'aucune considération. On lisait, dans un article de la *Gazette de Voss* paru au mois de juillet 1918, sous la signature de M. Georg Bernhard :

> Ce qui importe, c'est notre politique à l'égard de la Russie et non nos relations avec les Etats frontières de l'Est. D'ailleurs, le sort de ces Etats ne pourra être définitivement décidé que lorsque nos rapports avec la Russie seront suffisamment éclaircis. Comment ces rapports seront-ils renouvelés ? Quand cette transformation aura-t-elle lieu ? Tels sont les problèmes essentiels qui se posent à notre future politique.

A la suite des négociations qui s'étaient poursuivies à Berlin entre les représentants russes et les délégués allemands au sujet de la paix de Brest-Litowsk, la *Strassburger Post* faisait savoir, à la fin de juillet, que le Soviet, ayant consenti à ce que la Livonie et l'Estonie soient détachées de la Russie, cette décision avait pour conséquence de modifier les dispositions prises auparavant par le Gouvernement allemand en vue de l'organisation des territoires occidentaux des confins russes. La Courlande serait détachée du territoire d'administration militaire connu sous le nom d'Ober-Ost et unie à la Livonie et à l'Estonie pour former un gouvernement général qui préparerait l'unification de ces territoires et l'organisation d'un « Baltikum ».

Suivant un télégramme du 2 août, le général von Harbou devait être nommé chef de l'administration militaire dans le nouveau territoire ainsi formé.

Les autorités militaires allemandes ayant, d'autre part, interdit aux Estoniens de venir exposer leurs doléances à Berlin, MM. Tœnisson, Kull, Martna et Menning, dont nous avons relaté plus haut les mésaventures lors de leurs démarches auprès du Gouvernement allemand en faveur des populations lettones, s'étaient, comme délégués de la Diète estonienne, qui, bien qu'assemblée élue, se trouvait dans l'impossibilité de délibérer sous le régime de l'occupation allemande, rendus à Stockholm, d'où, au début de juillet 1918, ils avaient adressé une protestation au Gouvernement allemand. Dans cette protestation, les délégués estoniens déclaraient que la façon dont l'occupation de leur pays était effectuée, en vertu du traité de Brest-Litowsk, méconnaissait la volonté des populations et violait les droits de l'Estonie. Alors que cette occupation ne devait avoir que le caractère d'une mesure de police, les autorités allemandes, après avoir institué une véritable dictature militaire, opprimaient le Gouvernement estonien et l'administration communale, abolissaient la liberté de la presse et exerçaient une pression violente pour obliger les habitants à accepter le rattachement de leur pays à l'empire allemand. Les délégués estoniens demandaient instamment que le Gouvernement national d'Estonie soit remis en fonction et que la Diète soit appelée à statuer sur le régime qu'il convenait d'instituer.

A la suite des négociations russo-allemandes supplémentaires qui venaient d'avoir lieu à la fin d'août 1918, et dont une partie concernait l'Estonie, les représentants officiels de la Diète et du Gouvernement estonien dissous par les Allemands adressaient aux représentants diplomatiques des pays belligérants et neutres, à Copenhague, en même temps qu'au Gouvernement danois, une nouvelle protestation dans laquelle ils faisaient savoir, au nom de la République estonienne, que tout traité conclu entre le Gouvernement allemand et les Soviets russes touchant le statut de l'Estonie, sans le consentement formel de la représentation du peuple estonien et du Gouvernement provisoire, était considéré par eux comme nul.

Les représentants autorisés du Conseil national et du Gouvernement provisoire d'Estonie, à la suite de la décision du Gouvernement allemand, prise d'accord avec le Gouvernement des Soviets russes qui reconnaissait la séparation de l'Estonie et de la Livonie d'avec la Russie et leur soi-disant « indépendance », de créer pour les pays baltiques un gouvernement général chargé de préparer leur incorporation définitive à l'Allemagne, protestaient avec la dernière énergie, au nom du peuple estonien contre cet acte du Gouvernement des Soviets russes par une note, en date du 7 août 1918, remise à tous les ambassadeurs des Gouvernements alliés et neutres. Il y était dit :

Ainsi, sur la demande de l'Allemagne, le Gouvernement des Soviets arrache le dernier voile qui couvrait le traité de paix de Brest-Litowsk, et, se raillant impudemment des aspirations des pays baltiques à la liberté, les vend à l'Allemagne, qui conclue le marché sans consulter les peuples victimes. Sous prétexte de la défendre, celui-ci a fait dévaster l'Estonie par une armée considérable jusqu'à l'invasion allemande, puis a abandonné au puissant ennemi la petite armée et le peuple estoniens, et s'arroge maintenant le droit de décider du sort de ce peuple.

Le Gouvernement allemand qui, après avoir, par les déclarations de son chancelier et de ses ministres, prétendu reconnaître le droit des peuples de disposer d'eux-mêmes, a passé sous silence toutes les protestations des représentants légaux de l'Estonie, ne fait, par ce nouvel arrangement, qu'ajouter un crime de plus à ceux dont il s'est rendu coupable envers l'humanité. Le peuple estonien, en gardant intact sa foi indélébile, persiste à croire que lorsque sonnera l'heure de la justice, on n'oubliera pas le crime perpétré à ses dépens par l'Allemagne.

Vers la même époque, on assurait que les autorités allemandes en Estonie enrôlaient de force des recrues et que la population était soumise à un véritable régime de terreur.

En réponse au memorandum que M. Piip, représentant diplomatique d'Estonie à Londres, adressait au Gouvernement britannique, au mois de septembre 1918, pour lui exposer la situation politique de ce pays, M. Balfour lui faisait savoir :

Le Gouvernement de Sa Majesté refuse absolument au Gouvernement allemand tout droit d'exercer une souveraineté quelle qu'elle soit sur l'Esthonie ou d'en disposer d'une manière quelconque. Aucune paix ne pourra donner satisfaction à l'Angleterre qui ne comportera pas ce principe. Jusque-là, toute tentative de la part de l'Allemagne de procéder à un recrutement forcé en Esthonie ou de décréter toute autre mesure d'oppression contre les Esthoniens sans leur consentement, ne pourra être considérée que comme un acte d'usurpation et de tyrannie. Le Gouvernement de Sa Majesté est, en outre, d'avis que le droit de disposer d'elle-même appartient à l'Esthonie autant qu'à tout autre pays.

Toutefois, il ajoutait : « Le Gouvernement de Sa Majesté estime cependant que les conditions d'application de ce principe ne pourront être déterminées d'une façon définitive que conformément aux décisions générales prises par la Conférence de la paix ». Et il terminait en exprimant toute sa sympathie pour les aspirations nationales du peuple estonien et en affirmant qu' « il s'opposera absolument à tout essai d'imposer à l'Estonie, pendant ou après la guerre, un régime politique qui ne soit pas conforme aux désirs de sa population et qui limiterait son droit de disposer d'elle-même ».

M. Charles R. Pusta, délégué du Gouvernement estonien en France, dans une note en date du 19 octobre, faisant suite à celle qu'il lui avait remise le 6 mai dernier, faisait connaître à M. Stephen Pichon, ministre des Affaires étrangères, les modifications que la situation de l'Estonie avait subies depuis cette époque. Il rappelait que les Allemands, après l'échec de leur tentative faite en vue d'obtenir du peuple estonien, par l'intermédiaire des assemblées de Riga et de Reval, convoquées par ordre au mois d'avril dernier, une ratification de la réunion de l'Estonie à la Prusse, avaient demandé aux Bolcheviki russes la revision de ce traité, et qu'à la suite de cette revision faite à Berlin les représentants du Gouvernement des Soviets russes avaient reconnu que l'Estonie et la Livonie se trouvant dégagées de la souveraineté russe, elles pouvaient entrer directement en relation avec la Russie par leurs représentants. Mais les Allemands empêchant le Conseil national et le Gouvernement provisoire nommé, le 24 février dernier, par ce conseil, représentation légale du peuple estonien, d'exercer tout pouvoir et prétendant que l'ancienne souveraineté de la Russie était passée aux Landtags, formés de barons baltes, qui, d'après eux, devaient continuer de constituer la représentation légale de ce pays, M. Pusta demandait à la France, qui, avec l'Angleterre et l'Italie, avaient reconnu au peuple estonien le droit de décider de sa future Constitution, de reconnaître son indépendance d'une manière explicite. Il écrivait :

L'Esthonie, n'étant pas reconnue formellement, de droit indépendante, n'a pas tous les moyens possibles de se défendre contre l'emprise allemande. Cette situation difficile ne peut que faire accroître les sentiments d'abandon et de désillusion du peuple esthonien.

Sans aucun doute, les Allemands tireront parti de ces sentiments et l'on peut prévoir une nouvelle campagne, de nouvelles propositions de leur part. Ils ne manqueront pas d'effrayer le peuple avec l'idée que les Alliés ne veulent que replacer l'Esthonie sous la domination de la Russie anarchique ou réactionnaire.

Dans sa réponse, en date du 6 novembre 1918, M. S. Pichon informait M. Pusta « que le Gouvernement français ne reconnaîtra aucun des traités germano-russes qui ont prétendu disposer du sort de l'Estonie sans son consentement, et qu'il tiendra pour non avenues les mesures ordonnées par les assemblées constituées et réunies par l'envahisseur ». Il faisait du reste remarquer que « les succès définitifs des armées alliées sur les fronts d'Occident et d'Orient ne peuvent manquer d'entraîner à très brève échéance une libération complète de l'Estonie et permettre à ses organes nationaux d'exercer, en toute indépendance, leur activité ». Et il ajoutait :

Je ne doute pas qu'en entretenant dans ces idées vos compatriotes, vous ne preniez à tâche de les convaincre que les Gouvernements de l'Entente, qui sont décidés à les sauver de l'emprise allemande, se contrediraient eux-mêmes et manqueraient aux grands principes pour lesquels ils combattent s'ils acceptaient de laisser imposer à l'Esthonie un régime de domination, de désordre ou de contrainte.

Le Gouvernement français adhère à cet égard aux vues exprimées par le Gouvernement britannique et s'associe aux déclarations que le Foreign Office, dans sa lettre du 10 septembre, a faites à M. Piip, délégué d'Esthonie à Londres.

En reconnaissant l'existence *de facto* du Gouvernement provisoire esthonien, les Alliés ont marqué de la façon la plus nette leur sympathie pour les revendications de votre pays; ils ont manifesté leur volonté de l'aider et de le défendre contre l'oppression allemande et ils se sont engagés à régler, au moment de la paix générale, le sort de l'Esthonie, en tenant compte des vœux des populations librement et régulièrement exprimés.

D'autre part, les Estoniens qui avaient en masse quitté leur pays devant l'invasion allemande et avaient émigré en Russie, remettaient, entre temps, à M. Noulens, ambassadeur de France en Russie, une énergique protestation contre la politique allemande de violence et d'oppression pratiquée en Estonie depuis le traité de Brest-Litowsk. Cette protestation, adressée au monde entier, disait en substance :

L'autorité militaire allemande veut faire entrer de force la civilisation germanique dans le pays. L'allemand devient obligatoire dans les écoles et l'administration. La liberté de parole, l'inviolabilité personnelle n'existent plus. Le développement économique est brisé. Le chômage sévit d'une façon intense et la famine apparaît menaçante.

Le « Conseil du pays », représentant légitime du peuple, n'a pas le droit de siéger. La justice nationale est remplacée par des conseils de guerre allemands.

La véritable Diète nationale, qui siégea du 1er juin au 15 novembre 1917, avait eu le temps d'organiser la vie du pays d'après les principes stables du droit civil, aussi les Estoniens ont-ils refusé de siéger dans le « Landtag » servile créé par les Allemands.

Les Estoniens réclament la convocation d'une Assemblée constituante,
qui seule aura le droit de statuer sur le sort de l'Estonie et de son peuple (1).

Aussi, malgré les démarches faites par le professeur Schutz-Goeveruitz, membre du Reichstag, envoyé en mission à Reval par le Gouvernement allemand auprès du Gouvernement estonien, dans le but d'obtenir de ce dernier qu'il sollicite le maintien des troupes allemandes en Estonie, sous prétexte de protéger la population contre les Bolcheviki, le Gouvernement provisoire estonien faisait savoir au Gouvernement impérial qu'il entendait rétablir l'ordre lui-même avec les forces estoniennes et qu'il demandait le retrait immédiat des troupes allemandes.

Vers la même époque, une dépêche de Stockholm annonçait que M. Dellingshausen, président du Landsrath de Riga, qui s'était déjà employé précédemment à conduire auprès du chancelier les délégués des Diètes baltiques, s'était rendu à Berlin pour présenter au nouveau Gouvernement allemand les protestations de la noblesse balte, qui tenait à affirmer de nouveau son opposition à l'indépendance des populations estoniennes et lettones, et réclamait, en même temps, le rattachement des provinces baltiques à la Russie, où elle demandait la restauration de la monarchie. Du reste, d'après ces mêmes informations, de nombreux conciliabules en vue de rétablir l'Empire russe auraient eu lieu, à Helsingfors et à Reval, entre les autorités allemandes et les barons baltes. On pouvait voir, dans ces diverses tentatives, les dernières manœuvres par lesquelles l'Allemagne essayait de se procurer à l'Est la situation que ni sa force militaire ni les traités qu'elle avait imposés n'étaient parvenus à lui assurer.

Bien que l'évacuation immédiate de l'Estonie par les troupes allemandes n'ait pas été prévue dans les conditions de l'armistice du 11 novembre 1918, les Allemands, qui sentaient la haine que la population nourrissait contre eux, se préparèrent à quitter le pays et essayèrent de s'entendre avec le Gouvernement provisoire estonien en lui proposant de lui remettre tous les pouvoirs civils et militaires. Le Gouvernement estonien demanda, comme conditions préliminaires, l'évacuation immédiate du territoire par les troupes allemandes, la libération de

____

(1) Le *Temps*, 4 octobre 1918.

tous les prisonniers estoniens, la cessation de toute réquisition et la restitution en bon état des armes et munitions prises aux troupes estoniennes.

Les Allemands remirent les pouvoirs, le 14 novembre, entre les mains du Gouvernement estonien et ce même jour la République estonienne était proclamée à Reval.

Mais la réquisition des vivres et des matières premières n'en continuait pas moins et des trains chargés de vivres passaient par Walk, sous la protection de mitrailleuses.

Malgré l'armistice, et à la suite des événements qui s'étaient déroulés en Allemagne, le service allemand de propagande faisait du reste savoir que le Gouvernement populaire allemand n'entendait aucunement abandonner les intérêts de la population allemande des pays baltiques et qu'il prétendait continuer à y soutenir les intérêts allemands. Ce service ne craignait pas d'annoncer que « l'ancienne représentation nationale balte » protestait contre la création de nouveaux Etats dans les territoires voisins de la Baltique, « avant que tous les groupes des populations et des nationalités qui y vivent aient été consultés ».

M. Winnig, chef des Syndicats ouvriers de Hambourg, envoyé comme haut-commissaire et représentant le nouveau Gouvernement allemand, remettait une note à la nouvelle République estonienne, dans laquelle il était dit que tous les habitants de l'Estonie, de souche et de langue allemandes, se trouvaient sous la protection de l'Etat populaire allemand. Il déclarait compter que ceux des habitants d'Estonie qui, pendant l'occupation, s'étaient rangés du côté des autorités allemandes et avaient pris fait et cause pour leur politique ne seraient point inquiétés.

D'accord avec les Allemands, les Bolcheviki profitaient du retrait des troupes allemandes pour envahir immédiatement l'Estonie. Le Gouvernement estonien proclamait la mobilisation; mais celle-ci ne pouvait s'effectuer que très lentement, vu le manque d'armes et l'entrave méthodique que les Allemands y apportaient.

Dans la seconde moitié de novembre, une armée rouge, composée de 6.000 matelots russes, deux régiments d'infanterie, 600 cavaliers avec 12 canons de campagne et 5 pièces lourdes, après avoir bombardé Narva, passait la rivière du même nom et occupait immédiatement la ville, après l'évacuation des

Allemands. Les Bolcheviki russes s'y livraient au pillage et à
l'incendie, au viol des femmes et au massacre de la population.
A Asserin, port situé sur le golfe de Finlande, à l'ouest de
Narva, où ils avaient réussi à débarquer, soutenus par des
contre-torpilleurs, ils se livraient aux mêmes exactions. Le
25 novembre, la situation devenait également dangereuse du
côté de Pskow, où les troupes russes dites contre-révolutionnaires passaient dans les rangs des Bolcheviki et massacraient
tous les éléments bourgeois. D'autre part, les Allemands baltes
se rangeaient du côté des contre-révolutionnaires russes, espé-
rant par leur aide renverser le Gouvernement estonien et s'emparer du pouvoir. Sous prétexte de combattre le bolchevisme,
mais dans ce but, les autorités militaires allemandes avaient,
du reste, organisé plusieurs détachements dirigés par les barons
baltes.

Les Allemands, pendant ce temps, coupaient la voie ferrée et
le télégraphe entre Reval et Sonda, station à l'ouest de Narwa,
interrompant ainsi les communications entre la capitale et le
front, et, en quittant l'Estonie, emmenaient avec eux tout le
matériel roulant du pays.

Peu après, on annonçait également la prise par les Bolcheviki de Dwinsk, que les troupes allemandes avaient abandon-
née et où les nombreux prisonniers de guerre qui rentraient
causaient de grands troubles.

On rapportait que le commandant de l'armée maximaliste
russe du Nord avait engagé les Bolcheviki à envahir les provinces baltiques, afin de se procurer des approvisionnements.
La situation était d'autant plus critique, d'après ce que faisait
connaître le bureau de la presse baltique de Reval, que le front
de la Narva avait été en partie abandonné par les Allemands,
qui demandaient à rentrer dans leurs foyers, et que ceux-ci
n'avaient opposé une résistance aux Bolcheviki que pour conserver leurs stocks d'approvisionnements.

Cependant, suivant un radiotélégramme du Gouvernement
russe, le journal *Izvestia* publiait un décret du Conseil des commissaires du peuple reconnaissant l'indépendance de la République d'Estonie. D'après ce décret, le Gouvernement du Soviet
russe ordonnait aux autorités civiles et militaires russes d'Estonie de soutenir l'autorité du Conseil d'Estonie dans la lutte
pour la libération du pays et la Banque du Peuple devait avan-

cer une somme de 10 millions de roubles au Conseil de la République d'Estonie (1).

Le social-démocrate Winnig, contrairement aux engagements pris par l'Allemagne de rendre les produits réquisitionnés, déclarait, le 22 novembre, qu'il lui fallait des vivres et qu'il ne pouvait mettre fin aux réquisitions. Il faisait savoir que tous les dépôts remplis d'objets pillés étaient la propriété des troupes d'occupation et adressait des menaces à l'Estonie en cas d'opposition. D'énormes stocks de matières textiles pillées dans les fabriques de Narva étaient confisqués; des trains allemands, sous la protection des mitrailleuses, évacuaient les marchandises volées et les Allemands prenaient le contrôle des télégraphes et des téléphones. Le Gouvernement bolcheviste contraignait tous les hommes, de 18 à 43 ans, à prendre du service dans l'armée et on croyait savoir que les Bolcheviki voulaient tenter d'occuper Reval avant l'arrivée de la flotte britannique.

Par un accord entre le Conseil national et tous les partis politiques, sauf les Germano-Baltes et les Bolcheviki, un nouveau Cabinet de coalition s'était constitué, à la présidence duquel était appelé M. Constantin Päts, arrêté au début de l'invasion allemande et qui venait d'être libéré le 19 novembre. La moitié des membres de ce Cabinet appartenait aux partis bourgeois, les autres aux partis travailliste et socialiste, et avaient été, pour la plupart, maltraités par les Allemands. Il était composé de :

MM. Constantin Päts, président, provisoirement ministre de la Guerre;

Jaan Poska, ministre des Affaires étrangères;

Peet, ministre de l'Intérieur;

Jaakson, ministre de la Justice;

Strandman, ancien président du Conseil national, ministre de l'Agriculture;

Kukk, ministre des Finances;

Kœstner, ministre du Commerce et de l'Industrie;

Luts, ministre de l'Instruction publique;

Raamot, ministre du Ravitaillement;

Rei, ministre du Travail;

Saekk, ministre des Voies de communication.

____

(1) Le *Temps*, 12 décembre 1918.

Une délégation estonienne, envoyée à Stockholm au début de décembre, faisait savoir au Gouvernement suédois et aux Puissances alliées que, sans aide, l'Estonie ne pouvait pas arrêter l'invasion, car elle ne possédait pas un nombre suffisant de fusils et leur demandait de lui fournir des armes et des munitions contre les Bolcheviki, qui menaçaient le nouvel Etat estonien.

Cette délégation estonienne remettait également à la légation allemande de Stockholm une note de protestation contre les menées des autorités et des troupes allemandes d'Estonie, qui n'avaient pas observé les conditions de l'accord signé entre l'Estonie et l'Allemagne.

Le Gouvernement provisoire de la République estonienne avait, en effet, passé, le 1er novembre 1918, à Riga, avec les représentants du Gouvernement allemand, une convention selon laquelle l'Allemagne devait restituer à l'armée estonienne, pour défendre le pays contre l'invasion bolcheviste, les canons et les fusils qui lui avaient été précédemment enlevés. Mais le Gouvernement de Berlin avait refusé de ratifier la convention; aucun canon n'avait été restitué aux Estoniens, et 3.000 fusils seulement leur avaient été rendus sur environ 30.000 qui leur avaient été pris.

Avant l'invasion allemande, les troupes estoniennes, plus ou moins bien organisées, comprenaient quatre régiments d'infanterie, un régiment de cavalerie, une brigade d'artillerie, un bataillon du génie et des compagnies de fusiliers-marins. Le Gouvernement ne pouvait donc organiser et mettre sur pied, en quelques semaines, que deux à trois divisions, et à condition qu'un envoi d'armes et de munitions lui fut rapidement fait.

Néanmoins, les forces estoniennes, réorganisées en toute hâte par le Gouvernement estonien, presque sans armes et sans munitions, n'ayant pas de canons, luttèrent opiniâtrement contre l'envahisseur bolcheviste, qu'elles repoussèrent deux fois dans un corps à corps près de Waiwara, à 30 kilomètres à l'ouest de Narva. Les Bolcheviki se préparaient à reprendre par mer cette ville, ainsi que Jewe, et 3.000 d'entre eux voulaient débarquer à Reval; mais une démonstration navale des Alliés, en rade de Reval et dans le golfe de Finlande, coupait court à cette tentative.

L'escadre anglaise quittait Reval le 15 décembre 1918. Dans

les derniers jours de ce mois, on apprenait que Dorpat avait été occupé par les Bolcheviki russes, que la gare de Walk avait été prise par eux, que le village de Rujen avait été occupé par les Bolcheviki lettons et que sur le front de Wesenberg les forces estoniennes battaient en retraite. D'après un communiqué russe, le 3o décembre, les détachements bolchevistes s'étaient avancés jusqu'à la ligne Loksa-Kolk.

Mais dès que l'Estonie eut reçu des munitions et de l'artillerie, la situation, tout en restant grave, se fit moins critique, sa défense devenant plus effective. Des contingents qui furent débarqués déblayèrent les péninsules de Juminda et de Pacrispea, faisant des prisonniers et, au cours d'un raid naval britannique à l'île Wulf, le commissaire naval bolcheviste Raskolnikoff était fait prisonnier.

D'autre part, on apprenait d'Helsingfors que des partisans finlandais de l'Estonie recrutaient des volontaires en Finlande pour lui venir en aide contre les Bolcheviki, et le Gouvernement finlandais faisait des ouvertures dans ce sens à l'Estonie. La Diète d'Estonie acceptait avec empressement l'aide qui lui était offerte et lorsque le vapeur transportant le premier contingent de volontaires finlandais arriva à Reval, le lundi 3o décembre, le premier ministre, M. Paets, après lui avoir souhaité la bienvenue, déclarait que « les fondations de l'édifice qui doit consacrer l'union des deux nations sœurs venaient ainsi d'être posées ».

La fraction socialiste de la Diète estonienne et le Comité central socialiste d'Estonie s'adressaient également au Conseil du parti socialiste suédois pour lui demander de venir au secours de la démocratie estonienne. Une demande identique était adressée au Congrès du parti socialiste finlandais, réuni à Helsingfors pendant les fêtes de Noël, et les socialistes finlandais appuyaient cet appel auprès du Conseil du parti socialiste suédois.

III

LITUANIE

L'Allemagne ne dissimulait pas davantage les visées annexionnistes qu'elle poursuivait en Lituanie, ni l'exploitation économique de ce pays, qu'elle prétendait organiser à son profit.

La revue *Die Woche*, n° 31, 1915, exposait les raisons pour lesquelles les Allemands combattaient avec tant d'acharnement pour la possession de ces territoires :

Entre le pays de l'Ordre allemand et la contrée des anciens Chevaliers Porte-glaives s'enfonce, en forme de coin, le grand-duché de Lithuanie, dont la partie septentrionale, le grand-duché de Samogitie, touche à la Courlande. Vers la fin du moyen âge, ce grand-duché, avant son union avec la Pologne, était très puissant et sa force militaire pouvait rivaliser avec celle du pays des chevaliers allemands. Etant demeuré encore païen pendant très longtemps, ce pays n'offrait pas, à cette époque, un terrain propice pour la fondation de couvents allemands.

Si la grande bataille livrée par les Lituaniens près de Rudava, dans la région de Samland, en Prusse orientale, en 1370, n'avait pas pu mettre fin aux victoires et aux luttes d'extermination de l'Ordre contre les anciens Prussiens, cette masse compacte de Lituaniens aurait empêché à elle seule une pénétration plus avancée des Allemands vers l'Est. Les nobles d'origine allemande, en Courlande, Livonie, Esthonie, ne sont plus venus par terre, mais par mer. Une grande brèche s'ouvre donc ici. A l'intérieur de ce pays est situé Chavli, à peu près sur la ligne de partage des eaux de la Venta et de la Dubissa. De là, la grand'route remonte vers Mitau et Riga, et descend vers Tilsitt par Taurrogen.

Le *Berliner Lokal-Anzeiger* montrait le prix que les Allemands attachaient au point de vue économique à la possession des territoires lituaniens : « Tous les produits imaginables que « possède le pays doivent être enlevés complètement et aussi « rapidement que possible.... Un département des matières « premières et du commerce s'occupe de l'utilisation des res- « sources du pays, tandis que tous les matériaux destinés à « l'Allemagne pour y être vendus sont acquis par voie de « réquisition et exportés » (1).

____

(1) *Eine Fahrt Durch Ober-Ost*, 17 décembre 1916.

La *Kolnische Zeitung* (1) avouait que « la Lituanie était déjà « pour l'Allemagne en même temps une « Nahrungsmittel- « quelle und ein industrielles Absatzgebiet », une source d'approvisionnement en vivres et un marché industriel, et *Die Germania* déclarait que « des merveilles ont été accomplies en « Lituanie dans ce domaine » (2).

La *Badische Landeszeitung*, de Carlsruhe, du 2 janvier 1917, écrivait de même : « Dans l'intérêt de l'armée et pour décharger « l'Allemagne, ce pays doit être exploité jusqu'à l'extrême ».

Le *Posener Tagblatt* du 5 janvier 1917, dans un article intitulé « La nourriture du peuple allemand et les provinces baltiques », insistait à nouveau sur l'importance de l'annexion de la Lituanie pour l'avenir économique de l'Allemagne :

En Orient, il y a de vastes territoires qui, annexés par l'Allemagne, lui permettraient de se moquer des projets de l'affamer comme ceux tramés aujourd'hui par ses ennemis.... La Lithuanie et les provinces baltiques pourraient compenser le déficit de l'Allemagne en produits agricoles et, au point de vue de l'économie politique allemande, constitueraient un complément convenable, grâce à l'excédent de produits dont elles disposent et dont l'Allemagne a le plus grand besoin : les céréales pour le pain, la viande et les graisses.

Le *Berliner Lokal-Anzeiger*, du 10 janvier 1917, affirmait ouvertement les convoitises allemandes : « Toutes les intentions « et les efforts de l'administration de l'Ober-Ost tendent vers le « but de nous procurer de nouveaux territoires ».

Tous les partis politiques allemands et leurs organes, sans oublier ceux du centre catholique allemand, qui fit publier un nombre considérable d'articles et d'ouvrages en vue de l'annexion de la Lituanie (3), y compris aussi ceux du Gouvernement, soutinrent énergiquement les plans d'annexion, de colonisation et d'exploitation de cette province, ou tout au moins de la Courlande, du Gouvernement de Kovna — improprement dénommé à lui seul Litauen — d'une partie de celui de Vilna et de celui de Souvalki.

Une revue hebdomadaire, *Der Osten*, était créée à Berlin par une société pangermaniste, dans le but de montrer au peuple

---

(1) 13 Décembre 1916.
(2) 24 Décembre 1916.
(3) V. Johannes Vronka, *Kurland und Litauen*, 1916, Freiburg. i Br.

allemand tout l'intérêt de la conquête des territoires de l'Est, et tout particulièrement de la Courlande et de la Lituanie, « Ein Zukunftsland », *un pays d'avenir*, suivant le titre même d'un livre très répandu et préfacé par le prince Ysenburg von Birstein.

Pour exposer complètement toutes les tentatives faites par l'Allemagne dans le but d'absorber ces pays d'une façon détournée, il suffit, du reste, de rappeler comment elle y procédait pendant leur occupation.

Le haut commandement allemand du front oriental, ne pouvant venir à bout de la résistance passive des Lituaniens, ni par les menaces ni par les promesses, avait tenté de faire miroiter à leurs yeux un projet de reconstitution de leur vie nationale en autorisant la création d'un « conseil d'hommes de confiance », et leur avait ainsi laissé entrevoir tout d'abord la possibilité de reconnaître leur autonomie sous forme de grandduché. Le 1ᵉʳ septembre 1917, le prince d'Ysenburg, gouverneur de la Lituanie, convoquait à Vilna une trentaine de personnalités à qui il faisait espérer une résurrection de leur pays en leur proposant de voter un programme d' « indépendance nationale » qui n'était, en somme, que la mise en commun avec l'Allemagne de toute l'administration militaire et de l'organisation civile, et revenait à la fusion de la force armée, à l'accaparement des chemins de fer et à l'assimilation du système douanier. Les délégués qui, bien que choisis, se rendaient compte que l'acceptation d'un semblable programme revenait à rayer la Lituanie de la carte de l'Europe, firent des réserves. On devine sous l'influence de quelle pression, sous le coup de quelles menaces une assemblée ainsi constituée pouvait être appelée à délibérer, et que s'il lui était permis de prononcer la séparation de la Lituanie et de la Russie, ce ne pouvait être qu'au profit de l'Allemagne et au prix de conventions militaires, politiques, économiques et douanières toutes en sa faveur, ce qu'aucun véritable Lituanien ne pouvait accepter sans trahir le sentiment général du pays.

D'ailleurs, la délégation du Conseil national suprême de Lituanie qui, au moment du triomphe de la révolution russe, avait télégraphié au Gouvernement provisoire pour lui faire part de sa sympathie pour le nouveau régime : « Malgré la muraille de fer qui nous sépare de la Russie révolutionnaire, toutes nos aspirations tendent vers vous », adressait, en octobre 1917, la réponse suivante aux propositions allemandes :

Après avoir pris connaissance de l'acte du commandant en chef du front oriental allemand, autorisant la formation d'un conseil des hommes de confiance de Lithuanie, nous protestons contre cet acte d'humiliation du peuple lithuanien et nous affirmons qu'il ne peut être question de confiance à l'égard du gouvernement d'occupation allemande en Lithuanie, dont le chef, le prince Ysenburg, est considéré par tout le peuple Lithuanien comme un bourreau qui a introduit en Lithuanie la peine capitale, les peines corporelles, le servage, les déportations, les travaux forcés; qui a foulé aux pieds toutes les lois et a suspendu complètement la vie économique de notre patrie.

Sans doute, dès l'entrée des Allemands en Lituanie, et surtout après l'occupation de Vilna, les autorités qui étaient restées dans le pays avaient senti la nécessité d'un organe qui put servir d'intermédiaire entre les autorités militaires allemandes et les populations du territoire occupé; mais les démarches faites dans ce but auprès de l'administration allemande, qui semblait vouloir les décourager en faisant la sourde oreille, restèrent sans résultat. Il est probable que, pendant l'été de 1916, les Allemands, qui occupaient la plus grande partie de la Lituanie cherchèrent, de leur côté, à former un *Landesrath* avec les éléments disposés à entrer en contact avec eux. Ce n'est que lorsque les Lituaniens eurent maintes fois renouvelé leurs démarches et que les autorités allemandes eurent vainement essayé de constituer un conseil dont elles pussent disposer, que l'Allemagne finit par consentir à la création d'un organe dont les membres ne devaient pas être exclusivement des notables désignés par l'administration allemande, mais qui serait composé de représentants librement choisis par les Lituaniens.

Dans les premiers jours d'août 1917, à l'instigation des habitants de Vilna, s'était, en effet, formé un comité d'organisation où tous les partis lituaniens étaient représentés. Devant les difficultés auxquelles il s'était heurté, le prince d'Ysenburg élargit le recrutement de la première assemblée qu'il avait voulu constituer et accepta d'y faire entrer les membres de ce comité d'organisation. Cette sorte de Diète, qui rappelait l'ancienne Diète de Lituanie disparue depuis plus d'un siècle, comprenait deux cent quinze membres appartenant à tous les partis et choisis dans toutes les classes. Cette assemblée se prononça à l'unanimité pour la restauration d'un Etat lituanien indépendant; elle désigna les membres qui devaient faire partie du conseil sur la constitution duquel elle devait se prononcer et qui fut institué sous le nom de Conseil d'Etat, en lituanien « Taryba ». Au début, celle-ci ne fut point toutefois sans rencontrer une certaine opposition dans le pays.

Les organisations lituaniennes de Russie, de Suisse et d'Amérique ratifièrent la création de ce conseil et participèrent à la définition de sa compétence. Il fut alors reconnu que les pouvoirs de la Taryba devaient s'étendre à : l'assistance publique, la fixation des dommages de guerre, la reconstitution en général, l'instruction publique, les cultes, le régime des associations et des sociétés, la presse et les publications, les pétitions et plaintes, les finances (création d'une Banque nationale), le commerce et l'industrie, la justice, la police, l'administration locale (contrôle des autorités et juridictions), la réforme agraire, la restitution des domaines de l'ancien Etat lituanien, l'élaboration de la Constitution de l'Etat.

Les autorités militaires allemandes qui traitaient la Lituanie en pays conquis, tout en n'admettant pas son indépendance, approuvaient toutefois la constitution de cette assemblée, croyant pouvoir compter sur sa docilité. D'ailleurs, les décisions de la Taryba se trouvaient, en fait, soumises à l'autorité du Gouvernement allemand et celle-ci ne pouvait se faire illusion sur la souveraineté de ses droits et l'étendue réelle de ses pouvoirs.

Après les débats qui avaient lieu au Reichstag, vers la fin de 1917 et au cours desquels les socialistes allemands avaient dénoncé le traitement infligé par les autorités allemandes aux Lituaniens, la *Germania* annonçait que le prince d'Ysenburg, chef de l'administration civile de Lituanie, devait quitter son poste; mais la *Deutsche Zeitung* protestait immédiatement contre cette retraite, qu'elle interprétait comme une concession faite aux partis advers. On y lisait :

Quiconque a voyagé en Lithuanie sait que les intérêts allemands y étaient autrefois mieux protégés que dans le Gouvernement général de Pologne. La retraite d'Ysenburg fera plaisir à Kohn, à Erzberger, aux juifs lithuaniens et surtout aux Polonais de Lithuanie comme aux Polonais du Gouvernement de Varsovie. C'est une raison pour tous les bons Allemands de déplorer ce qui se passe.

La conférence lituanienne qui se réunissait à Berne, en décembre 1917, et à laquelle assistaient les membres du Conseil national suprême de Lituanie, votait les résolutions suivantes qui étaient portées officiellement à la connaissance des autorités allemandes d'occupation :

1° La Conférence lithuanienne adhère à la résolution de la Diète lithuanienne de Vilna, réclamant l'indépendance absolue de la Lithuanie, qui devra être constituée en un Etat indépendant, gouverné démocratiquement;

2° La Conférence lithuanienne, considérant que la « Taryba » (Conseil d'Etat) formera le noyau du futur Gouvernement de la Lithuanie indépendante, reconnaît qu'elle doit avoir une compétence aussi large que le permet l'état de guerre actuel, notamment : assistance publique; fixation des dommages de guerre; reconstitutions en général; instruction publique; cultes; régime des associations et des sociétés; presse et publications; pétitions et plaintes; finances (création d'une Banque nationale); commerce et industrie; justice; police; administration locale (contrôle des autorités et juridictions); agriculture (réforme agraire, restitution des biens de l'ancien Etat lithuanien); élaboration de la Constitution de l'Etat.

La Conférence adhère à la résolution de la Diète de Vilna sur les points relatifs aux droits des minorités;

3° Considérant que l'enseignement doit être, à tous ses degrés, adapté aux conditions et aux besoins vitaux d'un pays, la Conférence lithuanienne de Berne demande à cette fin que l'organisation, l'administration et le contrôle de l'enseignement en Lithuanie soient entièrement remis aux mains de la « Taryba », qui veillera, en outre, à ce que le dit enseignement soit donné, de l'école primaire à l'université incluse, en langue lithuanienne, l'allemand ne devant être que facultatif.

La nation lithuanienne, eu égard à son développement intellectuel et aux exigences qui résulteront de la restauration de l'Etat, ne saurait se passer d'un établissement d'enseignement supérieur. La conférence recommande à la « Taryba » de prendre toutes les mesures nécessaires en vue du rétablissement de l'Université de Vilna, dans le plus bref délai possible;

4° Considérant que certaines personnalités et certains groupes ethniques minoritaires de Lithuanie ont créé et entretiennent un mouvement qui va à l'encontre des aspirations lithuaniennes, mouvement qui a trouvé son expression la plus frappante dans le mémoire de quarante-quatre notabilités polonaises domiciliées en Lithuanie, réclamant à Bethmann-Hollweg l'annexion pure et simple de la Lithuanie à la Pologne, la Conférence lithuanienne de Berne stigmatise énergiquement de pareilles manifestations et l'agitation dont elles procèdent, et constatant que de pareilles menées tombent sous le coup de la vindicte des lois, demande à la « Taryba » de prendre telles mesures que de droit et de déférer les coupables à la justice pour crime de haute trahison;

5° Considérant la situation déplorable dans laquelle se trouve, au point de vue moral et religieux, le diocèse de Vilna, à la suite des menées et intrigues du genre de celles susindiquées, menées et intrigues panpolonaises auxquelles l'administrateur actuel du diocèse, malgré son caractère sacerdotal, consent à se prêter, la Conférence lithuanienne de Berne demande à la « Taryba » d'obtenir, dans le plus bref délai, la nomination d'un nouvel évêque au siège de Vilna, et de réaliser, tant par elle-même que par accord avec les autorités ecclésiastiques suprêmes, toutes les réformes nécessaires à la cessation d'un pareil état de choses.

Considérant que, dans le diocèse de Seinai, la polonisation est l'œuvre de membres du clergé de l'Eglise catholique qui, entre autres, utilisent tout particulièrement à cette fin les séminaires ecclésiastiques institués pour la formation des clercs, et que, dans le diocèse de Kaunas, la propagande panpolonaise s'est ouvertement affichée dans les édifices consacrés au culte, dont ce n'est à aucun titre la destination, la Conférence lithuanienne de Berne demande à la « Taryba » de prendre les mesures énergiques appropriées à cette situation anormale pour y mettre un terme; insiste, en outre, auprès de la « Taryba » pour qu'elle veille, avec un soin équitable mais jaloux, au maintien du patrimoine moral et matériel de la Lithuanie et de son peuple (1).

Du reste, d'après le mémoire présenté par la *Militär Verwaltung Ober-Ost* à l'épiscopat catholique, il n'y avait pas à s'y tromper. Là, comme partout ailleurs, l'Allemagne se servait des différents éléments les uns contre les autres, cherchait à les opposer pour neutraliser leurs tendances et pratiquait un perpétuel jeu de bascule, car il était évident que le but définitif de la politique allemande était, sur la frontière de l'Est, de paraître soutenir les Lituaniens, en s'en servant au besoin contre les Polonais, pour les refouler ensuite au plus grand avantage de la colonisation allemande.

Au début de février 1918, le Conseil d'Etat lituanien, siégeant à Vilnas, démentait formellement qu'une députation quelconque, composée de Lituaniens, ait été envoyée à Varsovie au Conseil de régence de Pologne, pour engager des pourparlers en vue d'une union de la Lituanie avec ce pays, et tous les partis politiques lituaniens semblaient d'ailleurs unanimes sur ce point. L'union de Lublin, qui se tint sous la pression de la noblesse polonaise et contrairement au vœu de la majorité des Lituaniens, même d'une grande partie des magnats lituaniens, eut des conséquences trop funestes pour leur pays, de sorte qu'instruits par l'expérience, les Lituaniens paraissent nettement décidés à orienter leur politique dans une autre direction. Ils revendiquent avant tout pour leur pays le prin-

____

(1) D'après le *Temps*, 21 décembre 1917.

cipe de l'indépendance et leurs sympathies semblent acquises à l'idée d'une fédération avec leurs frères de race, les Lettons.

D'après l'interview que Mgr Karewizic accordait à l'un des rédacteurs politiques du *Lokal Anzeiger* (1), à la suite des entretiens qu'il avait eus au grand quartier général et à Berlin, il semble bien que, sous l'influence du centre catholique allemand, quelques membres du clergé lituanien se soient montrés partisans d'un compromis avec l'Allemagne, convaincus que celle-ci serait forcée, tôt ou tard, de faire droit aux légitimes aspirations des Lituaniens auxquels des membres influents du centre avaient promis leur appui bienveillant.

On lisait, en effet, dans le *Lokal Anzeiger* :

Je suis venu, disait l'évêque, pour démontrer aux autorités allemandes que le moment est venu de créer un Etat lituanien indépendant, qui, naturellement, demandera l'appui de l'Allemagne. J'ai remis, à ce sujet, un memorandum au chancelier. Les Lituaniens estiment que le moment est arrivé de créer dans leur pays des institutions analogues à celles qui ont été données à la Pologne, pour le moment où le calme et l'ordre seront rétablis. Nous songeons pour la Lituanie à *un Etat monarchique édifié sur des bases chrétiennes et conservatrices.* On sait que chez nous les populations ont des idées extrêmement religieuses et conservatrices. Peu nombreux sont les éléments qui menèrent l'agitation en faveur d'une réunion à la Russie. C'est donc *à cette agitation qu'il faut couper court* en créant, dès maintenant, un Etat lituanien indépendant en relations directes avec l'Allemagne. J'ai trouvé auprès des autorités allemandes un grand empressement. Elles ont promis d'examiner les propositions avec une grande bienveillance et je crois pouvoir espérer *une décision très prochaine.* Il est probable que la question lituanienne *a été étudiée de concert par le chancelier et M. de Kühlmann au grand quartier général.*

Il est évident que l'Allemagne entendait exploiter à son profit le sincère attachement des Lituaniens à leur foi catholique, cruellement persécutée jadis par l'orthodoxie officielle russe. Elle comptait utiliser la grande influence religieuse et politique du clergé lituanien pour rendre sympathique au peuple l'idée d'une monarchie à la tête de laquelle un prince catholique allemand aurait été naturellement placé.

Le 11 février 1918, le Conseil national suprême de Lituanie en Suisse, chargé de la sauvegarde des intérêts extérieurs de l'Etat lituanien, et d'accord avec la « Taryba » de Vilnius,

______

(1) *Lokal Anzeiger,* 14 février 1918.

remettait, à toutes les missions accréditées à Berne, une déclaration dans laquelle il leur communiquait la décision prise par cette dernière.

Par cette déclaration, le Conseil invitait tous les Etats à reconnaître l'indépendance de la Lituanie et faisait ressortir que la population lituanienne, malgré l'oppression qu'elle avait subie pendant de longues années, avait conservé sa vitalité et maintenu son caractère national. Après avoir invoqué le droit des peuples à l'autonomie, il demandait que le nouvel Etat soit reconnu avec Vilnius, nouvelle appellation lituanienne de Vilna, pour capitale et soit affranchi de toute obligation envers ses voisins.

A la même époque, des patriotes lituaniens et lettons, réunis en Suisse, faisaient, de leur côté, la communication suivante, dans laquelle était affirmée comme nécessaire la solidarité entre les Lettons et les Lituaniens (1).

Les représentants et hommes d'action à l'étranger, lithuaniens et lettons, se rendant compte de la gravité du moment présent pour l'avenir de leur pays, se sont réunis, les 8 et 9 février 1918, en Suisse, à Berne, en une conférence pour coordonner davantage leurs efforts en vue de la réalisation des aspirations nationales et politiques des deux peuples frères, et, après examen de la situation de leur patrie, ont adopté les résolutions suivantes :

1. Considérant que les intérêts vitaux des Lithuaniens et des Lettons exigent, surtout à l'heure actuelle, une action concertée des deux peuples frères, la Conférence, tout en s'associant aux décisions des assemblées nationales légitimes, ainsi que des partis politiques, demande : a) l'unification de toutes les parties du territoire national de la Lithuanie, ainsi que de la Lettonie; b) le droit, pour ces pays. de disposer librement de leur sort, par la voie plébiscitaire, droit qui ne peut s'exercer sans l'évacuation des troupes d'occupation étrangères.

2. La Conférence, après avoir examiné la situation actuelle de la Lithuanie et de la Lettonie, ainsi que la situation des pays belligérants, décide : a) de protester avec la dernière énergie contre toutes les tentatives de l'Allemagne, qui se sont manifestées surtout ces derniers temps, d'annexer leur patrie; b) elle proteste contre toute usurpation des droits du peuple letton par les corps et les assemblées représentatifs nouvellement créés en Courlande et en Livonie, ces corps étant nommés uniquement par les autorités d'occupation allemandes pour servir les desseins de la politique germanique; toutes les décisions prises en faveur de l'Allemagne doivent être considérées nulles et non avenues.

3. La Conférence proteste contre l'emploi de la force, ainsi que contre

____

(1) *Journal de Genève*, 13 février 1918.

l'exercice de toute autre influence sur l'opinion publique dans les pays occupés en vue de leur annexion.

4. De plus, les membres de la Conférence demandent de mettre en état de participer au droit de disposer du sort de leur pays tous leurs compatriotes retenus à l'étranger par la force ou les événements de la guerre.

5. Etant donné que des masses de populations lithuaniennes et lettones ont été évacuées en Allemagne en vue de les force aux travaux publics, la Conférence proteste de toutes ses forces contre une pareille violation du droit international et réclame le rapatriement immédiat de ses compatriotes.

6. Enfin, étant donnée la situation actuelle des pays belligérants et vu les dangers que présentent pour les peuples particuliers leurs tentatives de conclure la paix séparée, la Conférence affirme que les droits des Lithuaniens et des Lettons ne peuvent être suffisamment garantis que dans un congrès de paix réuni avec la participation légitime de tous les peuples intéressés directement à la guerre actuelle.

Pour se faire une idée exacte de la politique suivie par l'Allemagne dans ces pays, il faut rappeler quelle importance prenait pour cette dernière le problème lituanien et celui de la constitution d'un Etat lituanien au moment où elle se hâtait de procéder à des agrandissements successifs aux dépens des territoires limitrophes.

Lorsque le prince Ysenburg von Birstein fut mis à la tête de l'administration lituanienne à Tiltsitt, le 1er août 1915, tandis que le Landrat von Gossler était transféré au poste de chef de l'administration en Courlande, ses pouvoirs ne s'étendaient que sur un tout petit territoire. L'année suivante, au 30 avril 1916, il avait plus de 39.000 kilomètres carrés à administrer et il transportait le siège de son administration à Kovno. Celle-ci était ensuite transférée à Vilna, chef-lieu de la région de « Vilna-Souvalki », comprenant plus de 26.000 kilomètres carrés. Les autorités allemandes décidaient, au début de 1918, de grouper les arrondissements d'administration militaire jusqu'ici indépendants de Lituanie et de la région de Bielostock-Grodno, qui comprend 25.800 kilomètres carrés, en un seul arrondissement, dit de Lituanie, avec siège à Vilnius, qui aurait une superficie d'environ 91.000 kilomètres carrés, avec cinq ou six millions d'habitants. Au début, le Gouvernement d'occupation allemand, ne sachant s'il pourrait conserver tous les territoires lituaniens pour les annexer, avait cru habile d'appliquer plus particulièrement le nom de Lituanie au seul Gouvernement de Kovno. En effet, depuis le xiiie siècle, le pays essentiellement lituanien de la Samogitie ayant été convoité par les Allemands

pour assurer les communications entre la Prusse orientale et
la Courlande, dans laquelle ceux-ci voyaient la plus vieille
colonie allemande, « ein altes deutsches Kulturland», et un
avant-poste du germanisme, « ein Vorposten des Deutschtum »,
le territoire administratif de la Lituanie fut constitué en déta-
chant de cette dernière une bande de terre de quelques kilomètres de large en bordure de la côte, afin de couper la Lituanie
de la mer et de s'assurer une communication entre la Prusse
orientale et la Courlande. L'ancien district de Krétinga était
découpé par eux de façon à incorporer toute la région côtière
de Polanga à la Courlande, alors que les Lituaniens sont très
nombreux dans cette région. Kleipéda (Memel), en Lituanie
prussienne, est le débouché naturel de la Lituanie sur la Baltique, et toute la région de l'embouchure du Niémen, habitée
par les Lituaniens, ainsi que l'étroite bande de terre entre le
Kurische-Nehrung, qui ferme le Kurisches haff, revient de droit
à la Lituanie qui possède les neuf dixièmes du cours de ce
fleuve. D'ailleurs, ce qui confirme bien ces vues, parmi les
nouvelles voies de chemins de fer que les Allemands ont créées
en Lituanie pendant la guerre, une ligne a été établie pour
relier l'embranchement prussien de Tilsitt-Stallupönen à
Chavli, station de la ligne Vilna-Libau, et une autre pour relier
le port de Memel, en territoire prussien, à ce même port de
Libau situé dans l'ancien territoire de Courlande.

A dater du 1er février 1918, les administrations de Lituanie
et de Bielostock-Grodno étaient réunies en un unique organisme, sous la dénomination officielle d' « administration militaire de Lituanie », avec siège à Vilnius, divisé en deux sec-
tions : Lituanie du Nord, dans les limites de l'administration
actuelle de la Lituanie, avec siège à Vilnius, et Lituanie du
Sud, dans les limites de l'administration actuelle de Bielostock-
Grodno, avec siège à Bielostock. C'était reconnaître implicitement, mais d'une façon complète, les territoires susceptibles
ethnographiquement d'être rattachés à la Lituanie et, par cela
même en écarter les aspirations polonaises. En effet, la Lituanie
qui comprend les territoires désignés par les Allemands sous
le nom d'Ober-Ost, abréviation de Oberbefhelshaber, désignant
le commandement général d'Orient et tout ce qui en dépend,
composée de quatre gouvernements : Kovna, où se trouve une
majorité de Lituaniens catholiques romains et une nombreuse

population juive dans les villes et les bourgades; Vilna et Souvalki peuplés de Lituaniens, et Grodna, dans lequel des Blancs-Ruthènes se mêlent à de nombreux Lituaniens, aurait une étendue de 132.900 kilomètres carrés, avec une population de 6.322.000 habitants, d'après les statistiques de 1910. La Lituanie et la Courlande ont ensemble une étendue de 152.600 kilomètres carrés, avec une population de 6.789.000 habitants.

Sans doute, le Gouvernement allemand, qui se trouvait engagé vis-à-vis de la Pologne par l'acte du 5 novembre 1917, ne paraissait pas ouvertement suivre cette politique ou tout au moins faisait semblant de ne pas la soutenir délibérément; mais, le 14 mars 1918, reconnaissant qu'une union était seule possible avec la Lituanie, le chancelier promettait de reconnaître son indépendance le 22 mars, jour de la célébration de sa fête nationale. Le dimanche 24 mars, le chancelier de l'Empire recevait une délégation de la Diète de Lituanie et, au nom et sur l'ordre de l'Empereur, comme représentant constitutionnel de l'empire allemand, lui faisait la déclaration suivante :

La Diète de Lituanie, représentant légitime du peuple lituanien, a proclamé, le 11 décembre 1917, la restauration de la Lituanie en un Etat indépendant uni à l'Empire allemand par une alliance étroite et perpétuelle, et par des conventions militaire, commerciale, douanière et monétaire. Elle a invoqué, pour la restauration de l'Etat lituanien, la protection et le secours de l'Empire allemand. Aussi, après que la Lituanie a été dégagée du lien qui la rattachait à un autre Etat, l'Empire allemand la reconnaît, en se basant sur les déclarations qui viennent d'être rappelées de la Diète lituanienne, comme un Etat libre et indépendant.

Le chancelier allemand prenait un soin particulier à rappeler à la délégation lituanienne les fameuses conditions imposées par le gouvernement allemand pour la restauration d'un Etat lituanien, bien que ces conditions n'aient jamais été acceptées par les représentants légitimes du peuple lituanien, qui refusaient de se faire l'instrument d'une annexion déguisée de leur pays à l'Empire allemand.

Du reste, les autorités militaires allemandes ne tenaient aucun compte de ces promesses et n'en continuaient pas moins à méconnaître les aspirations de ce pays et à le traiter comme s'il était directement rattaché à l'empire. Le maréchal Hindenburg organisait la colonisation de la Lituanie et de la Courlande au profit des vétérans allemands, et ordonnait que tout propriétaire de plus de 360 hectares de terre en cédât un tiers, à titre onéreux, à une commission spéciale de colonisation allemande.

Dès le début de l'occupation, les gens capables de travailler, dépourvus d'ouvrage, étaient contraints par les autorités à aller travailler même en dehors de la localité qu'ils habitaient; ceux qui refusaient pouvaient être déportés de force et se voir infliger jusqu'à trois ans de prison ou une amende pouvant atteindre 10.000 mark (1), bien que l'Agence Wolff déclarât que les Lituaniens n'étaient nullement contraints de se rendre en Allemagne, mais qu'ils étaient mis seulement dans l'obligation d'effectuer les travaux prescrits pour remédier à la misère générale, et que c'était exclusivement en ayant recours à l'embauchage volontaire que l'Allemagne s'était procurée de la main-d'œuvre dans les territoires occupés.

La *Francfurter Zeitung*, du 13 février 1917, laissait cependant entendre, à propos de l'administration allemande en Lituanie, que le problème des sociétés de colonisation et toutes les questions d'amélioration de l'immigration allemande prendraient ultérieurement une importance de plus en plus grande.

Un grave conflit s'élevait, du reste, à ce sujet entre le Conseil d'Etat lituanien et les autorités allemandes d'occupation, à la fin de janvier 1918. Le Conseil d'Etat ayant demandé l'évacuation du territoire lituanien par les armées d'occupation et exigé le retour des prisonniers lituaniens détenus en Allemagne et en Autriche, au nombre d'environ 60.000, les Gouvernements austro-allemands prétendaient restreindre ses pouvoirs et nommaient deux officiers, le capitaine Gilza et le lieutenant Kügler comme représentants du gouvernement d'occupation au Conseil d'Etat. Cette assemblée fit entendre une protestation énergique contre cette ingérence qui portait atteinte à la souveraineté de la nation lituanienne, et signifia qu'elle démissionnerait *in corpore* si sa protestation restait sans effet. Un peu plus tard, au cours des séances tenues les 24 et 25 avril 1918 par la Commission plénière du Reichstag, pour la discussion du budget de la guerre, le député du centre Erzberger se plaignait que les députés allemands ne pussent aller en Lituanie et qu'on ne permît point à la délégation lituanienne de se rendre en Allemagne.

---

(1) M. Ragana, *La Lituanie sous la botte allemande.*

Les revendications lituaniennes ayant rencontré des sympathies parmi les représentants de la majorité au Reichstag, le Gouvernement allemand, dominé par les pangermanistes et le parti militaire, voulait éviter de se trouver entraîné par un courant d'opinion et, dans ce but, s'efforçait d'empêcher tous rapports entre la Taryba lituanienne et les représentants du centre catholique et les socialistes qui, à plusieurs reprises, protestèrent au Reichstag contre le régime d'oppression imposé aux Lituaniens par les autorités militaires d'occupation.

La *Freie Zeitung*, de Berne, au mois d'avril 1918, dévoilait, du reste, toute l'hypocrisie dont était empreinte la fameuse demande que, selon l'Agence Wolff, « toutes les classes » de la Courlande auraient adressée à l'Empereur pour le « conjurer de revêtir la dignité de duc de Courlande et de ne point repousser les mains qui se tendent vers les frères allemands », et montrait quels étaient les plans véritables de l'Etat prussien vis-à-vis des populations autochtones de cette contrée. D'après le même journal, dans une communication faite devant la première Chambre bavaroise, le conseiller impérial von Buhl aurait déclaré que 200.000 hectares de terres de la Couronne devaient servir à donner aux colons des fermes avec 20 hectares de terrain, et qu'en outre la Diète de Courlande aurait pris, à l'unanimité, la décision de mettre à la disposition des colons un tiers de la grande propriété, soit environ 400.000 hectares au prix d'avant-guerre de 500 mark l'hectare. L'organe des démocrates allemands se demandait quels pouvaient bien être les colons dont il était question, et écrivait :

Ce ne sont sûrement pas les Lettons qui, jusqu'ici, ont été exploités de la façon la plus scandaleuse par les barons baltes, ces Lettons maintenus dans la misère et dans la sujétion et qu'on laissait, pendant la guerre, périr comme fugitifs sur le pavé de Riga !

Bien au contraire, on veut s'emparer de la propriété des Lettons, de leur patrie, on veut les en chasser pour faire place *aux colons allemands* émigrés du sud de la Russie. Les Lettons doivent s'attendre à l'avenir à une politique pire que celle suivie pour les marches orientales de la Russie; la Courlande sera ouverte aux intrus étrangers, auxquels toute la protection possible sera accordée dans le but d'opprimer la population indigène attachée à la glèbe. Et voilà ce qu'ose la Prusse, malgré l'échec de sa politique honteuse de destruction et d'oppression appliquée à la Posnanie depuis un siècle !

Or, un professeur, M. Max Weber, démontrait, peu de temps

auparavant, dans la *Gazette de Francfort*, que l'Allemagne ne possédait pas assez d'hommes pour exploiter ses propres provinces de l'Est et rappelait que, pour remédier à ce manque de main-d'œuvre, elle devait, chaque année, engager plus d'un million de journaliers agricoles russes et faire appel à un nombre considérable d'ouvriers polonais pour les industries de la Westphalie.

D'autre part, malgré le traité de Brest-Litowsk en Lituanie, malgré la cessation de l'état de guerre entre ce pays et l'Allemagne, malgré la reconnaissance de l'indépendance lituanienne par l'Allemagne et les promesses faites au Comité « Lituania » par le général Friedrich, non seulement le rapatriement des prisonniers lituaniens n'avait pas encore commencé au début de juin 1918, mais l'Allemagne continuait à les astreindre aux travaux les plus pénibles. A la suite de ces faits, un conflit s'élevait entre les autorités lituaniennes et le gouvernement militaire allemand.

D'ailleurs, les représentants autorisés du peuple lituanien n'avaient pu obtenir de Berlin qu'il leur fût permis d'envoyer une délégation à Brest-Litowsk pour prendre la défense des intérêts de leur pays. Il devenait de plus en plus évident que l'Allemagne n'admettait le droit des peuples à disposer d'eux-mêmes qu'en faveur de l'Empire allemand. A la suite de la signature du traité de Brest-Litowsk, la tension s'accentua profondément et les protestations des organes lituaniens contre le régime inique imposé à leur pays devinrent presque incessantes, les Lituaniens étant persuadés qu'ils n'avaient plus à compter que sur eux-mêmes, en raison du silence que les Alliés gardaient au sujet des questions intéressant l'Europe orientale.

Au début de mai 1918, le commissaire allemand pour les provinces baltiques, comte Keyserling, usa de tels procédés tyranniques à l'égard des populations soi-disant autonomes qu'ils provoquèrent des protestations dont l'écho parvint au Reichstag et qu'il dut démissionner. Les conditions dans lesquelles celui-ci prenait sa retraite, qu'on attribuait à un désaccord avec les autorités de l'Empire sur l'étendue de ses attributions, laissaient suffisamment entendre qu'elle n'était pas étrangère à ces faits.

D'ailleurs, au mois de mai 1918, un décret de l'Empereur allemand, en dépit des déclarations précédentes qu'il infirmait, consacrait d'une manière déguisée l'annexion effective et définitive de la Lituanie à l'Empire allemand. Ce décret stipulait :

> Nous, Guillaume, par la grâce de Dieu, empereur d'Allemagne et roi de Prusse, faisons savoir que nous avons ordonné à notre chancelier d'annoncer au nom de l'Empire allemand et comme suite à la volonté exprimée par le Conseil régional de Lituanie, le 11 décembre 1917, que nous reconnaissons la Lituanie comme Etat libre et indépendant, et que nous lui conférons la protection de l'Empire allemand, auquel elle sera rattachée par une alliance d'une solidité éternelle et des conventions spéciales dans le domaine militaire, économique, douanier, des communications et des monnaies.
>
> Nous posons toutefois cette condition première que les conventions à signer tiendront autant compte des intérêts de l'Allemagne que de ceux de la Lituanie et que la Lituanie participera également aux charges de guerre (*Kriegslasten*) de l'Allemagne, qui servent aussi à sa libération.
>
> Nous donnons à notre chancelier pleins pouvoirs pour prendre les mesures qu'il jugera utiles aux fins d'établissement de relations d'alliances fermes avec l'Empire allemand et des conventions nécessaires (1).

La *Gazette de Cologne*, au début d'une étude sur l' « Etat lituanien », écrivait du reste (2) :

> La Lituanie forme un arc de cercle qui enveloppe la frontière de la Prusse orientale et elle est, par conséquent, le pays indiqué pour protéger la frontière de l'Empire allemand à l'Est. Le rattachement étroit de la Lituanie à l'Allemagne est imposé par les considérations de sécurité les plus élémentaires.

Les Lituaniens accueillaient avec indignation le décret de l'Empereur et faisaient remarquer à nouveau que le vœu soi-disant exprimé, le 11 décembre 1917, par le « Conseil régional de Lituanie », ne pouvait rencontrer à aucun prix l'approbation de la nation, qui s'opposait de toutes ses forces à échanger une domination étrangère contre une autre.

En maintes occasions, le Gouvernement allemand fit le silence sur les protestations énergiques de la Taryba, dénatura même ses tendances pour abuser l'opinion publique en Allemagne et chez les Gouvernements alliés, et faire croire à une harmonie complète de vues avec Berlin. Il semblait dans les intentions allemandes de laisser supposer aux Alliés que le peuple lituanien s'orientait nettement vers l'Allemagne, afin de

---

(1) D'après le *Temps*, 14 mai 1918.
(2) 17 Mai 1918.

détourner de lui leurs sympathies et surtout de le priver de l'appui des démocraties occidentales.

Le Conseil national lituanien de Suisse adressait à toutes les chancelleries une protestation contre le décret impérial.

Des émissaires allemands (1) se rendaient, en juin 1918, en Lituanie pour faire de la propagande parmi les populations en faveur de l'union avec la Prusse. A leur tête se trouvait un gros propriétaire foncier, nommé Ertel, d'origine allemande, du district de Siauliai. Vingt mille Lituaniens se rendirent dans cette dernière ville pour assister à une réunion qui y était convoquée, sous le prétexte de prendre une décision en vue d'atténuer les réquisitions en Lituanie; mais, lorsque ceux-ci eurent connaissance du véritable motif de cette convocation, ils attaquèrent ces agents allemands, qui durent s'enfuir en automobile sous la protection de la gendarmerie de l'Ober-Ost.

A peu près à la même date, le Conseil national lituanien communiquait la protestation suivante, où il affirmait à nouveau que la Lituanie ne voulait pas être annexée par l'Allemagne :

Prenant en considération :

1º Que la Lituanie, par les actes divers (11 et 25 décembre 1917) de ses organes compétents (« Taryba » et Conseil national) s'est séparée de la Russie;

2º Que le traité de Brest en Lituanie, par une commune reconnaissance des belligérants — l'Allemagne aussi bien que la Russie — a consacré cette situation;

3º Que le Gouvernement allemand a reconnu la Lituanie comme Etat libre et indépendant, par l'acte du 23 mars 1918, signé du chancelier de l'Empire, avec le consentement du Reichstag, et par une déclaration solennelle de l'Empereur, portée officiellement à la connaissance de la « Taryba » le 4 mai;

4º Que M. de Kühlmann, secrétaire d'Etat aux Affaires étrangères, à la date du 24 juin, a dit au Reichstag : « Je ne veux pas m'étendre sur les questions de l'organisation future de la Lituanie et de la Courlande, qui relèvent principalement du domaine de l'organisation intérieure, car ces questions, sous nombre de rapports, sont aussi de la compétence des autorités intérieures. C'est ce qu'exprime la présence au secrétariat de l'Intérieur d'un commissaire impérial spécial, auquel le soin de ces questions d'organisation future a été confié de façon particulière ».

Le Conseil national lituanien, chargé de veiller aux intérêts suprêmes de la patrie lituanienne et pouvant le faire en toute indépendance, fait remar-

____

(1) *Gazette de Lausanne*, 30 juillet 1918.

quer que M. de Kühlmann se met ainsi en contradiction absolue avec le traité et les actes précédents, que sa déclaration officielle relative à la Lituanie est d'autant plus inadmissible qu'elle semble préjuger sous forme de faits des résultats en désaccord avec le droit des Lituaniens à l'indépendance complète, à maintes reprises proclamé et reconnu par le Gouvernement impérial lui-même; qu'enfin le rappel à Berlin de M. de Falkenhausen, sans avoir donné à la « Taryba » des pouvoirs suffisants, comme le rattachement de M. de Falkenhausen au secrétariat de l'Intérieur et non à celui des Affaires étrangères, constituent autant d'indications de tendances annexionnistes auxquelles les Lituaniens sont bien décidés à s'opposer de toutes leurs forces et par tous les moyens (1).

On apprenait, dans l'avant-dernière semaine de juillet 1918, que le Conseil international de Lituanie devait se réunir à Lausanne pour examiner les moyens à mettre en œuvre pour assurer à la Lituanie une organisation permanente en tant que nation libre d'Europe. Trois Américains de descendance lituanienne devaient venir y représenter la colonie des Etats-Unis, qui comprend près d'un million de Lituaniens, et convaincre les populations lituaniennes que ce n'est qu'en s'unissant aux Alliés et en suivant les principes énoncés par M. W. Wilson qu'ils pouvaient parvenir à constituer une république lituanienne indépendante. Au mois de mai 1918, une délégation du Conseil national lituanien, représentant environ 700.000 Lituaniens sur le million de Lituaniens vivant aux Etats-Unis et dont 25.000 combattaient en France dans les rangs de l'armée américaine, était venue, du reste, exposer à M. Wilson leurs revendications et leur désir de voir leur pays natal reconnu comme Etat libre et indépendant de la domination allemande ou de toute autre puissance. M. Wilson, après l'avoir remerciée de l'aide loyale que les citoyens lituaniens avait apportée aux Etats-Unis, avait assuré cette délégation que ceux-ci accorderaient toutes les facilités au Conseil lituanien pour lui permettre d'organiser et de stimuler l'opposition à la domination allemande en Lituanie. Au mois d'octobre, on annonçait que les 60.000 Lituaniens des Etats-Unis qui s'étaient enrôlés dans l'armée américaine allaient être formés en un corps spécial qui combattrait sous les couleurs lituaniennes et américaines.

A la suite de cette démarche auprès de M. W. Wilson, le

---

(1) Le *Temps*, 10 juillet 1918.

Conseil national lituanien d'Amérique faisait publier par le bureau d'information lituanien la communication suivante, élaborée par le bureau du grand Congrès lituanien d'Amérique, qui venait de se tenir à New-York :

Le Congrès national lituanien d'Amérique, représentant du million de Lituaniens émigrés aux Etats-Unis, s'est engagé, par tous les moyens à sa disposition, à rétablir la Lituanie dans sa souveraine indépendance et à la libérer de la domination allemande.

Une délégation du dit Congrès, que le président Wilson a reçue, a recueilli de lui les promesses les plus formelles d'appui effectif en vue de la reconstitution d'une Lituanie réellement indépendante, ainsi que les assurances les plus positives de représentations énergiques des intérêts lituaniens au Congrès général de la paix, pour soustraire la Lituanie à toute emprise germanique.

Le Conseil national lituanien de Suisse faisait, de son côté, les nouvelles déclarations suivantes :

1° Le peuple lituanien a le plus ferme désir de vivre en termes de bon voisinage et d'amitié avec tous ses voisins et, en particulier, avec ceux de l'Ouest; mais il considère que cela ne pourra être le cas que pour autant que ses droits souverains seront intégralement respectés;

2° Sans entrer d'ores et déjà dans les détails de l'acte de reconnaissance, le peuple lituanien croit devoir dire qu'il ressent comme une injustice d'être contraint de participer aux charges d'une guerre qu'il n'a ni voulue, ni déclarée, ni dirigée, à laquelle, par conséquent, il a dû prendre part malgré lui et dont les conséquences, en se déroulant sur son territoire, ont porté à sa prospérité une atteinte si profonde qu'il lui faudra de longues années de labeur acharné pour s'en remettre;

3° La reconnaissance officielle devrait se traduire sans retard en faits positifs, à commencer par l'établissement d'un gouvernement lithuanien, réellement indépendant, ainsi que par la transmission entre ses mains de tous les pouvoirs souverains qu'implique une indépendance véritable.

Dès le mois de février 1918, la *Gazette officielle de Saxe* démentait la nouvelle que le royaume de Saxe ait déposé au Conseil fédéral de l'Empire une demande tendant à obtenir qu'un membre de la dynastie saxonne fût mis sur le trône de Lituanie, tout en laissant entendre que des pourparlers avaient lieu en ce sens. On avait songé, paraît-il, au prince Frédéric-Christian, second fils du Roi, alors âgé de vingt-quatre ans. Déjà, sous le chancelier Bethmann-Hollweg, il avait été question d'offrir la couronne de Pologne au frère du Roi de Saxe, le prince Jean-Georges.

La *Deutsche Zeitung* écrivait :

L'union personnelle des royaumes de Saxe et de Lithuanie serait contraire aux intérêts allemands. L'exemple de la Roumanie, à qui la Maison des Hohenzollern a donné un roi et qui s'est tournée si vite contre l'Allemagne, est un avertissement.

Un prince allemand, appelé au trône d'une Lithuanie autonome et indépendante, cesserait d'être Allemand dès son avènement et serait forcé de céder aux influences non allemandes.

Dans ce cas, en Lithuanie, la Maison princière serait polonisée dès la deuxième ou troisième génération et, par suite de la composition des classes supérieures de la société, il en serait de même du pays.

Par contre, les *Dernières Nouvelles de Leipzig*, à propos du séjour du prince héritier de Saxe à Berlin, préconisait le rattachement de la Lituanie au royaume de Saxe et donnait les raisons suivantes à cette annexion :

Il est nécessaire qu'un prince allemand, pouvant compter sur l'appui que lui fournit l'Etat confédéré auquel il appartient et sur celui de l'Empire, règne désormais sur la Lithuanie, afin d'empêcher, dans ce pays, toute agitation antiallemande.

A ce point de vue, la Saxe est le seul pays qui doive entrer en ligne de compte. En effet, devant l'accroissement des autres Etats allemands, la Saxe est peu privilégiée. Elle a le droit de demander une extension de son activité, car ses frontières sont trop étroites pour son développement économique; l'harmonie n'y existe plus entre l'agriculture et l'industrie. Enfin, la dynastie saxonne, appartenant à la confession catholique, pourra plus facilement régner sur ce pays catholique.

Et, comme conclusion à cet article, ce journal soutenait qu'un esprit de sage décentralisation devait permettre aux Etats confédérés d'étendre à l'extérieur leur activité et d'appliquer au dehors les principes qui ont fait la force de l'Empire allemand, en assurant son expansion.

Le consentement donné par l'Allemagne à la création d'un gouvernement civil en Lituanie se trouvant intimement lié à l'acceptation par les Lituaniens du principe monarchique et de l'élection d'un prince allemand comme roi, la Taryba lituanienne résolut de porter son choix sur un candidat qui ne fût pas celui de l'officialité allemande, c'est-à-dire du parti pangermaniste. Craignant de se voir imposer un prince de la famille royale de Prusse ou de Saxe, en vue d'une union personnelle avec l'un ou l'autre de ces deux Etats, on dit que les Lituaniens pensèrent tourner la difficulté en appelant au trône un prince des Etats du Sud.

Le 18 juillet, on mandait de Stuttgart que le Conseil d'Etat lituanien, la Taryba, réuni à Vilna, avait décidé d'offrir la couronne de Lituanie au duc Guillaume d'Urach, qui, bien que l'*Almanach de Gotha* ne mentionne pas la filiation lituanienne de ce personnage, serait un descendant de l'ancienne famille royale lituanienne de Mindove et, pour cette raison, il devait prendre le nom de Mindove II, en mémoire du roi Mindove Ier, un des héros populaires de la Lituanie au moyen âge. Quelques jours après, le service allemand de propagande faisait publier un démenti à cette information. La *Gazette de l'Allemagne du Nord*, organe officieux du gouvernement, après avoir dit qu'une partie de la Diète lituanienne se serait, sans l'assentiment de l'Allemagne, constituée en Conseil d'Etat et aurait choisi le duc d'Urach à l'insu du Gouvernement allemand, déclarait qu'il n'y avait encore rien de décidé au sujet du règlement définitif de la question lituanienne ni au sujet de l'union personnelle entre la Lituanie et la Saxe.

Cette élection du duc d'Urach par la Taryba troublait les relations de l'Allemagne avec la Lituanie et amenait une certaine tension entre les deux gouvernements, car Berlin entendait imposer aux Lituaniens un roi de son choix, qui se serait fait l'instrument docile du *Drang nach Osten* en Lituanie et de la plus grande Germanie. La presse allemande déniait toute autorité à cette assemblée et l'attaquait violemment. Malgré les protestations du Conseil national lituanien, qui ne se laissait point déconcerter par ces attaques et ripostait, la presse lituanienne était réduite au silence et les écoles lituaniennes fermées. On put croire, à ce moment, que le mécontentement de l'Allemagne était dû au déplaisir qu'elle éprouvait de la désignation du duc d'Urach, qui n'était pas un des candidats officiels. Mais, à la suite de la résistance lituanienne et sans qu'on put exactement y rapporter le changement intervenu dans la politique allemande, on voyait l'Allemagne toujours prête à créer des différends ou à semer, selon ses besoins, des inimitiés, s'employer à rapprocher la Lituanie de la Pologne, qu'il lui fallait reconnaître et dont elle voulait s'assurer l'amitié, afin de livrer la Lituanie aux Polonais pour prix de leur acceptation du régime allemand.

Il est nécessaire de dire que le duc Guillaume d'Urach est apparenté à un degré assez éloigné à la famille royale de Wurtemberg et que sa candidature, qui avait été très activement soutenue par M. Mathias Erzbeerger, wurtembergeois et catholique, représentant une circonscription du Wurtemberg au Reichstag et qui aurait été consulté par le parti catholique sur le choix du candidat, se trouvait en compétition avec celle d'un prince de la Maison de Saxe, le prince Frédéric-Christian, âgée de 24 ans, second fils du roi et de l'ex-reine devenue Mme Louise Toselli. Le projet de cette union personnelle, soumis à la Diète saxonne par le Gouvernement saxon, n'avait pas obtenu le suffrage de la majorité. Une partie des députés s'y était montrée hostile, une minorité seulement s'était prononcée en faveur d'une union personnelle entre la Saxe et la Lituanie, tout en s'opposant à la candidature de ce prince. Il est certain qu'en donnant cours à ces nouvelles tout en s'opposant aux projets qu'elles faisaient connaître, l'Allemagne permettait aux partis pangermanistes d'affirmer leurs prétentions, et qu'ainsi, en faisant d'une façon détournée échec au mouvement démocratique indépendant et en remettant tout en question, elle leur donnait partiellement satisfaction.

Au cours de la polémique qui avait eu lieu à ce sujet, le *Journal populaire de Saxe*, organe catholique de Dresde, à la fin de mai, répondait à M. Erzberger, qui avait déclaré, dans la *Gazette populaire de Cologne*, absurde de mettre sur le trône de Lituanie un monarque saxon et de gouverner ce pays à la mode de Dresde :

Erzberger n'a évidemment aucune idée du projet qu'on envisage. Nous allons l'éclairer. Dans de nombreux milieux de Saxe, d'Allemagne, de Berlin et de Lithuanie, on désire une union personnelle de la Saxe avec la Lithuanie, c'est-à-dire que le roi de Saxe serait en même temps duc de Lithuanie. Mais, en aucun cas, le Gouvernement saxon ne gouvernerait la Lithuanie. Il y aurait un Gouvernement lithuanien avec le roi de Saxe à sa tête.

Et le *Berliner Tageblatt*, qui relevait les déclarations du journal saxon, écrivait :

On ne peut plus guère douter que la solution saxonne du problème lithuanien ne soit très avancée. Espérons que le Reichstag ne sera pas placé devant le fait accompli. Nous voulons vivre avec le peuple lithuanien en paix et en amitié, et entretenir avec lui des relations économiques aussi étroites que possible. Pour le reste, nous voulons le laisser disposer lui-même de son sort et nous ne nous en mêlerons aussi peu que possible.

Le *Deutsche Kurier* (1), pour justifier cette solution du problème lituanien, s'efforçait même de rattacher la question de l'union personnelle de la Lituanie avec la Saxe au partage de l'Alsace-Lorraine entre la Prusse et la Bavière, bien que, suivant les *Neueste Nachrichten*, le premier ministre de Bavière, M. de Dandl, se soit prononcé pour l'union personnelle de l'Alsace-Lorraine avec la Bavière et que le vice-chancelier von Payer ait préconisé cette solution à Munich et à Stuttgart. On y lisait :

> Le partage de l'Alsace-Lorraine entre la Prusse et la Bavière nous obligera à donner des compensations aux Etats confédérés. La Saxe recevrait ainsi la Lituanie, mais au lieu de l'union personnelle dont il était précédemment question, on envisage également la possibilité d'une union réelle plus favorable aux intérêts de la Saxe.
>
> La Lituanie constituerait tout d'abord une sorte de colonie saxonne et recevrait plus tard son statut politique qui lui assurerait des droits égaux à ceux des Etats confédérés de l'Allemagne.

Les Lituaniens se montraient surpris de la façon dont l'Allemagne agissait en la circonstance, malgré ses déclarations antérieures. Après avoir, lors de la constitution de la Taryba, à la suite de la conférence qui se tint à Vilnius du 17 au 22 septembre 1917, exigé la reconnaissance de cette assemblée par les organisations lituaniennes à l'étranger et en avoir fait dépendre le fonctionnement, l'Allemagne prétendait que cet organisme, qui était intervenu à Stockholm, en septembre, et à Berne, en octobre 1917, était sans pouvoirs et elle feignait de le considérer comme une corporation ou tout au plus une Diète provinciale. Non seulement l'Allemagne manquait une fois de plus à ses engagements, mais on pouvait se demander si elle ne montrait pas, en la circonstance, une singulière duplicité, car, manquant d'indications précises sur le groupe politique qui prit l'initiative de cette décision et sur la nature des suffrages qu'elle recueillit, il est permis de se demander si des influences étrangères n'intervinrent pas auprès de ce dernier en faveur de l'établissement d'une monarchie, bien que cette élection ne fût, en somme, pas conforme aux vues pangermanistes. L'Allemagne avait préconisé l'établissement d'une monarchie en Lituanie dans l'espoir que ce projet tournerait

---

(1) Mai 1918.

uniquement à son profit; mais lorsqu'elle se vit jouée par les Lituaniens désireux d'échapper à la tutelle prussienne ou saxonne, elle contesta l'autorité de la Taryba lituanienne et l'étendue de ses pouvoirs.

Le chancelier impérial ne disait-il pas, le 21 novembre 1917 :

Nous respectons le droit de la Lituanie à disposer d'elle-même. Nous attendons qu'elle se soit donné *elle-même* la forme d'Etat qui convient à sa situation, à ses tendances et à sa civilisation.

Et M. de Kühlmann, chancelier d'Etat aux Affaires étrangères, n'avait-il pas déclaré, devant le Reichstag, en ce qui concerne la constitution de la Taryba et sa compétence :

M. le député David a montré que l'organe représentatif en Lituanie, qui est le seul dont la responsabilité nous incombe, puisque nous ne pouvons pas prendre de responsabilités en ce qui concerne la composition des organismes qui ont précédemment existé, est formé d'une manière véritablement normale et honorable, car on s'est efforcé, autant que possible, d'y représenter toutes les classes et toutes les tendances du peuple lituanien. Messieurs, la conclusion que j'en tire est que vous devez avoir confiance en nous, car partout où nous continuons à travailler, nous le ferons sur le modèle et avec les principes que nous avons employés pour la constitution du corps représentatif lituanien.

Le Gouvernement allemand, instrument du parti militaire et des hobereaux, s'efforçait de sauver les apparences aux yeux de la majorité du Reichstag et lui faisait croire que le peuple lituanien était l'objet d'une bienveillante sollicitude « des autorités militaires » en Lituanie, conformément au vœu du Gouvernement allemand.

En réalité, une comédie se jouait tout simplement pour abuser le Reichstag et l'opinion publique allemande sur la véritable attitude des autorités militaires d'occupation et les secrets desseins de la chancellerie impériale.

Le fait suivant en est une confirmation. Lorsque le comte Czernin, ancien négociateur austro-hongrois de la paix de Brest-Litowsk, venait, quelques jours avant la fin de juillet, déclarer à la Chambre des Seigneurs d'Autriche « que la réunion de la Lituanie et de la Courlande à l'Allemagne s'est opérée sur le désir direct de ces dernières », le Conseil national lituanien crut devoir démentir de la façon la plus catégorique cette assertion de l'ancien ministre et déclarer que le sort de la Lituanie, qui revendique son indépendance, ne saurait être réglé qu'au Congrès général de la paix, d'accord avec tous les belligérants.

Quant à la Courlande, on ne saurait prendre en considération le désir d'une infime minorité, comme celle constituée par les barons baltes d'origine étrangère, qui représentent à peine 5 % de la population, en face des protestations des Lettons qui composent la majorité de la population autochtone.

Le vice-chancelier von Payer, dans le discours qu'il prononçait devant la grande commission du Reichstag, le 25 septembre 1918, laissait percer, du reste, une certaine déconvenue à la suite de la décision prise par la Diète lituanienne. Il déclarait, en effet, que « le choix d'un monarque entrepris naguère, avant qu'une entente ait été faite sur les conventions, apparaît dans tous les cas comme prématuré ». Et ses paroles, en même temps qu'elles dissimulaient mal un certain mécontentement, faisaient clairement entendre que l'Allemagne ne renonçait pas à ses projets et entendait conserver en Lituanie une influence prépondérante.

Elle ne voulait pas permettre qu'un Gouvernement civil lituanien, ayant à sa tête, il est vrai, un prince catholique allemand, mais un homme capable d'être dominé par les dirigeants de la politique lituanienne, pût arriver à prendre en main le pouvoir complet dans le pays où le régime militaire institué par Hindenburg et Ludendorff avait si bien servi les buts intéressés du Gouvernement allemand, tendant à faire de la Lituanie une sorte de colonie allemande, un pays de protectorat en même temps qu'une marche militaire destinée à protéger la frontière prussienne contre une nouvelle invasion moscovite, ainsi qu'à servir en même temps de « pont » pour assurer les communications entre la Prusse et les anciennes colonies des provinces baltiques (1).

D'ailleurs, — et ceci fournit une indication sur les difficultés de la situation fort complexe où la Lituanie se débattait en montrant en même temps que ses hésitations les orientations successives de sa politique, — une entrevue avait lieu, tout au début de septembre 1918, à Brest-Litowsk, entre les délégués de la Taryba et les représentants de l'Ukraine, en vue d'élaborer un projet d'alliance offensive et défensive entre la Litua-

---

(1) G. Rivas. *La Lituanie sous le joug allemand.* Lausanne, 1918.

nie et l'Ukraine, destinée à sauvegarder les intérêts mutuels de la Lituanie et de l'Ukraine, notamment dans la question de Kholm, ainsi que dans celles de la Galicie orientale et du gouvernement de Cardinas. Les deux Etats alliés, comptant une population totale de 60 millions d'habitants et qui pourraient lever, le cas échéant, 6 millions d'hommes, devaient ainsi former une barrière allant de la mer Baltique à la mer Noire.

Toutefois, la situation de la population en Lituanie devenait très critique et, sur le rapport d'un délégué du Comité de secours immédiats, qui revenait, au mois de septembre 1918, de visiter la Pologne et la Lituanie, la population ouvrière se trouvait dans la misère à la suite de la cessation à peu près générale du travail, due au manque de matières premières et de machines. A Vilna, on estimait que sur les 50.000 ouvriers juifs que comptent les faubourgs, 40.000 se trouvaient dans une misère affreuse. Le taux de la mortalité y aurait dépassé 18 % et la mortalité infantile s'y serait élevée, pendant le mois de juillet, à 50 %.

Au milieu d'octobre 1918, après la réponse de M. W. Wilson à l'Allemagne et lorsque la victoire des Alliés apparaissait certaine, le Gouvernement lituanien, à la suite des difficultés continuelles qu'il avait avec l'administration militaire allemande d'occupation et des luttes incessantes qu'il devait soutenir contre elle à cause du mauvais vouloir et de l'intransigeance de son chef, le général von Tiesler, décida de rompre les relations avec le gouvernement d'occupation. Cette information faisait savoir que la Taryba déclarait compter sur les puissances de l'Entente pour assurer en toute justice le salut de la Lituanie au Congrès de la paix. Cette déclaration retirait toute autorité à une démarche qui, d'après un télégramme de Stockholm, aurait été faite par une délégation de la Diète de Lituanie auprès du représentant d'un gouvernement neutre, pour lui demander d'intervenir auprès du président Wilson afin que les troupes allemandes continuassent d'occuper les territoires lituaniens, sous le prétexte que ces derniers risquaient d'être exposés à subir les désordres bolchevistes si cette occupation n'était pas maintenue. Il n'était pas douteux que cette démarche, — si jamais elle eut lieu, — avait été faite à l'instigation des Allemands, désireux de prolonger leur occupation pour continuer d'exploiter le pays, tout en s'efforçant de paraître céder aux vœux des populations. Le bureau de presse lituanien publiait, du reste, le 14 octobre, une information suivant laquelle la Taryba avait demandé au chancelier allemand l'évacuation immédiate par les troupes allemandes du territoire lituanien, ainsi que la mise en liberté de tous les ressortissants lituaniens encore retenus prisonniers en Allemagne.

Au moment où le chancelier prononçait son second discours devant le Reichstag, après l'envoi de la deuxième note allemande à M. Wilson, l'Agence Wolff (1) faisait savoir que celui-ci avait reçu une délégation de la Taryba lituanienne, venue pour lui exposer les vœux du peuple lituanien touchant la nouvelle organisation de l'Etat lituanien, et qu'il avait déclaré à ces délégués que « l'Empire allemand laisserait au peuple lithuanien le soin de se donner une constitution et de fixer ses relations avec les Etats voisins ».

La note ajoutait :

Les autorités impériales n'ont pas l'intention de fixer elles-mêmes les frontières de la Lithuanie et de la Pologne. On a l'intention de laisser toute latitude dans le domaine législatif au Gouvernement lithuanien. Ce sera la tâche de la Taryba de former ce gouvernement provisoire, en y faisant entrer des représentants de toutes les classes et de toutes les nationalités de la population. Le transfert promis par le Gouvernement allemand de l'administration des autorités militaires aux autorités civiles a déjà commencé à s'effectuer.

Mais l'Allemagne, qui, sous la pression des événements, se voyait dans la nécessité de modifier son attitude, se montrait cependant encore rebelle sur la question de l'évacuation : elle répondait à ce sujet dans les termes équivoques et par les promesses mensongères auxquels elle avait recours dans toutes ses tractations. Elle tâchait d'atermoyer; elle présentait le retrait des troupes qu'elle avait partiellement entrepris comme dû à une initiative impériale, alors que cette décision ne pouvait provenir que de la nécessité pour elle de récupérer toutes ses forces et n'avait jamais été dans ses intentions, et, en même temps, elle affirmait impudemment se trouver dans l'obligation d'en laisser malgré elle une partie pour répondre aux besoins du pays et donner satisfaction aux vœux de la population :

____

(1) *Journal de Genève*, 23 octobre 1918.

Quoique les autorités impériales désirent retirer le plus rapidement possible toutes les troupes allemandes de la Lithuanie, elles sont cependant disposées, pour répondre aux vœux souvent exprimés dans ce pays, de laisser temporairement des troupes et des moyens de transport dans ce pays. Le Gouvernement lithuanien provisoire devra créer une troupe de police et de milice.

Au milieu de novembre 1918, le bureau d'information de Lituanie faisait connaître que tout le pays était en révolte, que les paysans, se joignant aux bandes cachées dans les forêts, attaquaient les trains qui transportaient en Allemagne les vivres et les différents objets réquisitionnés, et que diverses rencontres avaient eu lieu entre ces derniers et les troupes allemandes. Les chefs des principaux partis convoquaient une assemblée nationale qui décidait de constituer un gouvernement provisoire, comprenant un ministère de onze membres appelés à procéder à la convocation, dans le plus bref délai, d'une Constituante lituanienne, sur la base du suffrage universel le plus étendu.

En même temps, le Conseil national de Lituanie demandait au bureau d'information lituanien (1) de faire connaître le télégramme qu'il venait d'adresser au chancelier Ebert, à Berlin, le priant de faire cesser toute réquisition, tout séquestre, de mettre fin aux dévastations des forêts qui continuaient, malgré la clause 14 de l'armistice, d'arrêter l'exportation en Allemagne du matériel de chemin de fer, des appareils téléphoniques et télégraphiques, et d'empêcher le démantèlement des places lituaniennes.

La situation de la Lituanie, qui semblait s'être éclaircie dans la seconde moitié de 1918, redevenait profondément troublée au moment même où elle pouvait espérer voir son indépendance bientôt réalisée. A mesure que s'effectuait, dans les provinces baltiques, le retrait des troupes allemandes et l'avance des troupes bolchevistes, que nous avons précédemment suivie en Estonie, en Livonie et en Courlande, la menace d'une liaison entre les Bolcheviki russes et les Allemands se précisait. Bien qu'une fraction des partis révolutionnaires allemands put se réjouir de la venue des Bolcheviki, alors qu'une autre partie de l'opinion, qui leur avait, il est vrai, montré une com-

---

(1) *Journal de Genève*, 26 novembre 1918.

plaisance singulière lorsqu'il s'agissait d'encourager le mouvement bolcheviste pour désorganiser la Russie, ne fut pas sans en éprouver quelque inquiétude, les Allemands semblaient tendre la main au bolchevisme plutôt que de remettre aux mains des populations qui les habitent les territoires qu'ils opprimaient. L'armée Falkenhayn, qui de Minsk, dont les Bolcheviki prenaient possession le 13 décembre, se repliait sur Vilna, se laissait corrompre par la propagande bolcheviste et leur chef, qui semblait s'y résigner, assistait même à la première réunion de leur soviet. L'armée Hoffmann, qui avait son quartier général à Kovno, après avoir dû évacuer toutes les positions qu'elle occupait en Lituanie devant la colère des populations, se retirait peu après vers Insterburg, pour se réfugier en Prusse, et les Allemands laissaient aux Bolcheviki le matériel qu'ils ne pouvaient emporter dans leur mouvement de retraite ou que la discipline, qui s'était relâchée, leur faisait abandonner sur place quand ils ne le vendaient point. Ayant refusé de livrer Vilna aux troupes polonaises après avoir paru s'y prêter, les Allemands y laissaient s'établir le Gouvernement soviétique de M. Kapsoukas. Pendant ce temps, les Allemands massaient, du reste, des troupes dans la Pologne prussienne et, de même qu'au xviiie et au xixe siècle, la politique de l'Allemagne révolutionnaire restait celle de l'Allemagne impériale; elle continuait à vouloir partager la Pologne et les territoires voisins avec la puissance russe, alors même que celle-ci était devenue bolcheviste, sans paraître voir le danger d'une semblable compromission, et, pour garder Posen et Dantzig, elle se résignait provisoirement à renoncer à la Lituanie et aux anciennes provinces russes de la Baltique, quitte à entreprendre de nouveau à y assurer, dès qu'elle le pourrait, la domination allemande et y reprendre le rêve du *Baltikum*.

Une délégation du Gouvernement provisoire lituanien venait, à la fin de décembre 1918, demander à la France et à ses Alliés d'établir sur les côtes de la Baltique des bases de ravitaillement et des centres de résistance pour aider les Lituaniens à arrêter les Bolcheviki, qui envahissaient la Lituanie à mesure que les troupes allemandes évacuaient ses territoires, et déclaraient d'ores et déjà que la Lituanie devait faire partie de la République russe des Soviets, sans en avoir consulté les populations.

*
* *

La question lituanienne n'est donc pas sans présenter quelque difficulté.

D'ailleurs, si on se place au point de vue historique, la Lituanie ne répond pas à une notion territoriale précise puisqu'elle comprenait autrefois, comme nous l'avons vu au début de cette étude, des territoires très étendus et des populations très diverses, qui prétendent, à juste titre, recouvrer également leur autonomie. Au xve siècle, sous le règne de Vitold, la Lituanie englobait, en effet, l'Ukraine et s'étendait jusqu'au Dniester et à la mer Noire. Mais, par contre, il n'est pas exact, comme on l'a fait, d'invoquer les anciennes relations politiques de la Lituanie pour mettre en doute la légitimité du mouvement lituanien et ne le faire remonter qu'à une date récente. Il est certain que les événements actuels ont donné une force nouvelle au courant d'opinion qui s'était manifesté auparavant depuis une cinquantaine d'années et plus particulièrement depuis la révolution de 1905, qu'ils lui ont fourni l'occasion de prendre une extension plus grande et qu'il a reçu des éléments lituaniens émigrés un appui extérieur non négligeable, mais il semble que ce serait également une erreur de prétendre qu'il a été suscité par les nombreux Lituaniens immigrés aux Etats-Unis et est dû exclusivement à leur action.

Les frontières de la Lituanie, de même que celles de la Pologne, sont actuellement difficiles à déterminer au point de vue ethnographique comme au point de vue politique par suite des balancements de l'Etat polonais à l'ouest et à l'est, et des extensions successives de la Lituanie au cours de l'histoire. Celle-ci, comme l'écrivait E. Reclus, « est une appellation « historique dont la valeur a constamment varié suivant les « conquêtes, les alliances et les partages » dont elle a été l'objet, et qu'il importe de ne pas confondre avec celle de « Pays des Lithuaniens », désignant, ainsi que nous l'avons montré au début, les territoires occupés par les Lituaniens.

En effet, « tandis que la Litva proprement dite, c'est-à-dire « la contrée que peuplent les Lithuaniens d'origine et de lan- « gage, ne comprend actuellement qu'une faible partie de la « Russie occidentale dans les bassins de la Düna et du Neman, « le nom de Lithuanie, au point de vue historique, s'est appli-

« qué à une étendue de pays beaucoup plus considérable.
« Comme la Pologne, la Lithuanie était un Etat aux frontières
« changeantes dont les dominateurs eurent l'ambition de pos-
« séder toute la région des plaines slaves entre la mer Baltique
« et le Pont-Euxin; commandant d'ailleurs à des populations
« en grande majorité russes, les princes de Lithuanie revendi-
« quaient aussi le titre de souverains de la Russie. Avant son
« union avec la Pologne, l'Etat lithuanien s'étendit en travers
« du continent d'une mer à l'autre, et ses princes pénétraient
« en Crimée pour en ramener des captifs; au xve siècle, le
« nom de Lithuanie s'appliquait à tout le pays qui s'étend de
« la Duna à la mer Noire et du Bug occidental à l'Oka. Pour
« les Russes de Moscou, les Slaves de Minsk, de Kiyev et de
« Smolensk étaient des Lithuaniens. Au xvie siècle, après
« l'union définitive avec la Pologne, l'appellation de « princi-
« pauté » de Lithuanie ne fut conservée que pour la vraie
« Lithuanie de langue et la Russie Blanche; même encore, il
« est d'usage, en Pologne comme en Russie, d'appeler « Lithua-
« niens » les Slaves Blancs-Russiens de l'ancienne Lithuanie
« politique, en désignant du nom de « Jmoudes » les Lithua-
« niens proprement dits. Après le partage de la Pologne, ce
« nom de Lithuanie resta aux provinces de Grodno et de Vilno,
« et bien que l'empereur Nicolas en ait défendu l'usage officiel,
« en 1840, ce nom continue d'être employé de nos jours, quoi-
« que dans un sens très vague, et s'applique d'ordinaire aux
« trois gouvernements de Kovno, de Vilno et de Grodno. Ce
« dernier, qui fut peuplé jadis de Yatvagues, peut-être Lithua-
« niens, n'appartient plus ethnographiquement à la Lithuanie;
« il faut y voir plutôt le pays aux contours vagues de la « Rus-
« sie Noire », peuplée surtout de Blancs-Russiens et de Petits-
« Russiens. Mais le Gouvernement de Vitebsk pourrait y être
« rattaché à meilleur droit, puisqu'il a de 150.000 à 200.000
« Lettons catholiques dans ses districts occidentaux; cependant,
« la majorité de la population y est composée de Blancs-Rus-
« siens » (1).

Parlant des populations de ces trois provinces, il ajoutait :
« Des Allemands et des Lettes dans le voisinage du littoral
« baltique et de la Düna; des Polonais, surtout dans la pro-

---

(1) Elisée Reclus, *Nouvelle Géographie Universelle*, 1880, t. V, p. 420.

« vince de Vilno; des Russes de diverses dénominations,
« Blancs, Noirs et Petits; des Juifs groupés dans les villes

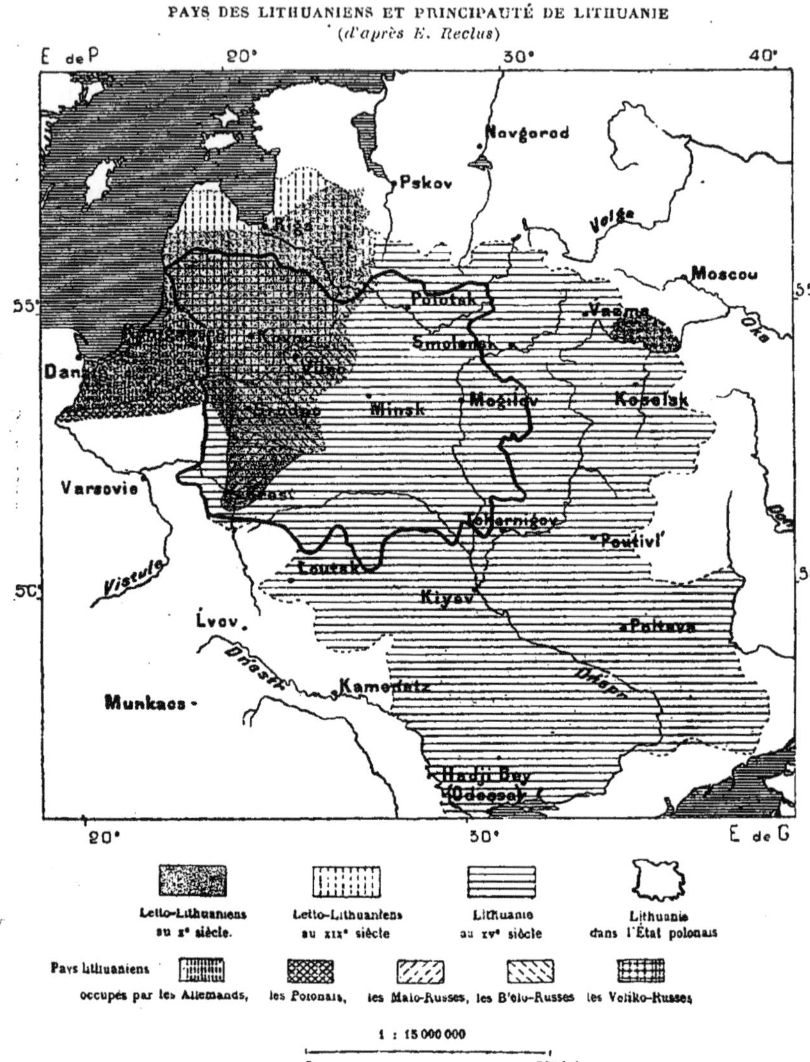

PAYS DES LITHUANIENS ET PRINCIPAUTÉ DE LITHUANIE
(d'après E. Reclus)

« comme en des ruches d'où ils vont incessamment butiner
« dans les campagnes environnantes; enfin, quelques commu-
« nautés de Tartares, tanneurs et trafiquants, ayant gardé leurs
« pratiques mahométanes, mais parlant le polonais, tels sont,

« avec les Lithuaniens, les habitants des trois provinces de
« Kovno, Vilno et Grodno. Par un bizarre contraste, tandis que
« les Tartares ne parlent plus leur langue, les Karaïtes de la
« Lithuanie parlent encore le tartare de Crimée. C'est que,
« venus ou transportés les uns et les autres de cette péninsule
« aux temps de la domination lithuanienne, les Tartares
« entrèrent pour la plupart comme guerriers dans les rangs
« de la noblesse, et durent se poloniser par le contact inces-
« sant avec leurs camarades » (1).

Les aspirations actuelles des Lituaniens semblent, il est vrai,
devoir faciliter le règlement de leur sort, puisqu'ils ne demandent que la constitution d'une Lituanie composée de territoires
purement lituaniens, comprenant, il est vrai, comme capitale, la
ville de Vilna, fortement polonisée et où on compte plus de 70.000
Juifs. Tant que l'Allemagne a cru pouvoir compter sur la Lituanie et en disposer, qu'elle n'a pas été amenée à reconnaître l'indépendance de la Pologne, qu'elle a cru pouvoir combattre les
Polonais, elle s'est montrée partisante d'une semblable solution.
Mais lorsqu'elle a reconnu la nécessité pour elle de s'entendre
avec les Polonais par suite de la politique suivie par les Alliés,
ne voulant en aucun cas rendre aux Grands-Russes la Russie
Blanche qui s'étend jusqu'à Vitebsk, Smolensk et Mohilef, et
pour contrebalancer l'influence que pouvait acquérir la Pologne, suivant en cela les habitudes de sa diplomatie, elle s'est
montrée favorable à la constitution d'une Grande Lituanie qui
comprendrait les territoires situés à l'Est et peuplés en majorité
de Blancs-Ruthènes, dont les sympathies ne vont pas aux Polonais et qui se montrent plutôt favorables aux Lituaniens, comme
le prouvent les déclarations faites par leurs représentants en
1905 et pendant la guerre actuelle. Dans cette solution, les
Lituaniens auraient, par contre, le désavantage de ne plus
avoir la majorité.

D'autre part, le Gouvernement de Berlin, ainsi qu'il l'a laissé
entendre à plusieurs reprises, ne voulant, sous aucun prétexte,
du voisinage de la Russie, s'est montré partisan pour cette raison de la création d'un royaume de Pologne, et les Allemands
ont cru devoir favoriser les Blancs-Ruthènes et les Polonais au
détriment des Lituaniens, et essayer de déterminer un mouve-

____

(1) *Id.*, p. 433.

ment séparatiste dans les Gouvernements blancs-ruthènes de Minsk, Mohilew, Smolensk et Vitebsk, qui ont appartenu autrefois à la Lituanie. Le manifeste des empereurs d'Allemagne et d'Autriche, du 5 novembre 1916, ayant laissé pendante la question des frontières du nouveau royaume de Pologne à l'Est et au Nord, les Polonais, à la faveur de ces circonstances, se sont empressés de développer leur activité en Lituanie et des agents ont fondé, depuis l'occupation allemande et avec l'autorisation des autorités militaires allemandes, de nombreuses écoles polonaises dans le district de Vilna et dans le Gouvernement de Grodna, afin de modifier le caractère du pays et de se trouver ainsi en meilleure posture pour faire valoir, au moment de la paix, les revendications de la Pologne sur ces territoires de la Lituanie.

Par l'instabilité que créerait pour la Lituanie une telle situation, cette solution qui semble donner satisfaction aux Polonais, également peu désireux d'avoir une frontière commune avec les Bolcheviki, et présenter l'avantage de rattacher à la Lituanie des territoires qui, étant donnée l'insuffisance de leur développement politique, ne sont pas susceptibles de former un Etat indépendant, ne paraît malheureusement pas devoir assurer davantage l'avenir de ces populations en établissant d'une façon sûre un équilibre définitif dans l'Europe orientale.

De plus, si on se réfère aux revendications présentées par une fraction de l'opinion polonaise relatives aux territoires touchant la Baltique, la partie septentrionale de la Prusse orientale avec Kœnigsberg et Tilsit se trouverait coupée de la Poméranie et du reste des Etats prussiens, et les Lituaniens réclament pour eux cette partie de la Prusse orientale qui ne pourrait plus continuer à participer à la vie politique de l'Allemagne une fois la Pologne ainsi reconstituée. Il est vrai que, d'après des données statistiques prussiennes de 1900 relatives au recensement de la population d'après la langue maternelle (1), la Lituanie prussienne compterait 415.411 habitants, dont 120.693 Lituaniens, soit 29,1 %. La population lituanienne des dix cercles ou arrondissements (Kreise) serait la suivante : Tilsit (Tilzé, en lituanien), 27.004, soit 38 %; Heydekrug (Silo, Karciama), 26.362, soit 61,9 %; Memel (Klaïpéda), 24.464, soit

---

(1) D'après le Dr Franz Tetzner.

17,1 %; Ragnit (Ragaïne), 16.324, soit 27 %; Labgava Labiau-est), 10.060, soit 30 %; Niederung (Pascalné), 9.680, soit 19,2 %; Pilkallen (Pilkalnis), 4.607, soit 10 %; Goldap, 450, soit, 4,3 %; Stallupœnen, 1.302, soit 3 %, Insterbourg (Isrutis), 440, soit 1,6 %. Mais, si les Lituaniens ne représentent d'après ces chiffres que 29,1 % du total de la population de ces dix cercles de la Prusse orientale, la population rurale compte 50 à 60 % environ de Lituaniens. Ceci est vrai surtout des arrondissements de Memel, Keydekrug, Tilsit, Ragnit et Labiau-est, où, sauf les trois villes de Memel, Tilsit et Ragnit, les Lituaniens forme-raient 64,22 % de l'ensemble de la population et il est certain que Labgava (Labiau), Veluva (Wehlau), Isrutis (Insterbourg), Dorkiemis (Darchmen), Goldape (Goldap) sont des terres litua-niennes. Du reste, les Lituaniens de Prusse orientale, qui esti-ment que leur nombre est beaucoup plus élevé, ont, depuis la révolution allemande, constitué un Conseil national, à la pré-sidence duquel ils ont appelé le Dr W. Gaïgalat (Gaigalaitis), ancien membre de la Chambre prussienne, partisan convaincu de la réunion de la Lituanie mineure (prussienne) à la Lituanie majeure (russe).

Enfin, lorsque M. Wilson se fut déclaré partisan de la réu-nion de la Lituanie prussienne au futur Etat lituanien, toute la presse allemande, la *Francfurter Zeitung*, le *Tag*, la *Feuille*, de Genève, élevèrent de véhémentes protestations. L'ancien dictateur des vivres Batocki protestait également contre cette désannexion et de sévères représailles étaient immédiatement effectuées en Prusse orientale. La langue lituanienne était ban-nie des écoles, différentes personnalités appartenant à l'ensei-gnement ou à la presse étaient emprisonnées ou emmenées à l'intérieur de l'Allemagne; des agents se répandaient dans le pays, qui faisaient signer de force des protestations, comme cela s'est produit à Gumbinnen et à Tilsit, contre l'adjonction des territoires prussiens à la Lituanie. Malgré toutes ces manœu-vres, les Lituaniens de la Prusse orientale n'en comptent pas moins être désannexés de cette dernière et rentrer dans le sein du futur Etat lituanien, en lui apportant le port de Mémel, où débouche le Niémen, qui est la principale artère de ce pays et qui lui permettra d'acheminer jusqu'à la mer, à travers son propre territoire, les richesses de son sol et les produits de son activité.

IV

POLOGNE

Le groupement de territoires réalisé, au début de 1918, par les autorités allemandes en Lituanie n'était pas, comme nous l'avons vu plus haut, sans éveiller les légitimes appréhensions des Polonais, et la répartition des territoires que l'Allemagne entendait faire entre la Lituanie et la Pologne dans son projet de reconstitution de cette dernière, n'était pas sans intéresser la Lituanie et déterminer à nouveau les Polonais à présenter des revendications.

Au début de janvier 1918, dans le manifeste que le Conseil polonais de l'Union des partis remettait aux représentants des alliés et des neutres, celui-ci rappelait que :

Pendant la guerre précédente, de nombreuses déclarations des représentants légaux de toutes les parties de la Pologne, aussi bien en Russie qu'en Allemagne et en Autriche, affirmèrent catégoriquement que le but immuable de leurs efforts était un Etat polonais indépendant, réunissant tous les territoires polonais *possédant un libre accès à la mer.*

Il protestait contre les pourparlers de paix entrepris par les commissaires du peuple russe avec les Empires centraux, qui, en décidant du sort de la Pologne par un traité séparé entre la Russie et les Etats qui l'ont partagée et opprimée, « plaçaient la nation polonaise dans une situation rendant impossible la défense du droit à l'indépendance et à la réunion intégrale », et, après avoir rappelé que « la question polonaise ne pouvait être résolue qu'au Congrès international de la paix et avec l'assentiment des représentants légaux de la nation polonaise », déclarait que :

La nation polonaise n'acceptera jamais un tel traité et ne cessera pas de lutter par tous les moyens possibles pour l'indépendance totale, la réunion intégrale et *le libre accès à la mer.*

D'autre part, M. W. Wilson, au treizième des quatorze points qu'il avait envisagés dans ses conditions de paix, stipulait :

Un Etat polonais indépendant devra être créé, qui comprendra les territoires habités par des populations indiscutablement polonaises, *auxquelles on
devra assurer un libre accès à la mer;* leur indépendance politique et économique, aussi bien que leur intégrité territoriale, devront être garanties par
un accord international.

Et, dans le message adressé au peuple polonais au sujet du
programme Wilson, et dont le bureau polonais de la presse à
Berne annonçait avoir communication en date du 7 octobre,
le Conseil de régence ne négligeait point cette revendication
essentielle et déclarait :

En ce qui concerne la Pologne, ces principes réclament la création d'un
Etat polonais indépendant, comprenant tous les territoires polonais *ayant un
accès libre à la mer* et dont l'indépendance politique et économique, ainsi
que l'intégrité territoriale doivent être garanties par les traités internatio-
naux.

Au début d'octobre 1918, lors de la discussion à la Chambre
des députés de Vienne de la déclaration gouvernementale, les
Polonais présentaient également une motion, par laquelle ils
réclamaient le rétablissement de l'Etat polonais dans son indépendance et dans toutes ses parties, avec un accès particulier
à la mer.

L'Allemagne n'en continuait pas moins à refuser obstinément
à la Pologne de faire droit à ses revendications touchant un
accès à la mer par la Vistule au port de Dantzig. A la suite de
la déclaration faite le mercredi 23 octobre 1918, à la séance du
Reichstag, par M. Stichel, Polonais, le Dr Solf, secrétaire d'Etat
aux Affaires étrangères, s'appuyant sur des considérations
ethnographiques et faisant faussement appel à des raisons historiques, puisque c'est grâce au démembrement de la Pologne
que la réunion des deux Prusse a pu s'opérer et que c'est en
paiement de sa complicité que la Prusse en a reçu une partie,
croyait pouvoir répondre :

Si l'orateur polonais revendique pour la Pologne la ville de Dantzig, par
exemple, où l'élément polonais se trouve dans la proportion de 2 à 3 %
seulement, il se met en contradiction flagrante avec M. Wilson, qui demande
uniquement la réunion à la Pologne indépendante des régions dont la population est indubitablement polonaise. Il n'est dit nulle part dans le programme Wilson que des populations incontestablement allemandes doivent
être attribuées à l'Etat polonais. Interprété de cette manière, le passage du
programme Wilson *relatif à l'accès libre et assuré à la mer,* non pas dans

le sens d'un accord international, mais dans le sens de la conquête d'un pays de populations étrangères, cela est en contradiction avec le principe de libre disposition proclamé par M. Wilson.

Lors de la discussion générale, le député Noske déclarait : « Nous ne renoncerons jamais à la ville allemande de Dantzig ».

M. Maryan Seyda, ancien directeur de l'Agence centrale polonaise à Lausanne et membre du Comité national polonais à Paris, dans une interview, ne dissimulait pas que le désir des Polonais était de réunir les trois tronçons de l'ancien royaume, y compris la Pologne allemande qui, par la Vistule, donne accès à la mer Baltique.

L'accès à la mer, réclamé dans toutes ces déclarations par la Pologne, est la seule de ses revendications que nous retenons, puisque c'est la seule qui se rapporte à la question de la Baltique, que nous nous sommes plus particulièrement proposés d'étudier.

Les revendications de la Pologne relatives à l'accès à la mer Baltique portent sur les territoires situés sur la rive droite et la rive gauche de la Vistule, depuis Bromberg jusqu'à Dantzig, et toute la partie méridionale de la Prusse orientale, située au sud d'une ligne qui, tirée de la limite occidentale de l'ancien gouvernement de Souvalki vers la Vistule, passerait approximativement, en allant de l'est à l'ouest au sud des villes de Goldap, Angerburg, Loetzen, Rastenburg, au nord d'Allenstein et au sud de Deutsch-Eylau. Toutefois, une partie de l'opinion polonaise ne revendique pas seulement, à l'ouest des embouchures de la Vistule, la province actuelle de la Prusse occidentale, mais encore les trois arrondissements de Butow, Lembork (Lauenberg) et Slupsk, en Poméranie, habités en grande partie par une population kassoube, que les Allemands ne sont pas parvenus à germaniser entièrement, et, vers l'est, réclame le territoire qui appartenait à la Pologne avant 1772.

Tout en reconnaissant la légitimité des revendications de la Pologne touchant l'accès à la mer par les territoires qui lui appartiennent ethnographiquement, de son côté, le Conseil national de Lituanie prenait soin de déclarer, dans un ordre du jour, que l'accès de la Pologne à la mer ne pourra se faire par les anciens territoires lituaniens, ainsi que les Polonais l'ont laissé entendre dans plusieurs déclarations relatives à la partie septentrionale de la Prusse orientale, que les Lituaniens s'y opposent et que la Pologne, en partie pays du bassin de la Vistule, n'a rien à voir avec celui du Niémen.

C'est, en effet, par Dantzig, Gdansk en polonais, qui compte aujourd'hui 168.000 habitants et doit devenir son principal débouché maritime, que la Pologne, et par elle une partie de l'Europe orientale, pourra trafiquer par mer avec l'Europe occidentale, d'autant que des canaux réunissent la Vistule à l'Oder, au Niémen et au Dnieper, par le Pripet.

Cette question de l'accès à la mer se présente du reste sinon comme la plus importante des revendications de la Pologne, du moins comme celle qui peut avoir l'action la plus décisive pour son indépendance. Sans faire état d'arguments historiques qui gardent toute leur valeur, et pour n'envisager qu'au point de vue actuel cette face de la question polonaise, cette revendication se présente, en effet, comme une des plus essentielles, si la Pologne veut recouvrer une indépendance complète.

La position géographique de la Pologne et les relations naturelles qui, pour elle, en dépendent avec les autres peuples de la Russie et de la Baltique, montrent que son indépendance est incompatible avec son rattachement à l'Europe centrale et qu'il est de toute nécessité pour elle que ses territoires ne soient point englobés à l'Ouest et au Nord par l'Allemagne. Alors qu'une Pologne reconstituée, comprenant les territoires de la Poznanie, de l'ancienne Prusse royale avec Thorn et Dantzig, et de la Galicie autrichienne, ainsi qu'une partie des deux Silésie, et liée politiquement avec les pays qui l'avoisinent à l'Est, pourrait avoir une existence propre, une Pologne réduite à ce qu'en fit le Congrès de Vienne, sans recouvrer les territoires dont l'Autriche et la Prusse l'ont dépouillée, et dont ceux pris par la Prusse lui donnaient libre accès à la mer, ne pourrait se suffire à elle-même et prétendre à l'indépendance.

Aussi, quels que soient les égards auxquels les Polonais aient été tenus à un certain moment, on ne comprend pas qu'ils n'aient point vu l'erreur que commettait, par exemple, M. Warclaw Sieroszewski et qu'ils aient même prêté l'oreille à ses suggestions, quand, après la proclamation de la soi-disant autonomie octroyée à la Pologne par les Empires centraux, il disait aux Polonais réunis à Lausanne que la Pologne devait rester partie intégrante du Mittel-Europa et que c'était pour elle le moyen

de devenir « un Etat économiquement et politiquement indépendant ». Après le démembrement et le partage de son pays,
c'était en consacrer délinitivement la ruine en renonçant à
toutes ses légitimes aspirations.

Sans doute, au cours des pourparlers politiques et militaires
qui s'étaient poursuivis dans les réunions tenues à Berlin au
commencement de novembre 1917, on laissait entendre qu'un
droit illimité de navigation sur la Vistule serait accordé à la
Pologne; mais, en même temps, le point de vue autrichien
annexant la « Pologne du Congrès » à la Galicie et donnant à
l'empereur Charles la couronne de Pologne, semblait prévaloir.

Mais, de même que l'Allemagne s'y était employée ailleurs,
elle essayait de créer des compétitions et profitait du mécon-
tement résultant de la remise indéfinie du règlement de la
question polonaise pour brouiller encore la situation. Le vice-
président de l'Ostmarkenverein, Raschdau, déclarait, au mois
de janvier 1918, que, puisqu'il n'était plus possible d'éviter
la création d'un Etat polonais, il fallait tout au moins se servir
contre les Polonais des Lituaniens et des Ruthènes, qui tous ne
se montraient pas foncièrement hostiles aux influences allemandes. De même qu'elle avait irrité la Pologne contre l'Ukraine
avec le territoire de Cholm, et cette dernière contre la Roumanie en lui donnant la Bessarabie pour dédommager les Rou-
mains des conquêtes hongroises et bulgares, on prétend qu'elle
n'avait pas été sans chercher à entretenir l'opposition existant
entre les Lituaniens et les Polonais, afin d'empêcher indirectement la Pologne de rentrer en possession des territoires contes-
tés qui lui donneraient accès à la mer. Elle suggérait, en même
temps, aux Polonais de revendiquer, en compensation des
avantages qu'elle comptait prendre, des territoires blancs-
ruthènes et, de cette façon, détourner contre la Pologne les ran-
cunes de la Russie reconstituée. Toute cette politique n'avait
d'autre but que de tenir divisées ces populations, afin qu'aucune puissance ne s'établisse à l'Est ou qu'aucun groupe de
nations ne se forme capable de faire contrepoids à l'Allemagne.

A la suite de ces manœuvres, le Conseil national lituanien
envoyait, au mois d'avril 1918, au chancelier von Hertling, aux
députés Erzberger, Naumann, Scheidemann, Westarp et au
gouverneur général de Lituanie et de Courlande von Kaiser-
lingk, une déclaration ainsi conçue :

D'après les résultats actuellement connus des pourparlers entre l'Allemagne et la Pologne, on accorderait aux Polonais un accroissement de territoire dans l'Est sous la forme d'une cession totale ou partielle des Gouvernements essentiellement historiques de Grodno et de Minsk, le premier étant en totalité ethnographiquement lituanien, et le second en partie. A cette occasion, le Conseil national lithuanien porte à votre connaissance que le peuple lituanien considère ce projet comme une menace pour son existence, qu'il proteste de toute son énergie contre une pareille convention et qu'il défendra l'intégrité de son territoire par tous les moyens se trouvant à sa disposition.

D'autre part, le Dr V. Bartuska, au sujet d'une lettre publiée par le *Temps* du 11 mars 1918 et réclamant « le rétablissement de la Pologne une et indivisible, puissante, la Pologne de 1772 », écrivait, au nom du Bureau d'information de Lituanie, établi à Lausanne :

Nous exprimons toutes nos sympathies au rétablissement de la Pologne, une, indivisible et même puissante, à condition que cela soit dans ses frontières ethnographiques. Quant au rétablissement de la Pologne de 1772, cela ne pourrait se faire qu'en lésant les intérêts vitaux de notre pays, car, dans ce cas-là, toute la Lituanie devrait être absorbée par la future Pologne. Cela serait absolument contraire au droit des peuples de disposer d'eux-mêmes, droit universellement reconnu et proclamé....

Tous les Lituaniens sont décidés à vivre leur propre vie et nous ne croyons pas que les puissances de l'Entente, qui ont été les premières à proclamer le droit des nationalités, veuillent forcer la Lituanie à faire partie de la Pologne contre sa volonté (1).

Mais l'opinion polonaise ne semblait pas disposée ni à abandonner ces vues ni à se laisser égarer par les tentatives allemandes, et certains de ses représentants n'en continuaient pas moins, tout en maintenant ces revendications, non seulement à ne pas s'opposer à une entente avec la Lituanie, mais à paraître même la rechercher en la croyant possible.

Déjà au mois de février 1918, dans une interview donnée à l'*Epoca*, sur les événements relatifs à la Pologne, le député Jean Famorski, chef du parti national polonais, membre du Parlement de Vienne et de la Diète de Lemberg, qui, même si on tient compte de sa situation au Parlement autrichien, semblait cependant renoncer un peu légèrement aux droits de la Pologne sur la Prusse orientale, déclarait :

La Pologne vise, avant tout, l'intégrale reconstitution de son territoire, en abandonnant seulement la Prusse orientale, qui est en majorité allemande.

---

(1) Le *Temps*, 6 avril 1918

L'Autriche devrait donc céder la Galicie et la Silésie de Teschen. Une fois ainsi reconstituée, la Pologne aurait des forces suffisantes pour s'opposer à l'expansion allemande, à condition que la Lituanie fut indépendante et alliée de la Pologne, et que la Roumanie fut reconstituée dans les frontières réclamées par ses droits ethnographiques, ce qui la porterait à avoir des frontières communes avec la Pologne. De cette façon, on formerait une digue de la mer Baltique à la mer Noire, et cette digue pourrait arrêter l'expansion allemande vers l'Orient. A cette digue pourrait s'appuyer aussi l'Etat tchèque.

Enfin, au moment où l'Allemagne s'efforçait d'entretenir des malentendus et de susciter des conflits entre les peuples des anciennes provinces russes, et plus spécialement entre la Pologne et la Lituanie, le Dr Antoine Viskout, qui semble en la circonstance avoir exclusivement agi de son propre mouvement et n'avoir, en tous cas, reçu aucun mandat d'un comité lituanien, écrivait au *Journal de Genève* (1), soi-disant au nom d'une petite fraction de l'opinion lituanienne, afin de lui signaler l'intérêt qu'il y aurait pour les représentants des différents peuples de l'ancien Etat lituano-polonais à former, en Suisse, un comité qui étudierait les questions internationales concernant les intérêts communs de ces deux peuples. Il estimait qu'une collaboration des Lituaniens et des Polonais, sous la forme d'une Union fédérative établie sur le principe de l'égalité des deux peuples, pourrait créer, en dehors du joug allemand, une situation qui leur donnerait satisfaction et, dans l'avenir, éviterait entre eux toutes sources de conflit possible. Les Lituaniens voyaient, non sans raison, dans cette initiative une nouvelle tentative de la minorité réactionnaire et des propriétaires fonciers polonais établis en Lituanie, et, se montraient fermement opposés à cette combinaison dans laquelle ils croyaient découvrir un piège dangereux parce qu'ils y retrouvaient les vues propres au panpolonisme soutenues par le Père Ledochowski et le parti catholique polonais. M. Maryan Seyda, dans l'interview que nous relatons plus haut, souhaitait de même que les territoires faisant autrefois partie de la République de Pologne, accrus des districts lituaniens de la Prusse orientale constituassent un Etat lituanien indépendant et disait que cet Etat, placé dans une situation peu avantageuse par suite de sa position géographique, peu étendu et comptant comparativement un petit nombre

---

(1) *Journal de Genève*, 19 avril 1918.

d'habitants, avait tout intérêt à unir ses forces à celles de la Pologne. Pour qui a suivi les manifestations successives des revendications de la Lituanie, il va sans dire que ce n'est pas de ce côté que semble s'orienter la politique de ce pays et que seule, de l'avis des Lituaniens, une minorité de Polonais, sous l'influence de Varsovie, affectent des sentiments amicaux pour renouveler la tentative de l'Union de Lublin. Les Lituaniens sont désireux d'entretenir des relations de bon voisinage avec les Polonais, mais à aucun prix ils ne veulent d'une ingérence polonaise directe ou indirecte dans leurs affaires, et, pour éliminer toute cause de complications à l'avenir, ils cherchent à éviter toute union qui serait d'ailleurs contraire aux vœux des populations et aux intérêts politiques de la Lituanie. C'est ce dont témoignent la protestation lituano-ukrainienne signée par la rédaction de *Pro-Lituania* et de l'*Ukraine*, ainsi que les résolutions de la Conférence des Patriotes lituaniens réunis à Berne du 1er au 5 mars 1916.

La revendication d'un débouché maritime pour la Pologne figure également dans le manifeste électoral que tous les partis politiques, y compris celui des ouvriers et celui des paysans, représentant les trois tronçons de la Pologne, à l'exception des socialistes, lançait, à la fin de 1918, à l'approche des élections à la Diète polonaise. On y lisait : « Nous sommes également certains que la raison politique et la justice rétabliront pour nous une Pologne *ayant accès à la mer et possédant son ancien port de Dantzig* ».

Malgré certaines divergences de vues quant à l'attribution des territoires et à la délimitation des frontières entre la Lituanie et la Pologne, les tendances à la conciliation qui s'étaient affirmées et la compréhension réciproque de leurs intérêts communs semblaient néanmoins devoir faciliter un règlement équitable de leur situation. Mais, d'une part, étant donnés les dissentiments existant entre les Lituaniens et les Polonais, et, d'autre part, les affinités des Lettons et des Lituaniens, il semble qu'une entente doive plutôt se faire avec ces derniers et que, de cette façon seulement, puisse se constituer une situation stable. Sans doute, les Lituaniens, en proclamant roi un duc allemand, avaient créé une situation difficile non pas seulement pour eux-mêmes, mais pour les Polonais; toutefois, lorsque le prince Radziwill, dans l'interview qu'il accordait au représentant du *Fremdenblatt*, dans la dernière quinzaine d'août 1918, avant de quitter Vienne, déclarait que des questions importantes devaient être résolues avant que l'élection d'un roi put être envisagée en Pologne et, qu'en tous cas, il avait reçu les assurances des gouvernements de Berlin et de Vienne qu'ils n'influeraient pas sur l'élection, il était possible de voir là une manœuvre polonaise destinée à égarer l'opinion et peut-être ce geste d'indépendance n'était fait que pour masquer les plans des impérialistes polonais désireux d'imposer à la Lituanie l'union en même temps qu'un roi commun.

La question de l'accès à la mer qui, pour la Pologne, est donc une des plus essentielles et se trouve par conséquent avoir une grande importance au point de vue du règlement de la question baltique, se présente, comme on le voit, d'une façon difficile et elle revêt un caractère encore plus complexe, si on se rappelle les anciens rapports des Scandinaves avec les Slaves de Pologne et le rôle important que jouait alors la puissance polonaise sur presque tous les rivages de la Baltique, depuis la Finlande jusqu'à l'Oder.

On sait que Sigismond, à peine nommé roi de Pologne, à qui son oncle Charles, un des fils de Gustave Wasa, qui n'avait eu en héritage que le duché de Sudermanie, enleva la couronne, s'était engagé, par un traité avec les Etats de Suède, à venir y passer une année sur cinq et que, n'ayant pas rempli cet engagement pendant quinze ans, par suite des guerres que soutint alors la Pologne contre les Turcs, les Russes et les Tartares, il avait voulu se faire remplacer par un Sénat. Mais quand les grands et les prélats du royaume avaient appris que ce Sénat s'était embarqué à Dantzig pour Stockholm, ils avaient offert l'autorité royale à Charles et avaient fait recevoir à coups de canon le navire sur lequel avait pris passage la délégation de Sigismond. Gustave-Adolphe, qui recommençait la guerre avec la Pologne, en 1620, deux ans après l'armistice qu'il avait conclu en 1618, prenait Riga, ville luthérienne qui ne voulait point se séparer du royaume polonais, entrait en Courlande et s'emparait de Mitau. Aux termes du nouvel armistice de six ans, qu'il concluait le 26 septembre 1629, avec Sigismond, les Suédois gardaient la Livonie.

On ne peut donc oublier l'ancienne participation de la Pologne à la domination de la Baltique dans le règlement de toutes les questions qui touchent au problème de cette mer, et sans laquelle l'équilibre ne semble pas devoir s'établir sur ses rives orientales. Tous les peuples riverains, et spécialement des Scandinaves, s'ils ne veulent pas laisser l'Allemagne y devenir maître, devraient donc, par suite de leurs anciennes relations, ne pas plus se désintéresser de la question de la Pologne que de toutes celles qui touchent à la Baltique.

Quant à la France, sa politique à l'égard de la Pologne et la position qu'elle prenait dans la question du retour de Dantzig aux Polonais, était de nouveau nettement affirmée à la séance de la Chambre des députés du 29 décembre 1918, par M. Stephen Pichon, qui déclarait : « Nous voulons une Pologne intégralement restaurée, avec un libre accès à la mer ».

Il n'est pas sans intérêt de rappeler ce qu'un écrivain allemand, Ernst Moritz Arndt, après avoir montré l'importance des frontières naturelles des Etats et insisté sur les conditions géographiques dont ils dépendent, soutenait, au commencement du XIXe siècle, à propos de la Pologne. Préoccupé avant tout de la destinée de l'Allemagne et regrettant qu'elle n'ait pas bénéficié des avantages que de longues communications maritimes avaient procurés à d'autres nations, il écrivait : « Il faut que « chaque pays, si la nature n'y a pas mis d'obstacles, obtienne « sa mer : car par le commerce, par l'activité et l'industrie « qu'elle suscite, la mer est le plus grand instrument de « culture » (1). Puis, faisant une application de cette vue générale, il ajoutait :

La Pologne ne sut pas reconnaître que son devoir de nation était avant tout de défendre sa frontière maritime et d'en chasser les Chevaliers teutoniques. Cette négligence fut cause de la mort de la Pologne. Lorsqu'au XVIIIe siècle la Prusse et la Russie s'emparèrent complètement de son domaine maritime, — car géographiquement le nord de la mer Noire appartient pour la plus grande partie à la Russie, — autant valait dire que la Pologne n'existait plus; sans mer, entourée de puissants voisins, n'ayant aucun instrument de culture supérieure, n'ayant pour la défendre aucune des frontières assurées par la Nature, il lui était impossible de devenir jamais quelque chose : elle devait disparaître tôt ou tard (2).

____

(1) Ernst Moritz Arndt, *Germanien und Europa*, 1803, p. 327.
(2) *Id.*, p. 329.

V

SUÈDE

Sans entrer ici dans un exposé complet de la politique suivie par la Suède depuis le commencement de la guerre, il est indispensable, par suite du rôle qu'elle a toujours joué dans la Baltique et qui lui revient, d'en montrer les erreurs et de faire voir que, pour des raisons diverses et qui toutes ne sauraient se justifier, non seulement elle n'a pas adopté dès le début et délibérément l'attitude qui répondait à sa situation, mais a laissé libre cours aux manœuvres allemandes, quand elle ne s'y est pas complaisamment prêtée.

Tout d'abord, il faut tenir compte du ressentiment violent que la Suède nourrissait contre la Russie, et qu'elle considérait, non à tort, le slavisme comme un grand danger. Cette russophobie est à l'origine de la sympathie qu'elle a montrée pour la cause germanique et, en l'empêchant de comprendre comment les nations européennes occidentales avaient pu s'allier à la Russie, elle eut pour conséquence de la faire se tourner vers l'Allemagne. Bien qu'on puisse déplorer certaines conséquences de cette alliance et qu'on doive à juste titre adresser plus d'un reproche au régime tsariste, il n'en est pas moins vrai, lorsqu'on se remémore encore la répartition des influences et la situation internationale en Europe à l'époque où elle fut conclue, que, plus que jamais, celle-ci se présente à la lumière des événements actuels comme une vue politique qui eut le mérite, quels qu'aient été ses inconvénients à divers points de vue, d'entrevoir la nécessité de faire échec à l'Est au mouvement germanique, et, l'erreur des pays qui, comme la Suède, n'en ont pas exactement compris le sens est précisément de ne pas s'être rendu compte qu'elle pouvait, tout en contenant le danger du slavisme par le contrepoids qu'y apportaient les nations libérales de l'Europe occidentale, parer au mal plus grand et plus immédiat qui pouvait provenir, un jour ou l'autre, du danger allemand. On peut juger aujourd'hui de la gravité de ce dernier, si l'Allemagne avait pu associer la masse slave à la puissance germanique. L'Europe occidentale, et c'est ce que ne semblent pas avoir compris les Scandinaves, ne pouvait, par son influence, que peser dans un sens favorable sur les tendances du régime russe, alors que l'Allemagne, par son organisation militaire et ses vues politiques, ne pouvait au contraire que les aggraver pour les Russes et les rendre plus détestables encore pour les autres peuples voisins, et, du reste, une partie des Slaves du Sud s'était déjà rendu compte de ces conséquences avant la guerre.

En second lieu, la Suède n'avait pas été sans éprouver un vif ressentiment à l'égard de la Norvège, lors de la séparation en 1905, et bien que ce règlement ait créé une situation satisfaisante pour l'un et l'autre pays, la Suède s'était alors tournée vers la Finlande, sur qui le joug russe pesait lourdement et où les nombreux Suédois qui y étaient établis disposaient d'une action prépondérante, en sorte que l'animosité dont était animé le nationalisme suédois pouvait légitimement trouver dans cet état de choses des raisons politiques et à la fois des raisons de sentiment pour s'exalter à nouveau. Cette orientation politique n'était pas, du reste, étrangère à l'influence allemande qui avait pris pied dans les pays scandinaves et avait tout intérêt à encourager cette animosité contre la Russie. La Suède, bien qu'elle dut savoir, par les expériences de sa propre histoire, qu'elle n'avait jamais eu d'ennemi plus dangereux que l'Allemagne, se trouvait ainsi amenée à conserver, sous les dehors de la neutralité, de vives sympathies et une admiration pour cette dernière. Il ne faut pas oublier, d'autre part, que la reine est Badoise et que, par cette parenté, des relations intimes s'étaient créées entre la Cour de Stockholm et celle de Berlin.

De plus, parmi le monde des affaires, un violent mécontentement s'était élevé contre l'Angleterre qui, en maintenant énergiquement le blocus, l'avait empêché de tirer tout le profit qu'il avait espéré recueillir de la guerre à l'abri de la neutralité.

Pour bien comprendre l'attitude de la Suède, il faut, en outre, tenir compte de la situation politique intérieure que nous ne pouvons exposer ici tout au long. Il suffit de rappeler que, jusqu'en 1911, la droite, qui l'emportait, s'appuyait entièrement sur l'Allemagne; que le Cabinet de gauche de M. Staaff, qui avait fondé en 1882 une société d'études, *Verdandi*, centre du mouvement libéral, avait été renversé le 4 février 1914 et remplacé, au mépris des droits constitutionnels, par un ministère de droite à la tête duquel était M. L. de Hammarskjöld, qui resta au pouvoir jusqu'au 30 mars 1917. Lorsque la guerre éclata, à la suite d'une déclaration faite spontanément à Stockholm par les représentants de l'Entente, informant le Gouvernement suédois que les trois puissances qui y adhéraient respecteraient l'intégrité de la Suède si elle restait neutre, l'Allemagne somma cette dernière d'intervenir. Peu après, le Gouvernement suédois ayant déclaré sa neutralité dans le conflit, le Gouvernement de Berlin, sans s'engager lui-même, se contentait de prendre acte de cette déclaration et, grâce aux complaisances que le Cabinet de M. L. de Hammarskjöld montra pour l'Allemagne, la neutralité de la Suède fut peut-être plus utile à cette dernière qu'une intervention, en lui donnant des facilités pour la conduite de la guerre sous-marine, en la ravitaillant aux dépens de la population scandinave et en lui procurant indirectement sur l'Atlantique le seul accès maritime qu'elle pouvait utiliser, tout en isolant l'Europe occidentale de la Russie, en même temps qu'elle assurait la sécurité des transports entre la péninsule scandinave et l'Allemagne par la fermeture de la Baltique.

Bien que ce Cabinet ne représentât qu'une minorité et n'eût pas par conséquent de véritable autorité, son chef, qui appartenait à un parti opposé au maintien de la neutralité suédoise, ne craignit pas de se présenter comme celui d'un Cabinet de neutralité. Aussi, maintint-il une neutralité purement fictive. Non seulement il montra de coupables complaisances vis-à-vis de l'Allemagne, mais loin de désavouer les étranges nationalistes suédois (1), qui s'intitulent activistes (2) et qui ne répugnaient pas à demander à l'Allemagne une tradition et une doctrine, il les introduisait dans les conseils de l'Etat. Enfin, la question finlandaise servait de prétexte à ces derniers pour soutenir ouvertement la politique de l'Allemagne, favoriser les manœuvres germaniques et, redoutant une paix russo-allemande qui serait faite à leurs dépens, bien qu'ils ne pussent se faire d'illusion sur le double jeu de l'Allemagne, après avoir

---

(1) Lucien Maury. *Le nationalisme suédois et la guerre.* Paris, 1918.
(2) V. *La politique étrangère de la Suède à la lumière de la guerre mondiale.* juin 1915, non signé.

contribué à un rapprochement suédo-allemand, ils s'employaient si activement à préparer le soulèvement finlandais qu'ils n'étaient point sans gêner l'action de cette dernière.

Dès le début, la presse avait réclamé à grands cris l'intervention de la Suède dans le conflit mondial, aux côtés de l'Allemagne; les journaux de droite avaient ensuite continué d'exciter à la guerre et la prolongation de cette campagne, ses efforts soutenus, permettaient de croire que si la ténacité des agents allemands ne se lassait point, c'est qu'une partie de la presse suédoise restait docile à leurs inspirations et qu'ils y trouvaient des complaisances.

Plus tard, la Suède se prête à toutes les manœuvres pacifistes tentées par le Gouvernement allemand pour faire avorter la guerre, qu'il avait espéré courte, et conclure la paix au plus grand dommage des nations libres attaquées par l'Allemagne, avant qu'une décision, qui ne pouvait qu'être à son désavantage en se faisant attendre, soit intervenue.

Mais en octobre 1917, à la suite des élections et aussi du scandale produit par la découverte des dépêches du comte Luxbourg, acheminées par l'intermédiaire de l'ambassade de Suède au Gouvernement allemand, M. de Hammarskjöld se trouvait dans l'obligation de quitter le pouvoir et un ministère Eden, dans lequel trois socialistes entraient à côté de Branting, qui avait eu à lutter contre les adversaires que l'Allemagne lui suscitait dans son propre parti, revenait à une conception plus saine de la neutralité suédoise et rendait d'autant plus probable une modification de l'orientation politique suédoise qu'une partie du peuple suédois n'avait point partagé les vues du précédent Cabinet et ne les avait pas suivies. On sait, d'autre part, que le prince héritier, qui est marié à une Anglaise, fait montre de tendances très libérales.

Même après les défaites allemandes de juillet et août 1918, une partie de la presse suédoise ne renonçait pas à sa première attitude et renouvelait les manœuvres qu'elle avait déjà entreprises en faveur de l'Allemagne. Vers le milieu de septembre, les deux principaux organes activistes suédois, l'*Aftonblad* et les *Nya Dagligt Allehanda*, préconisaient énergiquement une médiation neutre en faveur d'une paix de compromis. L'*Aftonblad* ne craignait même pas de menacer le Cabinet de Stockholm s'il n'assumait pas, en la circonstance, le rôle d'intermédiaire et soutenait qu'un Gouvernement neutre, en refusant de prendre l'initiative de négociations pour la paix, donnait par ce seul fait son appui à l'Entente contre l'Allemagne. Au mois d'octobre 1918, des informations faisaient encore savoir que le Gouvernement suédois continuait ses démarches en vue d'organiser une conférence des neutres. En même temps qu'ils poursuivaient cette campagne, l'*Aftonblad* et les *Nya Dagligt Allehanda* attaquaient très violemment tous les Alliés, en essayant de semer la défiance parmi eux et de désagréger le bloc de l'Entente. L'*Aftonblad* accusait, par exemple, les Etats-Unis d'être le véritable obstacle à la paix. Ce journal allait même jusqu'à injurier le président Wilson, en sorte que le chargé d'affaires des Etats-Unis devait appeler sur ce fait l'attention du ministre de la Justice de Suède. Dans les *Nya Dagligt Allehanda*, M. Ernst Liljedahl prétendait que la France était complètement menée par la Grande-Bretagne et que, sans elle, elle aurait depuis longtemps signé la paix.

A la fin de septembre 1918, on mandait de Tien-Tsin à Tokio que les Tchèques avaient arrêté la mission suédoise de la Croix-Rouge à Irkoutsk, qu'ils soupçonnaient d'agir pour le compte des intérêts allemands et de s'employer à remettre à Pékin des fonds venant de Berlin (1).

Plus récemment, à la fin de décembre, lorsqu'on annonçait l'expulsion de l'envoyé bolcheviste Vorovski, qui dirigeait en Suède la propagande internationale, un radiotélégramme, lancé par la station de Stockholm pour la légation de Suède à Petrograd et signé par le ministre suédois des Affaires étrangères, faisait savoir qu'il n'était pas question de l'expulsion de M. Vorovski.

A cette même date, le journal suédois *Politiken*, qui insérait une lettre de Litvinof aux Gouvernements alliés et à M. Wilson, leur demandant, au nom du Gouvernement de Moscou, l'ouverture de négociations de paix, publiait, en même temps, une interview du même personnage qui insistait pour que le Gouvernement suédois retirât son décret d'expulsion des représentants du Gouvernement de Moscou, la Scandinavie étant la dernière porte ouverte par laquelle la Russie pouvait communiquer avec le reste du monde.

---

(1) *Les Débats*, 28 septembre 1918.

***

Toutefois, les trois royaumes que constituaient les pays
scandinaves sentaient la nécessité de se rapprocher et, devant
les événements actuels, de maintenir entre eux une étroite
collaboration. A la fin de novembre 1917, pour la première
fois depuis la rupture de l'Union suédo-norvégienne, en 1905,
le roi de Suède Gustave rendait visite au roi Haakon, à Chris-
tiana, où il n'était pas revenu depuis qu'il était prince royal de
Suède et de Norvège, et y rencontrait le roi Christian X de
Danemark, frère du roi Haakon de Norvège. Le soir, au dîner
de gala qui avait lieu au palais, le mardi 26 novembre, le roi
Haakon disait, dans un toast, au roi Gustave :

Nous avons eu le bonheur de pouvoir nous tenir en dehors de la guerre.
Pour nos deux pays, une époque si sinistre n'a pas été sans influencer nos
relations mutuelles. Déjà, le 8 août 1914, nos gouvernements pouvaient
annoncer qu'en tout cas nous pouvions être sûrs qu'aucun de nous ne permettrait qu'on se servît de lui contre l'autre.

Dans sa réponse au roi de Norvège, le roi Gustave, évoquant
le souvenir de leur ancêtre commun, le maréchal de France
Bernadotte, qui monta sur le trône de Suède sous le nom de
Charles XIV ou Charles-Jean, et qui devint également roi de
Norvège après la paix de Kiel, en 1814, et faisant allusion à sa
parenté avec le roi de Danemark, les rois Haakon et Christian
étant les fils de la reine douairière Louise de Danemark, fille
de Charles XV et veuve de Frédéric VIII, déclarait notamment,
en proposant une union nouvelle entre les trois royaumes :

Votre Majesté et le peuple norvégien comprendront sans doute les sentiments que j'éprouve en venant aujourd'hui dans ce pays, que cinq de mes
prédécesseurs, et moi-même en qualité de régent, avons gouverné pendant l'espace de quatre-vingt-dix années. Je manquerais à la vérité envers
moi-même et envers l'Histoire si je disais que l'oubli a pu se faire déjà
sur les événements de 1905. La rupture de l'union fondée par Charles XIV
Jean, l'homme éminent dont Votre Majesté, aussi bien que moi-même, des-
cendons en droite ligne, a infligé à l'idée d'union dans notre presqu'île
scandinave une blessure profonde, à la guérison de laquelle je souhaite vivement pour ma part de pouvoir contribuer.
Voilà pourquoi, Sire, je suis venu, aujourd'hui, dans cette ville, afin de
dire à Votre Majesté et au peuple naguère uni au mien : « Formons une
union nouvelle, d'une espèce autre que l'ancienne, une union fondée sur la

compréhension mutuelle et la communauté de sentiments, et qui aura, je me plais à l'espérer, un caractère de vitalité plus durable que celle qui existait auparavant.

La première condition pour qu'il en soit ainsi sera surtout, dans ces circonstances si difficiles au point de vue de la politique extérieure, de nous tenir fidèlement côte à côte, pour sauvegarder et maintenir la neutralité stricte et impartiale que les trois royaumes scandinaves ont proclamée dans la guerre actuelle.

Dans la présence de mon bon ami et parent, le roi Christian de Danemark, je vois la preuve certaine et le gage assuré de l'adhésion et de l'approbation qu'il donne à la conviction qui m'anime de la nécessité pour les pays du Nord de se prêter un mutuel appui.

Chacune de nos trois nations est petite par elle-même, mais ensemble nous constituons une force avec laquelle il faut compter lorsqu'il s'agit de la sauvegarde et du maintien de notre indépendance, et de notre droit à disposer librement de nos destinées. Tendons-nous donc mutuellement la main en témoignage de notre ferme volonté de travailler dans cet esprit pour le bonheur et la prospérité de nos trois peuples.

Au cours de cette réunion des trois souverains scandinaves dans la capitale norvégienne, les gouvernements se mirent d'accord pour que les relations de sympathie et de confiance qui existaient entre les trois royaumes, quelles que soient les formes qu'elles devaient prendre par la suite, fussent maintenues conformément aux déclarations faites antérieurement et à la politique suivie jusqu'à présent. Les trois royaumes exprimaient leur ferme intention de faire tous leurs efforts pour maintenir chacun leur neutralité vis-à-vis de toutes les puissances belligérantes et le désir que des représentants spéciaux étudiassent les moyens à mettre en œuvre afin qu'au cours des difficultés actuelles, les trois pays se prêtent une mutuelle assistance en se fournissant réciproquement les marchandises dont ils avaient besoin et que leurs échanges pussent s'opérer plus facilement et d'une manière plus active. On examina même la possibilité d'introduire dans la législation de chacun des trois pays une disposition accordant certaines facilités pour les citoyens des deux autres. Cependant, la question de la neutralité à laquelle les gouvernements de ces pays semblaient persister à s'attacher, alors que la notion de neutralité violée par l'Allemagne était de plus en plus rendue précaire par les événements et n'était plus soutenable vis-à-vis de l'Allemagne, retenait leurs préoccupations et ils se mettaient d'accord pour continuer les travaux préparatoires entrepris en vue de la sauvegarde des soi-disant intérêts communs des Etats neutres, au moment où la guerre cesserait et après le rétablissement de la paix.

Au milieu de septembre 1918, une nouvelle rencontre avait lieu entre les trois souverains scandinaves. La visite du roi de Norvège au roi de Suède, qui venait aussi pour la première fois à Stockholm depuis la séparation des deux royaumes, donnait lieu à de grandes manifestations de solidarité entre les deux peuples comme entre leurs souverains. Le roi Haakon visitait la capitale suédoise et le roi Gustave, avec une haute compréhension politique des intérêts des deux Etats scandinaves dans la situation actuelle, donnait à cette rencontre un caractère de solennité en même temps que de sympathie qui ne pouvait avoir qu'une influence des plus heureuses sur l'avenir des relations des deux pays.

Au dîner offert au roi Haakon, le lundi 16 septembre, à Stockholm, le roi de Suède, dans le discours qu'il adressait au roi de Norvège, n'omettait point, après avoir rappelé les bonnes relations de leurs peuples, de faire allusion aux liens qui les unissaient également aux Danois, et déclarait :

La visite de Votre Majesté est une nouvelle preuve et un gage nouveau du fait que notre commun désir d'établir entre nos deux peuples de bonnes et amicales relations s'est réalisé à l'avantage et pour le bien tant de notre pays que de celui de la nation danoise, qui nous tient de si près. En demeurant unis, en nous prêtant un mutuel appui, en nous attachant à nous comprendre les uns les autres, nous traverserons plus aisément les temps difficiles que nous vivons et ceux non moins difficiles peut-être qui viendront. J'ai le ferme espoir qu'entre les peuples du Nord les liens se resserreront de plus en plus et que nous constituerons ainsi un bienfait pour nos peuples et nos pays.

Aux vœux exprimés par le roi Gustave, le roi de Norvège répondait en des termes qui témoignaient de l'accord des deux nations scandinaves :

Je suis venu ici renouveler, au nom du peuple norvégien, l'expression de sa gratitude pour la visite que Votre Majesté fit à la Norvège l'année dernière, une gratitude profondément ressentie par tous les Norvégiens. La main que le roi de Suède a tendue alors au peuple norvégien fut acceptée avec une unanimité qui distingue une nation libre et avec l'espoir justifié d'une bonne entente mutuelle dans l'avenir. Je ne puis m'empêcher, en ce moment, de rendre hommage à la mémoire de l'homme qui, au milieu de circonstances difficiles, a fait preuve d'une magnanimité et d'une prudence qui permirent à nos deux peuples de continuer à vivre en paix dans la péninsule, et au cours de l'œuvre de développement de nos deux nations profondément civilisées, accomplit son vœu admirable pour la prospérité des deux peuples frères. L'Histoire conservera, en conséquence, avec une gratitude vénérée, le nom du roi Oscar.

Je crois que les bonnes relations qui ont prévalu pendant les années de guerre entre nos deux peuples, continueront pour le plus grand bien et le bonheur de nos deux peuples.

Nous pouvons donc envisager l'avenir avec confiance, tout en conservant notre neutralité au milieu de la guerre qui a mis en jeu la prospérité de tant des plus grandes nations, mais que les peuples scandinaves ont été à même d'éviter jusqu'ici.

La signification de cette visite, intéressant la coopération des deux peuples de la péninsule scandinave, se trouvait accrue du fait que les deux rois qui venaient de se rencontrer à Stockholm se rendaient ensuite à Copenhague auprès du roi Christian X, bien qu'on assurât que cette entrevue des souverains, qui succédait à la réunion de la conférence interparlementaire scandinave, n'aurait point de signification politique, ayant un caractère purement privé et qu'aucun membre des trois gouvernements n'y assisterait.

Le 25 septembre, le roi Haakon arrivait à Sorgenfri, résidence d'été de la famille royale danoise et, le 26, le roi Gustave, qui était venu à bord du cuirassé *Sverige*, se rendait au château d'Amalienborg, résidence royale de Copenhague. Un lunch y réunissait, le jour même, les trois souverains et, le soir, un dîner de gala y était donné en leur honneur.

Malgré les anciennes rivalités des Suédois et des Danois, qui se disputèrent autrefois le commerce et la domination de la Baltique, leurs peuples frères semblaient comprendre la nécessité de faire bloc devant les prétentions désordonnées du pangermanisme, maintenant que le danger du slavisme ne leur apparaissait plus si menaçant, et quelle que soit la situation difficile du Danemark vis-à-vis de l'Allemagne.

On peut se demander ce que la Suède, plus particulièrement, qui devait se rappeler que Frédéric II préparait le démembrement de ses territoires en même temps que ceux de la Pologne, pensait du nouvel état de choses créé dans la Baltique et de la situation que l'Allemagne s'y était faite par les traités de Brest-Litowsk, par les conventions supplémentaires d'août 1918 relatives aux provinces baltiques et par son intervention en Finlande. Il est probable qu'elle devait voir sans satisfaction et non sans inquiétude, par l'assession d'un prince allemand au trône de Finlande, ce pays qui avait été si longtemps uni au sien et pensait recouvrer son indépendance, entrer sous la domination allemande et la Baltique devenir, dans sa plus grande partie, un lac allemand. Il est certain que les peuples scandinaves et ceux des provinces baltiques s'en préoccupaient et le *National Tidende* rapportait, dans la première semaine de septembre, que la Commission interparlementaire scandinave avait reçu la délégation estonienne de Copenhague pour une communication confidentielle qui ne pouvait qu'avoir trait à la question de la Baltique.

A l'occasion des événements actuels, il n'est peut-être pas inutile de rappeler un des moments les plus décisifs de l'histoire des pays scandinaves. Gustave-Adolphe, roi de Suède, à laquelle Gustave Wasa avait imposé le protestantisme, après s'être dressé contre la Pologne catholique et avoir pris pied dans le Nord de l'Europe, bien qu'il ait vu les princes luthériens d'Allemagne lui offrir d'entrer dans leur union, oubliant l'ancienne rivalité de la Suède et du Danemark, et soupçonnant l'ambition de la Maison de Brandebourg, encore obscure, faisait la paix avec la Pologne et, grâce à la diplomatie de Richelieu, qui avait à se défendre contre la Maison d'Autriche, entrait en lutte contre l'Empire, en entraînant avec lui le Danemark, les villes de la Hanse, les villes impériales et plusieurs princes d'Allemagne. On sait que Gustave-Adolphe et son armée, débarqués à Peenemunde, le 16 juillet 1630, après la campagne de 1631, se trouvait maître, avec ses alliés, de toute l'Allemagne, — et on se souvient qu'aux envoyés de Francfort-sur-le-Mein, qui venaient parlementer, il avait répondu ces paroles, qui montrent quel traitement demandait déjà l'Allemagne : « Je voudrais pouvoir vous épargner, mais l'Allemagne est un malade qui ne peut être guéri que par de violents remèdes ».

Par ces précédents historiques qui sont présents à toutes les mémoires, se trouve précisé le rôle que les Scandinaves peuvent être appelés à jouer dans la question de la Baltique, sans oublier celui qu'ils peuvent par cela même avoir dans celle de la Pologne, comme nous l'avons vu précédemment. Se souvenant de leur propre histoire et des vues de leurs grands hommes d'Etat, on voit dans quels sens et avec quel poids, bien qu'ils aient cru devoir conserver leur neutralité, ils pourraient du moins intervenir dans les décisions qui régleront les questions des provinces baltiques et de la Pologne, et auxquelles ils ne sauraient rester indifférents.

VI

FINLANDE

Les ambitions allemandes ne s'arrêtaient pas à la Courlande et à l'Estonie, et visaient également la Finlande. L'Allemagne profitait de la défection russe et du démembrement consécutif au mouvement bolcheviste pour prendre pied en Finlande, principalement par l'intermédiaire de l'élément finnois dont elle encourageait les revendications et ainsi cherchait à soustraire l'ancien duché suédois aux influences scandinaves qui y avaient toujours subsisté, afin de pouvoir, après s'être rendu maître de la partie méridionale de la Baltique, intervenir dans sa partie septentrionale et faire de cette mer un lac allemand.

A la faveur des événements actuels, l'élément finnois se prêtait à la pénétration de l'influence allemande, s'il ne s'employait pas à la faciliter aux dépens de l'influence suédoise qui, jusqu'alors, était dominante, car il estimait de cette façon la refouler à son plus grand profit, sans se rendre compte qu'en menant ce jeu l'influence finnoise comme l'influence suédoise risquaient fort d'être complètement absorbées par celle de l'Allemagne. La Finlande, sur une population de près de quatre millions d'habitants, compte, en effet, trois millions de Finnois et environ 400.000 Suédois, qui constituaient l'élément cultivé de la population et y jouaient un rôle prépondérant. En 1852, un décret interdisait de publier des livres en finnois, excepté les livres religieux, et jusqu'en 1886 le suédois demeura la langue officielle. A la suite d'un mouvement contre cet état de choses, auquel du reste l'élément suédois donnait son approbation, en sorte qu'il conservait la majorité dans le Gouvernement finlandais, une situation égale était faite aux deux langues. Les fonctionnaires devaient connaître le finnois et le suédois, et tout acte officiel devait être rédigé dans la langue de celui qui en faisait la demande, mesures qui sont encore aujourd'hui en vigueur. Cette lutte entre les deux éléments de la population s'apaise pendant l'oppression russe en 1905. Lors de la transformation du Parlement en une seule Chambre, l'élément suédois perdait sa prépondérance politique, alors que dans l'ancienne il avait la majorité dans deux Etats sur quatre.

Toutefois, l'Allemagne avait déjà pris pied commercialement et moralement en Finlande, mais on ne peut pas dire que, jusqu'alors, son emprise s'étendait véritablement sur ce pays et que son influence y prédominait. Certains éléments finlandais paraissaient même s'en défendre.

Avant la guerre, plus de 40 % de l'importation finlandaise était, en effet, de provenance allemande, et parmi les publications de l'Université d'Helsingfors, 57 étaient publiées en langue finnoise, 52 en suédois, 27 en langues diverses et 122 en allemand. Il serait cependant inexact de conclure de ces chiffres à une ingérence anticipée de l'Allemagne et de conclure immédiatement à une sujétion allemande. Si l'importation allemande était si considérable, c'est qu'une ligne directe de navigation entre l'Allemagne et Helsingfors permettait aux Finlandais de se procurer très rapidement, par colis postaux, les objets dont ils avaient besoin et qu'ils n'auraient pu obtenir que plus difficilement et au bout d'un temps beaucoup plus long en s'adressant à d'autres pays d'Europe. Au reste, une ligne directe est actuellement à l'étude entre la Finlande, les provinces baltiques et plusieurs pays de l'Europe occidentale, parmi lesquels figure la France, pour concurrencer l'Allemagne sur le marché de ces régions. Quant au chiffre des publications faites en allemand, il faut savoir que le finnois ne permettant pas aux étudiants finlandais de prendre contact avec la science ou la littérature européenne, auxquelles cette langue est étrangère, ou d'y faire connaître leurs travaux, et le suédois, pour la même raison, ne leur ouvrant que les pays scandinaves, la jeunesse universitaire se portait vers l'étude de la langue allemande qui était plus répandue et s'efforçait de publier ses thèses dans cette dernière, afin de rendre plus facile leur diffusion dans les principaux pays de culture européenne, d'y prendre position et d'accéder ainsi au mouvement général des idées. Maintenant cela ne veut pas dire que le prestige de la science allemande, qu'ici même certains n'ont pas craint d'accréditer, n'ait été pour rien dans ce choix. Mais conclure de ce fait à une véritable influence allemande, ce serait peut-être accorder à cette dernière une force qu'elle n'avait pas encore prise dans ce pays, et s'il est certain que ces dispositions et celles tenant aux rapports géographiques étaient favorables à son extension, il faut bien dire que là comme ailleurs, et dans des pays bien plus grands, rien n'était fait pour la contrebalancer, qu'elle ne s'y heurtait à aucun courant contraire et que, pour notre part, nous n'avons rien tenté pour l'entraver.

Il est vrai également qu'au début de la guerre une légion d'environ 3.000 hommes, comprenant des volontaires finlandais et des ouvriers travaillant en Suède et en Norvège, se formait et se rendait en Allemagne pour se joindre aux armées impériales. Mais il faut savoir que la décision de ces volontaires semble avant tout avoir été déterminée par la haine enracinée dans ce pays, comme dans les autres provinces baltiques, contre le régime d'oppression tsariste, et nous avons déjà montré quelle était la force de ce sentiment. En combattant à côté de l'Allemagne contre la Russie, ces volontaires pensaient combattre contre le régime russe et croyaient, par une singulière méprise, que c'était lutter pour leur indépendance. Peut-être aussi étaient-ils convaincus que l'Allemagne était seule capable de libérer la Finlande, partageant en cela, avec beaucoup d'autres, les illusions que l'Allemagne avait su donner par le prestige de son organisation militaire et l'activité de ses agents, et qu'elle encourageait ensuite par de fallacieuses promesses. Ce raisonnement simpliste, dont ils ont pu depuis juger la fausseté semble malheureusement être celui qui a déterminé leur erreur.

Au mois de mars 1917, on apprenait que le prétendu baron Rautenfels, l'agent allemand qui, profitant de l'office de courrier impérial dont il était chargé pour transporter des explosifs en Norvège, avait été expulsé de Christiania, en compagnie de deux Finlandais, à la suite de la découverte de bombes placées dans la valise diplomatique, et qui était en réalité un officier allemand du nom de Lerich, avait été envoyé d'Allemagne en Finlande. Il était arrivé à Stockholm en novembre 1916 et, depuis, y avait habité, faisant de fréquents voyages à Haparanda, Berlin, Copenhague et Christiania, recevant un volumineux courrier et particulièrement de nombreuses visites de voyageurs venant de Finlande, où il avait vécu plusieurs années. Sa mission semblait être d'agir sur l'opinion finlandaise au profit de l'Allemagne, en l'excitant contre les Etats scandinaves, si on en juge par le ton provocant adopté alors par certains journaux finlandais à l'égard de la Suède et de la Norvège.

D'après l'enquête menée en Norvège, l'organisation terroriste établie par les Allemands pour entraver les communications avec les pays alliés et dont les ramifications s'étendaient sur toute la Scandinavie, était montée avec le concours de Finlandais et particulièrement de Finnois. Deux de ces sujets finlandais appartenant à la bande de dynamiteurs chargée d'opérer en Norvège pour le compte de l'Allemagne, étaient, d'après le *Tidenens Tegn*, arrêtés, au milieu de 1917, à Kirkenaes, le grand établissement industriel créé à l'extrémité nord-est de la Norvège, sur les bords de l'océan Glacial, à quelques kilomètres de la frontière russe. Après s'être d'abord occupés en Finlande de recruter des adhérents, ils avaient, en décembre 1916, apporté huit bombes à Vardœ, le port norvégien situé à l'est du cap Nord, en relations fréquentes avec Kola et Arkhangel, afin de faire sauter des navires à destination de la Russie. L'entreprise ayant échoué, ces deux individus avaient été renvoyés à Kirkenaes, pour tenter un nouveau coup dans ces parages et, suivant toute vraisemblance, contre le chemin de fer de Kola.

Enfin, Mme Kolontaï, léniniste, qui siège parmi les membres du Comité exécutif, serait d'origine finnoise.

On disait, d'autre part, que des agents allemands travaillaient activement à mettre le Gouvernement finlandais dans la main de celui de Berlin et à le détacher de la Russie, afin de faire échec, dans ce pays, à la République russe, en la menaçant même d'un soulèvement si l'Allemagne n'obtenait pas les avantages qu'elle désirait. Il paraît en tous cas probable qu'il y eut des conversations avec un groupe finlandais habitant Stockholm qui entreprit, prétendent les Finlandais, de négocier sans mandat et sans appui, mais dont les événements n'ont fait malheureusement que favoriser les plans.

*
* *

Quel que soit l'étonnement qu'on éprouve devant la politique suivie par la Finlande, la situation qui lui était faite dans l'Empire russe, et dont elle avait souffert, permet cependant de comprendre comment elle se trouvait préparée à adopter la voie où elle s'est engagée. On voit comment, au moment où l'Allemagne, enivrée par ses succès orientaux, après avoir dissocié la Russie en se servant des Bolcheviki et, conformément à ses procédés, cherchait à créer une menace pour tous les Etats scandinaves, bien qu'elle ne tînt cependant pas à se brouiller avec eux et qu'elle essayât de les attirer dans sa sphère d'influence, la Finlande pouvait profiter de certaines circonstances pour accepter un rapprochement avec cette dernière, qu'elle croyait seule capable de lui assurer l'indépendance, en tendant à l'isoler de la Suède tout en la libérant du joug russe.

La Finlande avait, en effet, beaucoup à se plaindre de la Russie. Après la guerre russo-suédoise de 1808-1809, à la fin de laquelle Napoléon fait don à Alexandre Ier de la Finlande envahie par ses armées, cette dernière est arrachée à la Suède qui l'avait conquise aux XIIe et XIIIe siècles et qui, depuis le XIVe, participait par ses représentants à la législation et à l'élection du roi dans le royaume de Suède. Les Finlandais, qui étaient liés par toute leur histoire aux Suédois et par l'intermédiaire desquels ils avaient été mis en contact avec la civilisation occidentale, ne pouvaient accepter d'être aussi brusquement rattachés aux Russes, dont la langue était étrangère aussi bien aux éléments finnois qu'aux éléments suédois de la Finlande, et passer brutalement du régime constitutionnel de la Suède sous l'autocratie de la Russie. Sans doute, Alexandre Ier proclamait, le 15 mars 1809, une sorte de charte fondamentale de l'autonomie finlandaise et ouvrait la Diète, à Borga, en déclarant, conformément à ses engagements antérieurs, qu'il entendait conserver « les lois et la constitution du pays, les droits et privilèges de tous les Etats, en général, et de chaque citoyen, en particulier »; mais ce manifeste n'était qu'un programme et le régime qu'il préconisait ne devait être introduit qu'en 1910. Ses successeurs, Nicolas Ier, Alexandre II et Alexandre III, prenaient soin de donner les mêmes assurances aux Finlandais. Mais Nicolas II, par le manifeste impérial du 15 février 1899, prétendait introduire une distinction dans les questions législatives entre celles touchant la Finlande et celles intéressant l'empire, dont il se réservait l'appréciation, et ainsi portait atteinte à la Constitution finlandaise. La Diète était déchue de son rang d'assemblée délibérative et n'avait plus que voix consultative, en sorte que toute la législation finlandaise dépendait du pouvoir autocratique du tsar et devenait soumise à la bureaucratie russe. Malgré les protestations des Finlandais, Nicolas II refusait de recevoir leurs délégués; une adresse, dont l'initiative avait été prise par des personnalités françaises et qui lui avait été présentée par une députation internationale, n'obtenait pas un meilleur accueil. L'assassinat du gouverneur général Bobrikoff révélait le mécontentement profond produit par ces mesures et de nouvelles dispositions étaient prises le 4 novembre 1905, qui rétablissaient en Finlande l'ancien état de choses. La Diète finlandaise dotait de suite le pays d'une représentation populaire, avec une Chambre unique, les droits de vote et d'éligibilité étant égaux pour tous les citoyens et citoyennes, et se hâtait d'accomplir des réformes politiques et sociales dans un sens démocratique. Mais les éléments réactionnaires hostiles à la Finlande reprenaient peu à peu leur influence. Le 5 mai 1908, Stolypine demandait à la Douma son concours pour « soutenir contre la Finlande les droits historiques de souveraineté de la Russie » et, par la publication des règlements du 20 mai 1908, rouvrait le conflit politique russo-finlandais. Le 2 juin 1908, Nicolas II sanctionnait un décret attribuant au Conseil des ministres russe le contrôle suprême de la législation et de l'administration qui dépendaient directement du souverain. Le 30 juin 1910, la loi dite de législation d'Empire, votée par la Douma malgré les protestations de l'opposition qui quitta la salle des séances, reprenant les principes du manifeste de 1899, étendait au grand-duché de Finlande les lois et ordonnances de la Russie, et ruinait l'effet des précédentes mesures en reportant aux organes législatifs russes toute autorité dans les questions finlandaises. De plus, l'appui donné aux Finlandais par les libéraux et les socialistes russes n'était pas sans nuire à leur cause auprès du gouvernement du Tsar. On put croire, un moment, à la suite des déclarations des Gouvernements de l'Entente visant le droit et la liberté des petites nations, que la guerre amènerait la cessation du régime d'oppression et de russification, et, après la proclamation du grand-duc Nicolas aux Polonais, on s'attendit à une manifestation analogue en faveur de la Finlande. Mais, dès le mois de septembre 1914, le général Seyn recevait les mêmes

pouvoirs illimités que Bobrikoff et le peuple finlandais, irrité
par les mesures que ce dernier avait prises, accueillait avec
satisfaction le manifeste du 20 mars 1917, par lequel le Gouvernement provisoire russe, issu de la révolution, établissait
en Finlande l'ordre légal existant avant 1899. Il était dit dans
cette proclamation : « Par acte gouvernemental, nous assurons
solennellement l'inviolabilité du droit d'autonomie intérieur
au développement national et à l'usage de ses propres langues,
droit qui, conformément à la Constitution, revient au peuple
de Finlande. Nous exprimons, en outre, le ferme espoir que le
respect des lois unira désormais la Russie et la Finlande dans
une amitié réciproque, et cela pour le bonheur des peuples
libres de Russie et de Finlande ».

Toutefois, Kerensky, arguant que la Constituante avait seule
le droit de transférer les droits appartenant au souverain de la
Finlande au gouvernement du pays, refusait pendant plusieurs
mois de ratifier ces promesses et de donner satisfaction aux
revendications finlandaises. Enfin, le Gouvernement provisoire
se décidait à soumettre à l'examen de la Diète un projet de
loi, mais ce projet, tout en comportant une certaine extension
des droits de la Finlande, réservait au Gouvernement russe la
décision en dernier ressort dans toutes les questions extérieures,
diplomatiques et militaires qui l'intéressaient.

Le 18 juillet 1917, à l'instigation des soldats russes du Soviet
de Petrograd, cantonnés à Helsingfors, la majorité socialiste à
la Diète de Finlande votait, par 166 voix contre 55, un projet
de loi relatif à la constitution du pouvoir en Finlande, qui,
sauf une restriction insérée en ce qui concernait la question
de la politique extérieure et d'ordre militaire, et une autre
stipulation peu claire, proclamait en fait l'indépendance de la
Finlande et attribuait à la Diète, au moins en ce qui concernait
les affaires intérieures du pays, des pouvoirs législatifs et admi-
nistratifs souverains.

D'après ce vote, la Diète nommait le pouvoir exécutif en
Finlande. Il était temporairement remis au Sénat, qui constituait le pouvoir exécutif et gouvernemental en Finlande, et
dont les membres étaient désignés et renvoyés par la Diète.
Tous les droits anciens que l'Empereur tenait de la Constitution finlandaise en sa qualité de grand-duc de Finlande et que
le Gouvernement provisoire russe n'allait pas tarder à reven-

diquer, passaient à la Diète, et les partis démocrate et activiste, dont les sympathies allaient très nettement vers l'Allemagne, passaient pour s'être déjà entendus en secret sur tout ce qui avait trait au poste et aux fonctions de gouverneur russe en Finlande. Mais le projet contenant cette stipulation et voté par une majorité qui restait discutée, ne devait jamais être appliqué.

Le soir du 19 juillet, à la première séance que tint la Diète de la Finlande autonome, le vice-président du Sénat, M. Tokoï, socialiste, déclarait à la Diète, en son nom et au nom de ses collègues, qu'en présence des nouvelles conditions politiques, les membres du gouvernement résignaient leurs fonctions et mettaient leurs postes à la disposition de la Diète. Mais celle-ci, sur la proposition de M. Ayroll, chef de la fraction socialiste démocrate, priait les membres du gouvernement de rester au pouvoir jusqu'à l'organisation par la Diète d'une nouvelle administration du pays.

Le 20 juillet avait lieu la proclamation de l'indépendance de la Finlande.

Devant cette situation, le Gouvernement provisoire russe, au début d'août 1917, répondait à ce vote par la dissolution de la Diète de Finlande et, en vue de la promulgation de cette mesure, communication en était donnée aux Finlandais d'Helsingfors par le gouverneur général, qui prenait soin de faire ressortir que le gouvernement, après avoir épuisé tous les moyens pour arriver à un accord et ne voulant pas employer la force, croyait devoir faire appel au peuple finlandais en recourant à de nouvelles élections.

Dans une réunion commune tenue par le Soviet et les comités navals et régimentaires, en présence du gouverneur général, du commandant de la flotte, du vice-président du Sénat, M. Tokoï, et du leader des socialistes démocrates finnois, M. Suttenen, après de vifs débats, des résolutions étaient votées affirmant que :

1° Tous les citoyens russes doivent obéir aux ordres du Gouvernement provisoire, qui est l'organe légitime de la démocratie révolutionnaire russe;

2° La démocratie finlandaise a commis une erreur en proclamant son autonomie sans accord préalable avec la démocratie russe;

3° La seule issue à la situation serait une commission mixte comprenant en nombre égal des représentants des démocraties russe et finnoise pour le règlement du conflit.

Le Sénat, siégeant sous la présidence du gouverneur général, décidait de promulguer, à la majorité de 7 voix contre 6 socialistes, le manifeste du Gouvernement provisoire avisant la population de la dissolution de la Diète et chargeant le Sénat de la faire publier. Cette décision était communiquée à la Diète et le président socialiste, sans donner lecture de ce manifeste, déclarait que les travaux de la Diète étaient suspendus jusqu'à nouvel ordre.

Ce manifeste était conçu dans les termes suivants :

Le Gouvernement provisoire a reçu l'adresse de la Diète de Finlande, datée du 25 juillet, ainsi que le texte des résolutions prises par elle de son propre chef, relativement à l'exercice du pouvoir suprême en Finlande.

Selon la Constitution, la Finlande jouit de l'autonomie intérieure exclusivement dans les limites des rapports juridiques établis entre elle et la Russie, dont le principe fondamental a consisté toujours dans la communauté d'une personne investie du pouvoir gouvernemental suprême. A la suite de l'abdication du dernier empereur, toute la plénitude du pouvoir lui appartenant, y compris les droits du grand-duc de Finlande, ont pu passer uniquement au Gouvernement provisoire investi par le peuple russe du pouvoir suprême, sinon les droits du grand-duc devraient être considérés comme lui appartenant jusqu'à ce jour.

Le Gouvernement provisoire, qui a prêté publiquement serment de sauvegarder les droits du peuple à la puissance russe, ne peut pas renoncer à ses droits jusqu'à l'Assemblée constituante. Continuant à considérer comme son devoir et l'objet de ses soucis de sauvegarder le développement des droits de l'autonomie intérieure de la Finlande, conformément au manifeste publié par lui le 20 mars 1917, le Gouvernement provisoire, en même temps, ne peut pas reconnaître à la Diète finlandaise le droit, de son propre chef, de préjuger la volonté future de l'Assemblée constituante russe et d'annuler le mandat du pouvoir russe dans les questions de législation et d'administration de la Finlande.

Néanmoins, les décisions prises par la Diète modifient dans leur essence même les rapports juridiques réciproques de la Russie et de la Finlande, et portent atteinte à la base de la Constitution finlandaise en vigueur.

Que le peuple finlandais lui-même escompte donc son sort. Celui-ci ne peut se décider que d'un commun accord avec le peuple russe.

Ayant ordonné, par conséquent, de procéder à de nouvelles élections dans le délai le plus rapproché, le 1er et le 2 octobre 1917, le Gouvernement provisoire a jugé bon de dissoudre la Diète, convoquée par lui le 4 avril 1917, et de fixer la convocation de la nouvelle Diète au plus tard au 1er novembre 1917.

Par conséquent, toutes les personnes qui seront élues en qualité de députés de la Diète, devront arriver à Helsingfors un jour qui sera fixé spécialement, afin d'y exercer leurs obligations, conformément au statut de la Diète.

Lors de l'ouverture de la Diète, celle-ci sera saisie par le gouvernement, conformément aux lois en vigueur, d'un projet de loi relatif au règlement des affaires intérieures de la Finlande.

La majorité socialiste, se refusant toutefois à considérer la Diète comme dissoute, et les partis d'opposition manifestant même l'intention de poursuivre la session interrompue dans une autre ville finlandaise, le Gouvernement provisoire envoyait à Helsingfors un régiment de cosaques et d'auto-mitrailleuses. Des assemblées populaires adressaient à la Diète des vœux lui demandant de ne pas se considérer comme dissoute et de se réunir dans une autre ville.

Le 29 août 1917, une centaine de députés socialistes, ou appartenant à d'autres fractions de la Diète, tentaient de pénétrer dans la salle des séances, mais des troupes y avaient été envoyées et une sentinelle les empêchait d'y arriver. M. Manner, président de la Diète, protestait contre ces mesures auprès du gouverneur général, qui portait cette protestation à la connaissance du Gouvernement provisoire.

Les socialistes, disent leurs adversaires, auraient voulu profiter de la majorité éphémère que l'abstention des partis bourgeois aux élections de 1916 leur avait procurée pour faire passer en Finlande une nouvelle Constitution, et conformément à la tactique des luttes politiques et à l'attitude habituelle des partis, ils les accusaient d'avoir essayé de le faire au profit du mouvement révolutionnaire russe qu'ils avaient tendance à opposer à l'ordre allemand alors que l'Allemagne s'employait à le déchaîner et bien que sa menace ne se fut point encore fait nettement sentir. D'autre part, la dissolution décidée par le Gouvernement russe, et que les socialistes n'acceptaient pas, aurait, d'après leurs adversaires, été approuvée par la majorité de la population du pays. Les nouvelles élections donnaient la majorité aux partis bourgeois, constitués par le parti national suédois, le parti jeune-finnois et vieux-finnois, et le parti agraire composé de petits propriétaires fonciers.

Dans la résolution votée au congrès socialiste finlandais qui se tenait au mois de septembre 1917, les socialistes finlandais déclaraient, en ce qui concerne les relations entre la Finlande et la Russie, que la population finlandaise n'éprouvait aucune aversion pour le peuple russe; ils affirmaient que la Finlande, république indépendante, demandait seulement à vivre librement à côté d'une Russie libre, qu'elle ne voulait même pas essayer de s'en isoler économiquement et que, ne jugeant pas utile d'entretenir une armée permanente, il serait injuste que la Russie revendiquât le droit d'entretenir des garnisons dans les territoires finlandais. Il était dit dans ce document :

> Les relations entre les deux pays doivent être réglementées à l'amiable et en tenant compte des intérêts réciproques. Cependant, nous ne pouvons pas laisser au Gouvernement russe la faculté de dissoudre la Diète finlandaise, ni celle d'en contrôler les travaux. Nos représentants doivent avoir le droit de disposer librement des finances du pays, de lever des impôts, d'organiser les douanes, car il serait inadmissible que nos ressources financières fussent exploitées au profit du capitalisme russe au lieu d'être utilisées pour favoriser le développement du peuple finlandais.
>
> Pour la même raison, c'est à notre gouvernement que doit appartenir exclusivement la nomination des fonctionnaires, et c'est notre Parlement qui doit édicter les réformes indispensables à l'amélioration matérielle et morale de la situation de la classe ouvrière.
>
> En un mot, la social-democratie finlandaise ne veut pas que le pays soit en tutelle et revendique, dans sa plénitude, l'indépendance politique.

Le 1er novembre 1917, la nouvelle Diète se réunissait et le Gouvernement russe lui soumettait un projet de loi concernant les relations entre la Finlande et la Russie, élaboré par le Gouvernement finlandais, qui lui accordait une autonomie complète pour ses affaires intérieures, tout en réservant la compétence du Gouvernement russe pour les affaires extérieures. Mais survint le renversement du Gouvernement provisoire russe par les Maximalistes. Alors, en face de l'extension prise par le mouvement bolcheviste, qui devenait menaçant, devant le mécontentement soulevé par les excès commis par les troupes russes cantonnées sur le territoire finlandais et qui y avaient établi un véritable régime de terreur par suite du manque d'énergie des autorités russes, la Finlande se trouvant sans organe tutélaire du pouvoir suprême après le renversement du gouvernement légal en Russie, l'indépendance de la République finlandaise était proclamée, le 5 décembre, devant la Diète par le président du « Sénat », c'est-à-dire par le chef du gouvernement établi à Helsingfors. La Diète proposait de déléguer le gouvernement à un Directoire composé de trois membres, ce qui ne fut point réalisé et, comme nous allons le voir, celle-ci se retournait contre le Gouvernement des Bolcheviki et la Finlande se séparait de la Russie.

Déjà, avant la révolution, les activistes suédois et finlandais, qui entretenaient des relations avec l'Allemagne en vue d'un débarquement allemand et d'une marche sur Petrograd, avaient tramé toutes sortes d'intrigues; mais c'est surtout à partir de la fin de 1917, à la faveur de la révolution russe qui commençait à pénétrer en Finlande, qu'on voit l'Allemagne, qui n'avait cessé d'agir activement par ses agents de Stockholm et d'Haparanda, se livrer à toutes sortes de manœuvres à Helsingfors, Tammerfors et, bientôt, y intervenir ouvertement.

Les partis finlandais, dont les tendances s'étaient exaspérées au souffle de la révolution russe et les dissentiments avaient été envenimés par le travail obscur des agents allemands, ne tardaient pas à livrer la Finlande aux dissensions intestines.

A la fin de 1917, les Bolcheviki entreprenaient de fomenter la Révolution rouge en Finlande et leur but était, par la Finlande, de l'étendre aux pays scandinaves et, par eux, à toute l'Europe. Le plan des Rouges, conformément à l'idée bolcheviste, était, au commencement de février 1918, de déterminer simultanément un mouvement révolutionnaire dans plusieurs pays, et le Gouvernement bolcheviste, derrière lequel se dissimulait la main allemande, fournissait aux chefs des révolutionnaires tous les moyens en vue de mener à bien cette entreprise et mettait à leur disposition les ressources nécessaires pour sa réussite. D'après une interview prise par un des rédacteurs de l'*Isviestiya*, organe officiel du gouvernement de Lénine, M. Kullervo Manner, un des chefs des Rouges finlandais (1), affirmait que le prolétariat finlandais, malgré sa défaite, était résolu à ne pas abandonner ses projets et que son échec était dû exclusivement au fait qu'une collaboration révolutionnaire dans le Centre et l'Ouest de l'Europe n'avait pas été réalisée à temps; il déplorait l'incoordination des mouvements qui s'étaient produits dans plusieurs pays à des moments différents, et dont il grossissait singulièrement l'importance.

Il faut dire que le parti socialiste finlandais, d'après sa composition, ne pouvait, paraît-il, être exactement comparé au parti de même nuance d'autres pays : on ne trouvait point,

____

(1) Voir *Suometar*, 8 juin 1918.

parmi ses membres, de personnalités marquantes aussi nombreuses, ni dans son sein la même organisation; il se serait, avant tout, présenté comme un parti révolutionnaire s'opposant simplement et brutalement aux partis bourgeois et il n'allait pas tarder à recevoir des Bolcheviki les inspirations les plus fâcheuses. A la population de manœuvres et d'illettrés qui en formait la majorité se joignaient bientôt toutes sortes d'éléments douteux, et, aux soldats bolchevistes russes incapables de jouir encore de la liberté qui fomentaient des intrigues et entretenaient l'agitation, se mêlait un millier de condamnés de droit commun qui avaient été relâchés par un décret d'amnistie.

L'anarchie russe, qui devait nécessairement avoir une répercussion en Finlande, s'étendait rapidement à la faveur de ces circonstances et les méfaits commis par les troupes maximalistes, la famine qui sévissait, le mécontentement produit dans les milieux socialistes par la perte de la majorité que ce parti avait obtenue à la Diète la première fois, créaient une atmosphère favorable à un mouvement populaire. Les Rouges, désirant appliquer en Finlande les idées des Bolchevistes russes, commencent par perquisitionner dans toutes les maisons bourgeoises pour prendre les armes qu'ils espéraient y trouver et se procurer des vivres, et ces perquisitions n'étaient que le prétexte d'odieuses violations de domicile; puis, à l'instigation de Trotzky, et sûrs de pouvoir compter, le cas échéant, sur les troupes russes, le 27 janvier 1918, chassent le Sénat d'Helsingfors et s'emparent du pouvoir. Ils prennent possession des chemins de fer, de la poste et du télégraphe, des administrations et des banques, et instituent un nouveau gouvernement composé de sept journalistes, d'un menuisier, d'un ajusteur et d'un ouvrier mécanicien. Ce gouvernement déclarait dans une proclamation :

Il faut prendre les mesures les plus énergiques pour transformer toute l'organisation d'Etat, anéantir la bureaucratie et les anciens instruments d'oppression; les impôts doivent peser exclusivement sur les riches exploiteurs, les fermiers doivent être délivrés du pouvoir des propriétaires, les capitaux des banques être placés sous le contrôle social pour dominer rapidement le capital industriel et commercial (1).

---

(1) D'après M. Henry Laporte. *Quatre mois de bolchevisme (Russie, Finlande)*, janvier-avril 1918. *Le Correspondant*, 10 juin 1918, p. 909.

Cependant tout le parti social-démocrate ne paraît pas avoir approuvé le mouvement qui amena ce coup d'Etat et déchaîna la Révolution rouge. Celui-ci, aurait été l'œuvre d'un petit groupe qui se serait mis à la tête du parti, sans consulter son conseil ni le groupe parlementaire, d'après certaines protestations qui se sont produites depuis et sans qu'on puisse juger si ces protestations, qui n'ont pas été formulées en décembre 1917 ou janvier 1918, alors qu'elles auraient pu être utiles, n'ont pas été tardivement présentées par suite de la tournure prise par les événements et afin de dégager la responsabilité du parti socialiste. Le Dr. Ryöma, qui appartient à ce parti, dans une brochure intitulée *Les Evénements de la Révolution*, critiquait sévèrement cette entreprise et déplorait les procédés à l'aide desquels elle avait été conduite : arrestation de conseillers municipaux, grève de la police, accaparement de vivres, crimes commis par les gardes rouges, procédés mensongers, déformation des événements et des idées auxquels les promoteurs de cette agitation ne craignaient pas d'avoir recours. Il écrivait : « Ces demi-mensonges étaient caractéristiques pour le parti social-démocrate à tel point que les ouvriers finirent par croire qu'ils étaient indispensables : quiconque ne les pratiquait pas était considéré comme un naïf et un suspect ».

Dans une brochure intitulée *Que devient le Mouvement ouvrier en Finlande?* deux anciens députés socialistes, MM. V. Blomqvist et O. Piisinen, écrivaient également : « Le parti social-démocrate a été envahi par des éléments sortis du bas-fonds de la société; ce sont eux et la soldatesque russe qui l'ont entraîné sur le chemin de la violence » (1).

Les Rouges, sous la direction de MM. Manner, président de la Diète, et Tokoï, président du Conseil, mais dont le chef nominal était M. Haapalainen et dont les troupes étaient, en partie, dirigées par des officiers bolchevistes russes, installaient un gouvernement à Helsingfors, puis, après l'arrivée des Allemands, se réfugiaient à Viborg; et les Blancs, dont M. Svinhufvud devenait le chef, et le général Mannerheim prenait le commandement militaire, installaient le leur à Vasa, sur le golfe de Bothnie. Le départ de M. Svinhufvud, qui se tenait caché à Helsingfors, avait été facilité par l'intervention de quelques-

---

(1) *Vasa*, mars 1918, p. 6.

un de ses amis. Ceux-ci, s'étant fait passer pour des Bolchevistes, aidèrent à le capturer et à l'emmener à bord d'un navire
de guerre qui devait le conduire à Petrograd, mais, en cours
de route — on peut toutefois se demander avec quelle aide et
d'où vint la facilité qui lui fut donnée pour cette navigation —
ces mêmes hommes forcent, par la menace, le commandant à
diriger le navire sur Reval. Il y débarque, gagne la Suède et de
là repasse en Finlande. Déporté en Sibérie lors du mouvement
de 1905 et revenu en Finlande en 1917, on aurait pu croire que
ce dernier allait s'employer à la défense de son pays et travailler à son indépendance, mais on le voyait immédiatement
s'engager dans la voie contraire.

Il faut rappeler, pour aider à comprendre l'enchaînement
des événements qui vont se dérouler, qu'à l'automne 1917 les
Finlandais, prévoyant un débarquement allemand en Finlande
et la marche des Allemands sur Petrograd, craignaient que,
sous la pression des forces allemandes, les troupes russes se
retirassent en dévastant le pays, comme elles l'avaient fait
ailleurs, et, pour y parer, des corps secrets de protection
avaient été formés, qui devinrent le noyau de l'armée blanche
dont allait se servir le gouvernement de M. Svinhufvud.
N'ayant pas été dans l'obligation de lever des hommes, n'ayant
pas souffert de la guerre, n'ayant pas de raisons directes de se
dresser contre l'Allemagne, il n'est pas surprenant que les
Finlandais, bien que cela ne parte évidemment pas d'un sentiment très généreux, n'aient songé d'abord qu'à sauvegarder
leur pays, et, d'autre part, le ressentiment qu'ils conservaient
contre l'oppression russe et qui ne les avait point fait participer
à la guerre aux côtés de la Russie, ne leur permettait pas
davantage de comprendre comment la guerre devait être poursuivie contre les Allemands, étant donnée leur manière de la
conduire et, par suite, ils ne pouvaient y entrer, ou tout au
moins y participer de la même manière que les adversaires de
l'Allemagne. Si, n'ayant pas compris le sens du grand mouvement qui se dessinait dans le monde contre l'Allemagne, ils
n'ont pas été guidés par des considérations plus générales et
plus élevées, ils n'ont fait en cela, — ce qui n'est évidemment
pas à leur éloge, — que suivre, comme d'autres peuples, leur
intérêt immédiat sans se soucier de l'avenir de leur pays qu'ils
compromettaient, et les difficultés que cette politique allait leur

créer montrent le vice de la situation dans laquelle ils se trouvaient placés. Les seules raisons qui puissent être invoquées à leur décharge sont que l'éloignement pouvait changer pour eux la perspective des événements qui bouleversaient l'Europe et que leur animosité justifiée contre l'oppression russe mettait une sorte d'écran entre eux et ces derniers.

Le général finlandais Mannerheim, qui vint de Russie, put, avec des volontaires et en capturant par surprise les troupes russes cantonnées dans les provinces d'Ostrobothnie et de Carélie, se procurer les armes qui lui manquaient complètement au début, organiser les troupes blanches et repousser les premières attaques des Rouges. A la fin de janvier et au commencement de février 1918, il crée une base d'opérations ayant Vasa comme centre, relie les deux provinces les plus riches et où la disette était la moins grande, d'Ostrobothnie et de Carélie, et maintient par la prise d'Uleåborg et de Tornéa toutes les communications avec la Suède. Mais ce n'est que vers le milieu de mars que l'organisation de son armée est assez avancée pour lui permettre d'entreprendre une offensive dirigée contre Tammerfors. La lutte entre les Rouges, qui avaient une armée de 70.000 hommes environ, et les Blancs, qui n'étaient d'abord que quelques milliers mais dont le nombre s'éleva rapidement grâce aux renforts de toutes sortes que se procura le général Mannerheim et au concours d'éléments étrangers qu'il allait obtenir, dura de février à mai 1918, et la Finlande, pendant ces tristes mois, connut toutes les horreurs de la guerre civile.

Dans un meeting d'ouvriers tenu à Stockholm dans les premiers jours de février, M. Branting se prononçait pour la médiation de la Suède entre les deux partis de la guerre civile en Finlande et déclarait qu'il ne pouvait pas croire que les ouvriers finnois s'opposeraient à des mesures prises dans ce but ou que, parmi les Blancs, des hommes conscients de leur responsabilité ne verraient point le tort que pourrait porter à la jeune nation de la Finlande la continuation de la guerre civile. Une résolution était adoptée protestant contre toute intervention armée, exhortant le gouvernement à faire une tentative de conciliation et invitant les socialistes finnois à ne pas s'opposer à une médiation éventuelle de la part de la Suède.

Les gardes blancs avaient tout d'abord eu facilement raison

des garnisons russes d'Ostrobothnie, de Carélie et de Savolax;
mais dans le Sud, les Rouges, à qui les Russes avaient fourni
une puissante artillerie, opposaient une énergique résistance.
D'autre part, les Russes, qui tenaient la forteresse de Sveaborg,
pouvaient bombarder Helsingfors et détruire la ville. A ce
moment critique, les Allemands, d'accord avec le gouvernement de M. Svinhufvud, qui, devant ces difficultés, avait fait
appel à l'Allemagne, commencent à débarquer dans le Sud de
la Finlande, le 3 avril, à Hangœ, port où d'importants travaux
de fortifications maritimes avaient été entrepris sous le régime
tsariste et situé à l'entrée du golfe de Finlande, à environ
120 kilomètres à l'ouest de la ville d'Helsingfors, avec laquelle
elle est reliée par une ligne de chemin de fer longeant la côte.
De là ils marchent sur la capitale et s'en emparent. Quand les
Rouges voient leur défaite certaine, ils se livrent à toutes sortes
de déprédations, d'atrocités et, pendant les dernières semaines
de la guerre, dévastent les contrées du Sud, les plus fertiles du
pays, détruisent ou emportent des stocks de blé considérables
et se livrent à des violences sur les personnes.

Pour justifier cet appel à l'Allemagne et expliquer ce recours
à une intervention étrangère, les Blancs affirmaient que la
Finlande, acculée à une situation très critique, n'aurait pu,
dans ce moment de détresse, se libérer des Bolcheviki par ses
propres forces; selon une déclaration du général Mannerheim,
la Finlande, seule, n'aurait pu y parvenir, au bout d'un temps
bien plus long, qu'en y mettant un prix excessif, et l'intervention allemande n'aurait fait qu'abréger la crise et éviter une
effusion de sang plus grande. Quelles qu'aient été les raisons
qui amenèrent, comme nous allons le voir, le gouvernement
blanc à prendre ce parti et les voies qu'il employa pour se procurer ce secours, l'intervention allemande lui assurait le pouvoir en l'aidant à maîtriser les Rouges, et l'Allemagne n'était
pas sans y trouver son avantage. La situation était donc fort
complexe, car la Finlande, après avoir espéré que la révolution
russe lui permettrait de recouvrer son indépendance, voyait le
mouvement bolcheviste lui apporter le désordre et raviver l'animosité et la méfiance des Finlandais à l'égard de la Russie.
Alors, contre ce mouvement dont il était possible de trouver en
Allemagne quelques-unes des causes qui en avaient favorisé le
déchaînement et qui la contaminait, la Finlande, à la suite du

renversement de la situation politique créée en Russie, n'avait plus hésité à faire appel à l'étranger et à recourir à l'Allemagne pour se libérer. Elle permettait ainsi à l'Allemagne de s'employer maintenant ouvertement contre les Rouges dont celle-ci s'était servi auparavant pour prendre pied dans ce pays.

Il est difficile de dégager actuellement les conditions réelles dans lesquelles l'intervention allemande a eu lieu et nous manquons encore actuellement de renseignements certains à ce sujet. On dit que, dans le cours de février 1918, au milieu de la guerre civile finlandaise, le Gouvernement des Blancs, par l'intermédiaire de M. Gripenberg, ministre finlandais à Stockholm, avait d'abord demandé verbalement des armes à la Suède et sollicité son appui militaire, mais que le Cabinet suédois, présidé par M. Eden, refusa d'intervenir. Préoccupé sans doute du maintien de la Suède en dehors du conflit, il estimait qu'en asquiesçant à cette demande il risquait de compromettre la neutralité suédoise et, en se chargeant de coopérer à cette opération de police, il craignait une rencontre de la Suède avec l'Allemagne qui, étant données les circonstances, s'emparerait du prétexte d'aider au rétablissement de l'ordre pour intervenir et entrer dans le pays, comme elle venait de le faire en Ukraine, et, à ce moment, le Cabinet suédois semblait considérer à tort le danger allemand dans la Baltique comme un moindre mal à côté de celui d'être entraîné dans le conflit mondial. Une intervention en Finlande aurait, à son avis, comporté non seulement l'entrée de la Suède en guerre contre les Maximalistes russes, mais aussi une action entreprise en collaboration inévitable avec l'Allemagne, puisque la mener sans elle ce n'aurait pu être que la faire contre elle, et que la Suède ne voulait point s'y risquer. Enfin, les tendances socialistes de quelques membres influents du ministère de M. Eden, qui est le chef du parti libéral, n'étaient peut-être pas sans l'avoir incité à maintenir à tout prix la Suède en dehors de la guerre, bien qu'il y fut laissé libre cours aux manœuvres des Germanophiles et que celles-ci n'aient pas été sans prolonger le conflit ou créer des situations excessivement critiques comme celles qu'elles avaient amenées en encourageant le mouvement bolcheviste. Une intervention effective de la Suède aurait pu cependant être assez facilement résolue et aurait certainement contribué à la terminaison rapide de la guerre en Finlande, car l'Allemagne, qui était très occupée par les affaires russes et préparait une grande offensive sur le front occidental, se serait sans doute bien volontiers dispensée d'y envoyer des troupes. La Finlande, déçue par la fin de non recevoir opposée par la Suède, se serait alors tournée vers l'Allemagne et aurait, par une note en date du 20 février, renouvelé sa demande à la Suède, en même temps qu'elle s'adressait à cette dernière. Quelques journaux finlandais et les activistes suédois exploitaient le refus de la Suède en faveur de l'Allemagne et prétendaient, ce qui ne semblait qu'une explication fournie pour les besoins de la cause et destinée à couvrir ses entreprises, qu'en agissant comme il l'avait fait le Gouvernement de Stockholm avait jeté la Finlande dans les bras de l'Allemagne.

M. Eden répondait à ce grief en révélant, dans son discours de Linköping du 20 mars 1918, qu'une demande d'intervention avait été adressée par les Blancs à l'Allemagne, en même temps qu'à la Suède et que, par conséquent, le refus de cette dernière ne pouvait avoir déterminé la demande des Blancs à Berlin. S'il en avait bien été ainsi et si la demande avait été double, le Cabinet suédois paraissait mal fondé à chercher de ce côté une excuse, car l'Allemagne ne pouvait en prendre ombrage et il ne pouvait rien avoir à redouter du Cabinet de Berlin, dont une démarche unilatérale aurait pu seule éveiller la susceptibilité; en dépit des raisons qu'il invoquait, il se trouvait placé dans la meilleure position pour ne pas se désintéresser de la Finlande et, au besoin, faire prévaloir ses vues en toute liberté. Du reste, le Gouvernement finlandais croyait devoir contester l'assertion présentée par la Suède pour se dégager et déclarait qu'il était à même de prouver qu'il n'avait fait appel à l'Allemagne qu'après le refus de Stockholm.

D'après une étude publiée sous le titre : « L'aide suédoise en Finlande », dans la revue *Svensk Tidskrift* (1), par le lieutenant-colonel comte Archibald Douglas, un des officiers suédois engagés dans l'armée finlandaise, qui fit partie, dès le début de la guerre de l'état-major du général Mannerheim, il ressort que le général Mannerheim s'était opposé, devant le Sénat, à toute intervention étrangère officielle, aussi bien suédoise qu'allemande, et aurait déclaré qu'il était à même d'agir avec les

---

(1) Voir *Stockholm Dagblad,* 5 juillet 1918.

forces dont il disposait, à condition que des armes et des munitions lui fussent fournies rapidement en quantité suffisante et qu'on facilitât de toutes manières l'engagement des volontaires suédois. Le Sénat ne partagea pas cette manière de voir et ne se rangea pas à son avis. De son côté, la Suède se montrait très peu disposée à fournir des armes et des munitions, et à donner des facilités aux volontaires qui voulaient s'engager. Toutefois, en dehors de la « brigade suédoise », qui n'était qu'un mot et n'aurait compté, contrairement à ce qui a été dit, que quelques centaines de volontaires suédois, des officiers suédois faisant fonction d'instructeurs de l'infanterie, tel que le colonel comte Adolf Hamilton, et des officiers suédois attachés au grand quartier général et aux états-majors, rendirent de grands services.

On peut se demander, en tous cas, pourquoi la Finlande ne s'était point adressée à l'Entente. Il n'est pas possible, en effet, d'invoquer la distance et les difficultés que soulevait la question de l'intervention des Alliés, alors qu'ils avaient des dépôts dans des régions voisines et qu'ils préparaient l'établissement d'un point d'appui sur la côte mourmane; on ne peut trouver comme raison de l'attitude de la Finlande, en dehors de l'extrême détresse où elle se trouvait, que sa crédulité en la puissance du militarisme prussien, qui préparait alors l'offensive grâce à laquelle l'Allemagne comptait terminer victorieusement la guerre.

Dans l'exposé qu'il faisait, au début de mai 1918, devant la grande Commission du Reichstag au sujet de l'organisation des Etats détachés de la Russie, M. von Payer disait, à propos de l'intervention allemande :

On nous a reproché d'y être intervenus pour y jouer un rôle d'agent de police. Nous nous réjouissons d'avoir, par notre intervention, assuré la liberté et l'indépendance de la Finlande; mais la véritable idée de notre intervention a été, au fond, de créer dans le Nord un état de paix définitif, militairement comme économiquement. Ce n'a pas été malheureusement le cas jusqu'ici, car malgré la reconnaissance d'un gouvernement finlandais indépendant, les comités anarchistes révolutionnaires de marins et soldats russes ont continué leurs menées. De Russie, on a envoyé des armes, des munitions et des troupes pour soutenir les bandes de soldats russes.

La Diète et le Sénat finlandais ont protesté à plusieurs reprises auprès du Gouvernement russe et réclamé le retrait de ces troupes de la Finlande indépendante, ou du moins la cessation des violences de ces troupes. Rien n'a été fait. Finalement, le président du comité local russe a même déclaré la guerre à la Finlande....

Cela prouve qu'il ne s'agit pas d'une immixtion dans les affaires intérieures de la Finlande, mais d'une véritable lutte de la Russie pour ravir à la Finlande sa liberté avec l'aide des anarchistes finlandais. Cela a été reconnu expressément même du côté socialiste.

Le gouvernement légal finlandais nous a demandé de venir. Ce gouvernement a été reconnu par la Suède, la Norvège, la France, l'Espagne et nous-mêmes. Il a même un représentant en Angleterre. Nous ne voulions pas, en pénétrant dans le pays, nous immiscer dans les affaires intérieures de la Finlande. Nous n'avons pas davantage besoin de le faire en ce moment.

Le développement ultérieur des choses est une affaire purement finlandaise.

Et il ajoutait, mettant en valeur les conséquences de l'intervention allemande mais démasquant en même temps la politique allemande en cherchant à la légitimer :

Nous voulions, par notre intervention, obtenir seulement des garanties politiques et militaires et la paix dans la Baltique, ce à quoi nous sommes arrivés d'une façon assez marquée. Nous avons conclu avec la Finlande des traités intérieurs bien compris des deux parties et qui contribueront à développer entre l'Allemagne et la Finlande les relations actives, économiques et politiques, existant déjà actuellement.

Nous croyons avoir rendu à la Suède un service très appréciable par la libération de la Finlande. La création d'une digue tournée vers l'est est notre but politique à l'est et continuera aussi dans l'avenir à viser le développement des relations amicales avec les peuples finlandais et suédois. En ce qui concerne l'Estonie et la Livonie, nous avons pu rapporter la partie esssentielle des déclarations que le chancelier a faites au grand quartier, au nom de l'Empereur, à la députation de l'Estonie et de la Livonie.

Ces deux pays doivent d'abord apporter de la clarté dans leurs rapports avec la Russie, ce en quoi nous les appuierons très volontiers. Ensuite, ils doivent, à mon avis, établir leurs gouvernements de représentation populaire sur des bases plus larges. Mais c'est là l'affaire intérieure de ces deux Etats, et dans laquelle nous ne nous mêlerons pas.

Du reste, les journaux conservateurs suédois n'étaient pas sans témoigner une certaine inquiétude devant la prépondérance que l'Allemagne devait recueillir en Scandinavie et dans les pays de la Baltique du fait de son intervention en Finlande. Le *Stockholms Dagblad* publiait un article de tête commentant les déclarations de l'amiral Lindman, ancien président du Conseil et chef des conservateurs à la Chambre des députés, faites le 20 février, qui, tout en faisant des réserves au sujet de l'intervention armée, estimait que le gouvernement devait seconder plus efficacement la Finlande pour y contre-balancer l'influence allemande et pour empêcher les Finlandais de se jeter complètement dans les bras de l'Allemagne. Les journaux radicaux exprimaient la même crainte et l'*Aftontidning* écrivait :

En trouvant son soutien chez l'Allemagne, la Finlande tombera par la force des choses et par gratitude naturelle complètement sous l'influence allemande, avec le résultat de rendre impossible l'adhésion espérée de la Finlande au groupement scandinave. Le Finlande ira son chemin en dehors des trois Etats scandinaves et personne en Suède ne méconnaît les dangers d'une pareille orientation.

Il est vrai qu'à ce moment les puissances occidentales, trop occupées ailleurs et ne déployant pas la même activité diplomatique que l'Allemagne, ne firent, paraît-il, aucun geste pour encourager l'intervention suédoise.

Au mois de juin 1918, le gouvernement de M. Svinhufvud signait même un traité avec l'Allemagne, qui compromettait l'indépendance de la Finlande. D'après l'article 1ᵉʳ de ce traité, les parties contractantes déclaraient « que l'état de guerre n'existe pas entre l'Allemagne et la Finlande et qu'elles sont décidées à vivre dorénavant en paix et amitié l'une avec l'autre ».

Or, comme partie de l'Empire russe, on pouvait sans doute soutenir que la Finlande faisait partie des belligérants, mais il n'y avait jamais eu d'hostilités effectives entre la Finlande et l'Allemagne, et si quelques volontaires s'étaient enrôlés dans l'armée russe, il n'y avait jamais eu de troupes finlandaises mobilisées par les autorités russes; en dehors de ces derniers et des 3 à 4.000 Finlandais qui s'étaient engagés dans les armées allemandes, la Finlande n'avait en rien participé à la guerre.

Il y était également stipulé : « L'Allemagne s'emploiera à faire reconnaître l'autonomie et l'indépendance de la Finlande par toutes les puissances », ce qui semblait devoir difficilement s'accorder avec les clauses du traité de Brest-Litowsk, puisque l'Allemagne n'avait pas pris les mêmes engagements vis-à-vis des autres pays baltiques. De plus, d'après le même article, la Finlande ne devait, en revanche, « céder aucune partie de ses possessions à une puissance étrangère et n'accorder aucun droit de servitude sur les domaines soumis à sa souveraineté, sans un accord préalable avec l'Allemagne », et cette stipulation était évidemment destinée à empêcher la Finlande de régler directement avec la Suède la question des îles Aland. Enfin, d'après les autres clauses de cette convention, le Gouvernement de Berlin acquérait une sorte de pouvoir de contrôle sur les décisions du Gouvernement finlandais, tout en se l'associant. Le traité de commerce conclu en même temps mettait, au point de vue économique, la nouvelle république sous la dépendance de l'Empire allemand et faisait de la Finlande un instrument dans la main de l'Allemagne.

M. Hjalmar Branting, le leader du parti socialiste suédois, dans un article publié par le *Social-Democraten* de Stockholm, en mars 1918, déclarait, du reste, au sujet des agissements germanophiles en Finlande, que les éléments les plus influents de toutes les classes finlandaises, chez les Blancs comme chez les Rouges, étaient depuis longtemps complètement acquis à l'Allemagne. M. Branting affirmait, d'autre part, que l'idéal des Finlandais n'était pas la formation d'un nouvel Etat septentrional indépendant, mais consistait dans la création d'un Etat vassal de l'Allemagne, sous la suprême protection du « prince le plus puissant de la religion évangélique », selon les propres paroles employées peu de temps auparavant par un membre du Gouvernement finlandais.

Dans la lettre qu'un des quatre membres du Gouvernement de Wasa adressait au chancelier de l'Empire allemand, et dont les *Dernières Nouvelles de Munich* publiaient un extrait, on lisait, en effet :

Le Gouvernement finlandais ose espérer que S. M. l'Empereur, en sa qualité de plus puissant protecteur de la culture germanique et de la foi évangélique, voudra, à la prochaine Conférence de la paix, appuyer les efforts du peuple finlandais pour obtenir le droit de se développer pacifiquement.

L'Empereur saura exiger que toutes les troupes russes évacuent définitivement la Finlande et les forteresses encore occupées par les Russes; il voudra bien demander que les armes données aux émeutiers soient restituées au gouvernement régulier et que les revendications finlandaises reçoivent complètement satisfaction.

Or, dans le moment même où cet appel était adressé à Guillaume II, comme protecteur et chef suprême de la foi évangélique, une délégation finlandaise s'efforçait d'obtenir, à Rome, l'appui du Saint-Siège. On pouvait être tenté de juger sévèrement la politique de M. Svinhufvud d'après ce que permettait de soupçonner le rapprochement de ces faits de l'attitude favorable que le Vatican n'avait pas cessé de garder à l'égard des Empires centraux. Mais, paraît-il, il n'y aurait eu là qu'une simple coïncidence et aucun rapport n'aurait existé entre les deux démarches. Celle faite auprès du Saint-Siège aurait été proposée par la délégation elle-même, envoyée à Londres, en décembre 1917, pour obtenir la reconnaissance de l'indépendance de la Finlande, et aurait été entreprise à l'instigation d'une personnalité finlandaise qui aurait conseillé à un de ses membres d'aller jusqu'à Rome. Les journaux catholiques, qui ne manquaient pas de signaler cette démarche faite par un Etat protestant, s'en servaient pour montrer quel était le poids de l'autorité morale du Saint-Siège et, par suite, la valeur de la politique suivie par le Vatican; il était difficile de juger exactement de son sens et de sa portée.

Aussi, bien que cette façon de présenter les choses ne soit pas entièrement conforme à ce que nous savons des véritables motifs qui, au début, ont amené les volontaires finlandais à s'enrôler dans l'armée allemande et de la sympathie pour l'Allemagne affirmée en Suède par haine du slavisme, M. Branting pouvait-il écrire :

L'orientation germanophile de la Finlande, qui s'était montrée déjà au début de la guerre par la formation des régiments de chasseurs finlandais au service de l'Allemagne, a eu également sa répercussion en Suède; tout le mouvement activiste et germanophile en Suède était inspiré surtout par des agitateurs finlandais, travaillant en étroite collaboration avec les chefs de ce mouvement en Suède, comme le prouvent les documents secrets publiés par les révolutionnaires russes.

Les Finlandais pouvaient, il est vrai, très facilement, retourner l'argument et prétendre, non sans raison, que le mouvement germanophile en Finlande avait été en grande partie déclanché par des agitateurs suédois.

Au cours des séances que la commission plénière du Reichstag tenait les 24 et 25 avril 1918, et où la politique suivie par le haut commandement dans les régions occupées de l'ancienne Russie et le régime imposé par les autorités militaires rencontrait une vive opposition de la part de certains membres, le député socialiste Cohn demandait des éclaircissements sur les buts stratégiques et politiques que le gouvernement se proposait en Finlande :

Les militaires allemands ne doivent pas se prêter à un étranglement du mouvement qui se produit dans ce pays en faveur de la liberté. En Ukraine, le général von Eichhorn a institué une dictature militaire qui nous empêchera d'en tirer des approvisionnements.

Le député socialiste majoritaire Scheidemann, après avoir critiqué la politique ukrainienne du gouvernement, qui ne favorisait que les intérêts de la grande propriété, ajoutait :

Quant à l'intervention en Finlande, elle n'est en réalité qu'une immixtion dans une guerre civile en faveur d'un parti déterminé; elle n'a rien à voir avec l'exécution des stipulations du traité de paix.

Le député socialiste minoritaire Haase, lors du débat qui s'ouvrait après les déclarations de von Kühlmann, déclarait :

Ce qui se passe en Finlande est une tragédie sans nom; le peuple finlandais n'oubliera jamais que des agents soudoyés par l'Allemagne ont appelé les armées allemandes dans le pays et déchaîné la plus effroyable des guerres civiles. Soixante-treize mille ouvriers finlandais ont été emprisonnés, des milliers d'entre eux ont été fusillés en masse. Cinquante députés de la Diète finlandaise ont été arrêtés, beaucoup d'entre eux passés par les armes. Les Finlandais ont donné à la ville de Sveaborg, où ont eu lieu des massacres, le nom de Golgotha. L'homme qui gouverne avec l'aide des troupes allemandes, le dictateur Svinhufvud, est responsable de ces orgies sanguinaires. Il a déjà reçu sa récompense : il est décoré de la Croix-de-Fer.

M. Sirola, ex-ministre des Affaires étrangères de Finlande sous le Gouvernement bolchevik, publiait de Moscou, où il était réfugié, un appel à l'opinion socialiste du monde entier contre l'Allemagne, dans lequel, après avoir accusé la majorité social-démocrate allemande, il s'écriait :

L'Allemagne, grâce à ses agents, a provoqué la guerre civile en Finlande pour y intervenir. Dans ce pays, jusqu'ici le plus démocratique du monde, elle a installé un régime de terreur, où les travailleurs sont privés de droits politiques et fusillés sans procès par milliers. Pour couronner son œuvre, l'Allemagne se dispose à y instaurer la monarchie. Or, contre ces crimes, la social-démocratie d'Allemagne n'a pas même élevé la voix.

Le parti agrarien, représentant la démocratie paysanne, ne tardait pas, en effet, à s'élever contre la propagande en faveur du maintien de la monarchie menée par le parti monarchiste, chez qui s'affirmaient des sympathies allemandes. Une opposition grandissait contre ces projets monarchiques et celle-ci menaçait de mener, s'il était nécessaire, une active campagne pour sauver le régime républicain.

Lorsque les troupes du Gouvernement finlandais, avec les forces allemandes, l'eurent emporté, le gouvernement de M. Svinhufvud, d'accord avec le parti favorable à l'Allemagne qui l'avait soutenu, essayait de profiter de sa victoire et d'en finir avec ses adversaires. Les uns prétendent qu'à la terreur rouge succéda une terreur blanche non moins effroyable que la première; d'autres, et on voit combien il est difficile de relater seulement les événements actuels d'une façon impartiale et, à plus forte raison, de porter actuellement sur eux un jugement motivé, qu'il n'y eut aucun acte de violence. Des informations faisaient cependant connaître que des milliers de prisonniers avaient été fusillés simplement parce qu'ils étaient soupçonnés d'avoir des idées socialistes et que les gardes blancs du gouvernement de M. Svinhufvud, après avoir tué sans merci tous les membres du parti démocratique, avaient commencé le massacre des prisonniers. D'après un message signé de la « Commission centrale des ouvriers finlandais » (1), à Lahti, ces troupes exterminaient en un jour cent cinquante-huit femmes qui étaient emprisonnées. Soixante-dix mille habitants environ, appartenant en majorité au parti démocrate social, dont trente mille civils, étaient incarcérés et soumis à un traitement brutal aggravé par une nourriture insuffisante et impropre à l'alimentation.

On annonçait que les gardes blancs s'étaient rendus coupables d'exécutions sommaires (2) et en masse, que des prisonniers moururent de faim, que dans les camps de concentration, à Jacobstadt particulièrement, régnait des maladies épidémiques qui faisaient un grand nombre de victimes, et que dans la prison de Sveaborg, près d'Helsingfors, la mortalité était excessivement élevée.

Un conservateur finlandais, M. Hjalmar Linder, grand propriétaire en Finlande et ancien chambellan à la Cour de Russie, dans un article publié par l'*Hufvudstadsbladet*, faisait un sombre tableau des actes commis par les Blancs et suppliait ces derniers de renoncer à la répression sanguinaire vis-à-vis de

---

(1) Le *Temps*, 31 mai 1918.
(2) Le *Temps*, 26 juin 1918.

leurs adversaires. Il déplorait d'autant plus sévèrement ces exactions qu'il reprochait aux Blancs, qui avaient assuré par la force l'établissement d'un gouvernement conforme à leurs vues, de poursuivre les Rouges parce qu'ils avaient pareillement tenté d'instaurer, par un coup d'Etat, un régime politique conforme à leurs idées (1). Une partie de la presse finlandaise s'élevait contre ces accusations, qu'elle déclarait mal fondées, et, pour beaucoup, la protestation de M. Hjalmar Linder, qui semblait mal placé pour prendre parti en faveur des ouvriers rouges, restait, à tout le moins, équivoque.

Les Blancs, — et on peut juger d'après cela de l'excitation des esprits, — répondaient que s'il y avait eu des faits regrettables, les excès commis se trouvaient légitimés par les crimes des Rouges; ils faisaient valoir qu'à Jacobstadt, par exemple, où des prisonniers auraient été victimes de mauvais traitements ou seraient morts de privations, il n'y avait pas de camp de concentration, mais seulement un poste de triage, que les personnes détenues n'étaient autres que des prisonniers de guerre internés dans les camps, et que si leur régime laissait à désirer, celui du reste de la population n'était pas moins déplorable, par suite de la détresse profonde qui régnait en Finlande. Un communiqué du Gouvernement blanc faisait savoir que, d'après une enquête faite à Jacobstadt, aucun prisonnier n'était mort de faim (2).

Néanmoins, il n'est pas douteux que les Allemands se servirent du mouvement bolcheviste dans les manœuvres poursuivies par leur diplomatie en Finlande et que des émissaires bolchevistes prêchèrent la révolution au prolétariat finlandais au moment où l'Allemagne conçut le projet d'occuper la Finlande. La lettre de Tokoï, le leader social-démocrate de Finlande, en fait foi. Mais lorsque les Allemands furent intervenus en Finlande, il est également certain qu'ils s'employèrent, après avoir suscité une violente réaction, à la rendre la plus féroce possible, et que les Bolcheviki, à l'instigation de l'Allemagne, retirèrent non seulement leur concours aux révolutionnaires finlandais mais les empêchèrent de retourner en Russie.

Le trouble profond produit par la Révolution finlandaise et

____

(1) D'après le *Temps*, 28 juin 1918.
(2) *Suometar*, 29 mai 1918.

l'agitation consécutive à la politique suivie par le gouvernement de M. Svinhufvud avait des conséquences déplorables pour la Finlande, aussi bien à l'intérieur qu'à l'extérieur.

A l'intérieur, elle suscitait une lutte violente entre les éléments finnois et scandinaves dont se compose la population, — et qui jusque-là vivaient en bonne intelligence, — et l'élément finnois le plus nombreux, puisqu'il constitue les cinq sixièmes de la population, entrait en compétition avec l'élément scandinave qui forme le sixième restant. A l'extérieur, cette situation, qui avait sa répercussion de l'autre côté de la Baltique, ne faisait qu'aggraver la tension existant entre la Suède et la Finlande, et qui ne pouvait qu'être déplorable pour cette dernière. L'établissement de l'indépendance de la Finlande qui se faisait à l'instigation de l'Allemagne au lieu de s'opérer en coopération avec la Suède comme l'espéraient les Scandinaves prouvait que le nouvel Etat finlandais non seulement ne se considérait pas comme appartenant au groupe des pays scandinaves, mais entendait se constituer au profit des Finnois contre les Scandinaves. La question des îles Aland achevait, comme nous le verrons plus loin, d'envenimer le conflit. Le panfinnisme ou panfenisme, qui s'affirmait, déterminait ainsi une lutte intérieure et mettait en œuvre un mouvement ethnique.

Bien que les nationalistes et les conservateurs suédois se soient fait les apôtres du pangermanisme et que les activistes suédois, sous prétexte de défendre les droits de la Finlande menacés par le tsarisme, aient failli entraîner leur pays dans le conflit européen aux côtés de l'Allemagne, les Finnois, forts de leur supériorité numérique, entendaient mettre fin à la politique suédoise de l'ancien grand-duché, en réduisant à l'impuissance la population scandinave qui, en dépit de son infériorité numérique continuait de garder l'influence politique qu'elle avait toujours détenue. En conséquence, les nationalistes finnois, qui se faisaient l'instrument aveugle des Allemands, signifiaient aux Suédois de Finlande que n'étant qu'une minorité dans le pays et en quelque sorte étrangère, ils ne sauraient garder l'influence politique dont ils avaient joui jusqu'à présent, et la commission constitutionnelle élaborait un projet restreignant les droits politiques des Finlandais de langue scandinave. En présence de cette décision, les Suédois de l'autre côté de la Baltique ne pouvaient rester sans protester et le *Stockholms Dagblad* demandait au Gouvernement suédois de se montrer irréductible au sujet de la question des îles Aland qui venait envenimer cette querelle et de mener une action énergique pour soustraire la population de ces îles Aland, presque entièrement suédoises, à la domination finnoise. De plus, d'après l'*Aftenpost*, il se formait à Stockholm une société destinée à faire œuvre de colonisation scandinave sur la rive orientale de la Baltique. Le but de cette société était d'acquérir des terres en Finlande et de les remettre ensuite à des colons suédois qui n'auraient pas le moyen de les acquérir. Son action devait principalement s'exercer dans les départements d'Abo, de Nyland et de Wasa, c'est-à-dire dans le sud-ouest de la Finlande, où l'élément suédois constitue une importante minorité.

Après la révolution rouge, les dissentiments entre Finnois et Suédois de nouveau soulevaient également la question de la langue. Le gouvernement avait inséré dans un projet de loi qui ne fut ni discuté ni voté une clause donnant des garanties constitutionnelles aux Suédois quant à la langue. Ce projet comportait une nouvelle division administrative tenant compte des frontières linguistiques et les provinces de langue scandinave acquéraient de ce chef une administration purement suédoise. Les recrues suédoises devaient servir dans des troupes suédoises commandées en langue suédoise.

Alors qu'au mois de décembre 1917 le président du Sénat finlandais avait transmis à tous les Gouvernements alliés une déclaration pour leur faire part de la décision du chef du Gouvernement finlandais de soumettre à la Diète un projet de loi constitutionnel instituant la Finlande indépendante, et que la Diète, deux jours après la proclamation de l'indépendance, avait adopté en principe le régime républicain, au milieu de juin 1918, des dépêches d'Helsingfors annonçaient que le gouvernement avait présenté à la Diète une proposition de maintien du gouvernement monarchique, projet comportant, il est vrai, des modifications notables et d'ordre libéral restreignant les pouvoirs du souverain. Cette proposition, qui était combattue par le parti agraire, dont les membres appartenant au Cabinet avaient donné leur démission et par le seul socialiste siégeant encore à la Diète, était appuyée par une fraction du parti des Jeunes-Finlandais, qui publiait un manifeste signé par cent dix-huit de ses adhérents, tandis que l'autre fraction s'y montrait opposée. Ce mouvement semblait destiné à amener un prince allemand sur le trône finlandais et, d'après le correspondant du *Morning Post* à Stockholm, l'élection d'un Hohenzollern aurait même été une des conditions mises par l'Allemagne pour intervenir en Finlande. On disait que l'Empereur briguait le trône, à Helsingfors, pour le prince Oscar de Prusse, son cinquième fils, qui avait épousé morganatiquement la comtesse de Bassewitz, le 31 juillet 1914, et qu'il avait été pressenti à ce sujet. A propos de cette candidature, le journal suédois *Afton-Tidningen* écrivait, au début de mars 1918 :

> Une grande partie des gardes blancs désire que la Finlande devienne un royaume ayant à sa tête le prince royal allemand, car ce changement est de nature à fortifier l'esprit guerrier du peuple, et le parti conservateur, d'autre part, pense qu'il aiderait à étouffer les tendances révolutionnaires des classes populaires.
>
> Le prince Oscar a épousé morganatiquement la comtesse de Bassevitz, qui n'était pas de sang princier, et les éléments conservateurs croient que sa candidature aura l'appui des citoyens modérés, partisans de la République.

Mais, au mois de juillet, une note d'allure officieuse parue dans le journal suédois *Nya Dagligt Allehanda*, et qui était vraisemblablement de source allemande, faisait savoir que l'empereur Guillaume retirait la candidature de son fils Oscar au trône de Finlande. La raison du retrait de cette candidature semblait être que la Diète finlandaise n'ayant donné que quatre voix de majorité au projet d'établissement de la monarchie, celui-ci se trouvait, par conséquent, n'avoir même pas réuni le tiers des voix, puisque les socialistes étaient exclus, et la famille impériale, quelles que fussent ses ambitions, jugeait prudent, sans doute, de ne pas se compromettre dans une aventure où elle risquait un échec.

A peine la candidature du prince Oscar de Prusse était-elle écartée que celle du grand-duc de Mecklembourg-Schwerin était mise sur les rangs.

Quelques journaux favorables aux partisans du régime monarchiste, voulant impressionner l'opinion publique, faisaient alors savoir que l'Allemagne allait adresser au Gouvernement finlandais une sommation pour l'amener à instituer la monar-

chie et que, si la Finlande n'acceptait pas d'établir la royauté
et de recevoir un roi allemand, elle se réservait de retirer ses
troupes et de laisser le pays à ses luttes intérieures, c'est-à-dire
d'abandonner les Blancs aux représailles des Rouges, ou d'établir une dictature militaire allemande. Mais il semblait difficile que les Allemands se résolussent si facilement à évacuer la
Finlande au moment où ils pensaient s'en servir comme base
pour atteindre la côte mourmane, et l'Allemagne, qui n'avait
sans doute plus les moyens d'établir une dictature militaire,
avait tout avantage à maintenir le protectorat déguisé qu'elle
exerçait.

Il était évident, par ailleurs, que le développement de l'agitation antimilitariste, qui régnait depuis le début de la guerre
dans le Nord de la Norvège, par suite du mécontentement résultant des charges militaires imposées par le maintien de la neutralité, n'était pas étrangère à l'action du parti bolchevik finlandais et d'agents allemands. L'Allemagne, qui voulait dissocier les influences scandinaves tant norvégienne que suédoise
tout en les ménageant et en s'assurant de leurs sympathies,
afin de mieux pouvoir réaliser ses projets en Finlande, avait
tout intérêt à aggraver cette situation en s'abritant sous le couvert des revendications finnoises et sous le prétexte de leur
prêter son appui. On annonçait, après l'intervention allemande,
que la Finlande menaçait la partie ouest de la côte mourmanne
et le district norvégien de Sydvaranger, qui est limitrophe de
la Russie, au nord-est, et, au mois de mars 1918, on prétendait
que, dans les milieux gouvernementaux, il était sérieusement
question de demander à la Norvège la cession du bassin inférieur de la rivière Paatsjoki jusqu'à l'océan Glacial, l'embouchure de cette rivière s'ouvrant dans une région toujours libre
de glace, où la Finlande se proposait de créer un port qui
serait relié par voie ferrée à l'intérieur du pays. Mais il n'y
aurait eu, paraît-il, en la circonstance, qu'une initiative privée,
et les troupes gouvernementales auraient reçu, d'après le *Norges
Handels og Sjœfortstidning*, l'ordre de ne pas franchir la frontière russe. Le Dr. Renwall, qui avait pris le titre de « commandant supérieur des chasseurs lapons », envoyés en Laponie pour
la défense de la frontière, aurait, de son propre chef, opéré en
dehors des autorités finlandaises et agit contrairement à leurs
ordres, ce qui, paraît-il, lui valut de très vives critiques de la

part de ses compatriotes. L'opinion norvégienne n'était pas toutefois sans s'émouvoir de ces projets que, sans doute, l'Allemagne stimulait et soutenait pour assurer son crédit en Finlande et derrière lesquels elle cachait très vraisemblablement ses propres ambitions. Le *Dagens Nyheter*, journal libéral de Stockholm, écrivait :

> Le programme allemand de Bagdad au cap Nord a rencontré des obstacles vers le sud; mais à travers la Finlande, l'Allemagne tend vers le nord un bras menaçant. Il est temps pour les peuples scandinaves de comprendre que le péril russe s'est transformé en péril finno-allemand (1).

On sait, en effet, que des deux côtés de la ligne frontière qui sépare la Finlande de la Russie vit une population de race et de langue finnoise qui, pour la Carélie russe, s'élève à environ deux à trois cent mille âmes. Bien que les gardes blancs, au cours des événements actuels aient poursuivi des gardes rouges finnois, au nombre d'environ 1.300, jusqu'à Kandalakcha, où ceux-ci se réfugièrent, la Finlande n'a dernièrement exprimé aucune revendication à ce sujet et il est seulement permis de dire qu'une partie de l'opinion finlandaise, d'accord en cela avec les populations finnoises qui ont à plusieurs reprises exprimé le désir d'être rattachées à la Finlande, souhaiterait de voir remplacer la ligne de la frontière actuelle par une nouvelle ligne suivant la frontière linguistique. Mais certains Finlandais, par une confusion que d'abord les rouges cherchèrent à créer puis qui fut ensuite propagée par les blancs et n'était peut-être pas étrangère aux suggestions allemandes, présentaient cet agrandissement territorial de la Finlande par le rattachement de la Carélie comme s'il s'agissait de la réunion des deux parties d'une ancienne province partagée autrefois entre la Russie et la Finlande.

De même, d'après une autre thèse finlandaise, en compensation de la cession des terrains de la manufacture d'armes de Systerboëck, situés entre Viborg et Saint-Pétersbourg, faite en vertu du décret du 15 décembre 1864, il aurait été promis à la Finlande un territoire de valeur équivalente situé soit près de la frontière, entre le Gouvernement de Petrograd et la Finlande, soit sur la côte de la mer Glaciale, à l'est de la rivière

____

(1) *Dagens Nyhetlr*, 8 mars 1918.

de Jacob, qui forme, à la suite de celle de Paats, la frontière
entre la Norvège et la Russie au nord de la Finlande et à l'est
de la baie de Stolboa. Ce règlement n'ayant pas été réalisé sous
le règne d'Alexandre II, la Diète demandait, en 1882, à l'empereur Alexandre III, qui ne donna également aucune suite à cette
demande, d'attribuer la partie du Gouvernement d'Arkhangel
comprise entre la frontière norvégienne et une ligne de démar-
cation allant directement de Kondosvach (en finnois Konnas-
tunturi) sur une distance de trois milles (3o verstes) au petit
lac constituant la source de la rivière de Paats, de ce lac à
quatre milles en avant dans la direction est-nord-est jusqu'au
bras occidental de la rivière de Petchenga (en finnois Petsamo),
puis le long de cette rivière jusqu'au fond du fiord de Pet-
chenga, et de là, en coupant la partie occidentale, de la presqu'île des Pêcheurs jusqu'à la mer.

La cession de ce territoire, dit « territoire de Petchenga »,
était faite, en février 1918, par le Gouvernement bolchevik au
Gouvernement rouge d'Helsingfors, et cette dernière était stipu-
lée dans les propositions présentées au milieu de 1918, par les
Bolcheviki au Gouvernement allemand. Le Gouvernement blanc
de M. Svinhufvud, qui n'était que l'instrument de l'Allemagne,
maintenait à son tour les mêmes revendications sur la Carélie
russe et sur la côte mourmane en se référant au précédent traité
conclu par le pouvoir rouge et par lequel les Maximalistes
russes reconnaissaient, comme faisant partie de l'ancien grand-
duché, la Carélie, c'est-à-dire la province maritime limitrophe
qui borde une partie de l'océan Arctique. D'après certaines
informations, les convoitises du nouvel Etat finlandais s'étendaient à la presqu'île·de Kola et jusqu'aux provinces russes
d'Olonetz et d'Arkhangel. D'accord avec l'Allemagne qui cherchait alors à consolider sa domination en Estonie et dans la
Livonie, il envisageait la création d'une grande Finlande comprenant les territoires que nous venons d'énumérer et qui viendrait ainsi confiner directement avec l'Allemagne (1), établie
sur l'autre rive du golfe de Finlande.

La Finlande, qui n'atteint nulle part la mer Glaciale, puisque sa frontière septentrionale se trouve coiffée par la Norvège,
se montrait naturellement très désireuse de voir cette compen-

____

(1) V. *Daily Chronicle*, avril 1918.

sation lui être enfin accordée, et on comprendra qu'elle tienne à ce droit si celui-ci est bien établi. De tous temps, paraît-il (1), et à la suite d'une convention tacite entre la Suède et le Danemarck-Norvège, les Lapons finlandais, moyennant le paiement d'une contribution, avaient libre accès à la mer pour y exercer la pêche, et le littoral limitrophe de la Finlande était considéré comme étant commun aux Finlandais et aux Norvégiens. Le traité de Täyssinä, de 1595, puis le traité du 2 octobre 1751, conclu à Strömstad entre la Suède, à laquelle la Finlande était alors rattachée, et le Danemark-Norvège, en vue de régler la frontière entre les deux royaumes, accordait aux Lapons suédois et finlandais le droit de « se servir de la terre et des eaux » sur la côte de la mer Glaciale. En outre, le territoire situé sur la côte sud de Varanger était considéré comme la propriété commune des Etats avoisinants. Partagée, par le traité de 1826, entre la Norvège et la Russie, sans qu'aucune partie en fût attribuée à la Finlande, cette ancienne communauté, à la suite de la fermeture, en 1852, de la frontière finlandaise aux Lapons norvégiens qui, auparavant, pendant une partie de l'année, avaient l'habitude de mener leurs rennes chercher pâture en territoire finlandais, fut abolie et, par un décret norvégien, l'accès de la côte norvégienne fut en même temps interdit aux étrangers, en sorte que les Lapons finlandais, qui se trouvaient dans l'impossibilité de continuer leur élevage, émigrèrent et se firent Norvégiens. Ce libre accès à la côte, qui était si précieux pour les populations du Nord de la Finlande, leur était rendu par l'empereur Nicolas Ier qui, par un décret du 11 juillet 1854, accordait aux Lapons finlandais le droit de pêcher et de faire la chasse aux phoques le long de la côte russe limitrophe à la Norvège, dans le Gouvernement d'Arkhangel. Enfin, par le traité conclu le 30 novembre 1855, avec la France et l'Angleterre, qui redoutaient les entreprises auxquelles la Russie pourrait se livrer au détriment des pays scandinaves, la Suède et la Norvège s'engageaient non seulement à ne céder à la Russie aucune partie du territoire des royaumes unis, mais encore à n'accorder à cette dernière aucun droit de pâturage, de pêche ou de chassé le long de la côte suédo-norvégienne.

----

(1) Arthur Langfors. *La question de Petchenga. Mercure de France*, août 1918, p. 552.

Il est intéressant de noter, à propos de ces revendications territoriales, que quelques Finlandais, si nous sommes bien informés, ont émis l'avis de proposer à la Norvège de lui céder la longue pointe de la Laponie finlandaise qui s'enfonce dans son territoire en échange de la partie de la côte norvégienne située sur le fjord de Varanger. Cette modification de frontière, qui semble légitime et ne devoir léser aucun droit, à moins que la Finlande ne devienne pas réellement indépendante et reste sous la domination allemande, aurait entre autres avantages celui de rendre directes les relations de la Norvège septentrionale avec la Baltique, soit par la Suède, soit par la Finlande, et de faciliter la prolongation d'une ligne de chemin de fer qui, longeant la frontière des trois Etats, aboutirait à la côte arctique.

Il était donc permis de se demander, puisque la Finlande se plaçait sous l'égide allemande, si, en revendiquant le territoire de Petchenga, qui est situé à quelques centaines de kilomètres à l'ouest d'Alexandrovsk, point terminus du chemin de fer de la côte mourmane, elle ne cherchait point à atteindre par là cette voie stratégique avant que ne puissent l'occuper les troupes anglaises et françaises, et à accaparer au profit de ses ambitions ce débouché sur la côte septentrionale.

Il est plus probable, — la rectification de frontière relative à la côte septentrionale ayant l'avantage de procurer à la Finlande un débouché sur l'océan Arctique, — que les Allemands avaient formé le projet, à la faveur de ces revendications, de s'assurer d'abord, par l'intermédiaire de la Finlande, dont ils disposaient, une base sur la côte arctique, quitte ensuite à s'en servir contre les établissements de la côte mourmane et le chemin de fer d'Alexandrovsk. Ces projets n'étaient point sans retenir l'attention de la Norvège et celle de la Suède, bien que celle-ci parut s'intéresser davantage à la question des îles Aland, ainsi que nous le verrons plus loin; cependant ni l'une ni l'autre ne semblaient se rendre compte de la situation que l'Allemagne pouvait ainsi acquérir dans la Baltique, par l'intermédiaire de la Finlande et qu'en prenant pied sur la côte de l'océan Glacial, elle se trouvait à même d'atteindre les intérêts de la Norvège septentrionale et de menacer d'une façon indirecte la position maritime et commerciale de la Suède dans la Baltique. Des tractations secrètes ayant eu lieu entre le Comité central exécutif des Soviets et l'Allemagne pour permettre à cette dernière de se rendre maître du Mourman, en sorte que M. Martoff, qui n'avait pas encore été exclu du Comité, pouvait, dans la séance du 15 mai 1918, élever une protestation à ce sujet, il n'était pas surprenant que des pourparlers analogues aient été engagés avec la Finlande où l'Allemagne, après s'être servie du mouvement bolcheviste pour déterminer la révolution rouge, n'avait pas tardé à donner son appui au Gouvernement blanc contre celui-ci.

Le *Tidens Tegn*, qui donnait des détails sur l'expédition finno-allemande projetée vers la côte mourmane, indiquait qu'elle devait suivre la vallée du Kemi-Jokki qui, après avoir traversé la Laponie finlandaise, débouche à l'extrémité septentrionale du golfe de Bothnie. D'après ce journal, 12.000 Allemands se trouvaient concentrés à Kemi, petite ville située à l'embouchure même du Kemi-Jokki. A 200 kilomètres plus au nord, à Rovaniemi, était posté un second groupe, fort de 5.000 Allemands et Finnois, qui avait envoyé sur les bords du grand lac Enara un détachement de 600 Allemands et Finnois, dont les « chasseurs lapons » du docteur Renwall. Cette ligne d'opérations, écrivait-il, avait été choisie en raison de l'existence d'une voie ferrée entre Kemi et Rovaniemi, rattachée au reste du réseau finlandais et constituant l'amorce d'un chemin de fer que le Gouvernement russe se proposait de pousser jusqu'à l'océan Glacial avant qu'il eût entamé la construction de la ligne de Kola. D'autre part, les Allemands travaillaient à la construction d'un chemin de fer à voie étroite destiné à prolonger la ligne Kemi-Rovaniemi jusqu'au lac Enara et un embranchement devait ensuite être poussé en direction de Kandalatchka, vers la mer Blanche. L'établissement de cette voie était rendu des plus faciles par les travaux exécutés en 1915-16 par les Russes qui avaient ouvert des « routes d'hiver » à travers la forêt, entre Petschenga, Kandalatchka, Rovaniemi, par lesquelles les armes et les munitions débarquées sur la côte de l'océan Glacial, étaient acheminées par traîneaux vers le terminus septentrional du réseau finlandais. D'après l'*Aftenpost*, l'effort des Germano-Finnois devait avoir lieu plus au sud à travers la Carélie, en direction de Petrozavodsk et du lac Onega, de manière à couper la ligne au sud de Kem et de la mer Blanche.

Les projets de l'Allemagne : conquête économique de la

Finlande, qui devait servir de base pour la conquête du Nord de la Russie, se trouvaient du reste confirmés par le traité de commerce conclu en juin 1918 et dont l'article 2 accordait aux Allemands le même traitement et les mêmes droits qu'aux Finlandais.

Le journal socialiste *Politiken*, qui avait des sources d'information dans les milieux socialistes indépendants d'Allemagne, affirmait, en outre, qu'une convention secrète existait entre l'Allemagne et la Finlande, qui avait été cachée même à la Diète de Finlande et aux termes de laquelle « le Gouvernement finlandais s'engageait à faire voter par la Diète l'établissement de la monarchie sous une dynastie allemande; à placer les forces militaires de Finlande sous l'autorité de chefs allemands; à ne céder en aucune circonstance les îles d'Aland à la Suède; à permettre à l'Allemagne d'utiliser ces îles ou une partie de la côte leur faisant vis-à-vis comme base navale, et aussi à employer le débouché que la Finlande pouvait se procurer sur l'océan Arctique comme port commercial et de navigation, et à prendre des mesures efficaces pour combattre l'anarchie ». Toutefois cette information était démentie par le Gouvernement finlandais.

Des députés finlandais assuraient également que le Gouvernement de Berlin avait même déclaré qu'il considérait le vote d'une Constitution républicaine comme un acte d'hostilité et avait, en quelque sorte, sommé la Finlande d'avoir à adopter de suite une organisation monarchique. Le Sénat, sans tenir compte des antipathies très fortes d'une partie importante de la Diète et de la masse de l'opinion à l'égard des projets monarchiques, se rangeant à l'avis de la majorité de cette assemblée, telle qu'elle se trouvait alors composée après l'exclusion des membres socialistes qui formaient presque la moitié de l'assemblée, se prononçait contre l'ajournement de la question jusqu'à de nouvelles élections et tentait de faire reviser la Constitution par la Diète nouvelle. Ses membres n'en prétendaient pas moins, comme l'un d'eux le fit dans un discours, qu'ils étaient convaincus que l'opinion du pays était avec eux et que, du reste, ce qui était malheureusement vrai, ceux qui avaient fait la révolution rouge avaient prouvé leur incapacité de s'occuper des affaires publiques et ceux qui les avaient élus leur manque de maturité politique. Les organes du parti suédois et du parti vieux-finnois, et, d'une façon générale, toute l'opinion conservatrice, se prononçaient ouvertement pour une monarchie; seuls, les organes des agrariens, ainsi que l'organe jeune-finnois, radical bourgeois, qui défendait la république, protestaient, les journaux socialistes ayant été supprimés.

On prétendait aussi que le général allemand von der Goltz avait adressé au Sénat une mise en demeure catégorique d'avoir à établir sans délai le régime monarchique, faute de quoi les troupes allemandes laisseraient le gouvernement et le pays à la merci des révolutionnaires. L'état-major finlandais du district d'Helsingfors aurait conseillé de résister à cette sommation, mais l'état-major général, qui était dans la main des Allemands, insista pour qu'on donnât une réponse affirmative. En tous cas, les Allemands avaient, paraît-il, laissé entendre que si on acceptait un prince allemand ils se montreraient généreux et aideraient la Finlande à conquérir la Carélie, et les Finlandais auraient été alléchés par cette proposition.

La Commission législative de la Diète décidait, par 9 voix contre 8, de passer à la discussion du projet de Constitution et le gouvernement, qui ne semblait pas vouloir recourir à de nouvelles élections ni consulter le peuple par un referendum qui ne pouvait se faire sans une nouvelle loi, persistait à demander à la Diète actuelle, qui était incomplète et ne représentait plus par conséquent la volonté des Finlandais, de voter le maintien de la monarchie.

Le projet de Constitution du nouveau Gouvernement finlandais soumis, le 11 juin, à la Diète finlandaise à Helsingfors, contenait les principales dispositions suivantes :

La Finlande est une monarchie libre, indivisible et constitutionnelle sous un souverain héréditaire appartenant à la foi évangélique. La majorité du monarque et du prince héritier est fixée à l'âge de dix-huit ans. Le roi décidera de la politique de la Finlande à l'égard des puissances étrangères, mais tous les traités publics devront être ratifiés par la Diète, à moins que la Constitution n'en décide autrement. Le roi ne peut commencer de guerre offensive sans le consentement du Parlement. Le pouvoir exécutif appartient au roi, les pouvoirs législatifs au roi et au Riksdag conjointement, les pouvoirs judiciaires à des tribunaux indépendants. Le roi ne peut être en même temps souverain d'un autre Etat. Il devra choisir comme membre du Conseil d'Etat des citoyens nés en Finlande et connus pour leur intégrité et leurs capacités d'action.

Devant les tribunaux, on pourra faire usage librement de la langue finnoise et de la langue suédoise. L'Etat devra veiller d'une manière égale à l'éducation des populations de langue finnoise et suédoise.

Le Riksdag représente le peuple de Finlande. Le roi a le *veto* absolu sur toutes les lois; néanmoins les lois constitutionnelles relatives à l'organisation de l'armée, de la marine et même les lois auxquelles le roi aura opposé son *veto* recevront force de loi, si, après de nouvelles élections, elles sont approuvées par le Riksdag à une majorité des deux tiers des votants au moins.

Les divisions administratives des pays seront, autant que possible, définies en tenant compte de la langue finnoise ou suédoise parlée par les habitants.

Jusqu'à ce qu'une loi en ait décidé autrement, les étrangers pourront être employés dans l'armée.

Ce projet rappelait, en ce qui touche les attributions du roi, les Constitutions des trois pays scandinaves; par contre, on remarquait que la faculté, qui y figurait, d'employer dans l'armée les services des étrangers n'existait pas dans ces pays et que cette disposition, bien qu'elle visât à la fois les Allemands et les Suédois, s'appliquait présentement avant tout et par la force des choses aux Allemands; elle révélait ainsi la force de l'union que la Finlande avait contractée. avec l'Allemagne et dont elle ne s'était peut-être pas tout d'abord rendu entièrement compte.

Le 7 août 1918, l'assemblée finlandaise se réunissait pour discuter en troisième lecture le projet du maintien de la monarchie présenté par le gouvernement de M. Svinhufvud, dont la politique continuait à s'appuyer sur cette erreur que l'Allemagne était seule capable d'assurer l'avenir de la Finlande. Toutes les dispositions utiles, sinon légales, semblaient avoir été prises pour que la monarchie soit définitivement maintenue par cette assemblée au cours de cette réunion. A cette séance, le chef du gouvernement, M. Paasikivi, prenait la parole au nom du régent Svinhufvud, pour appuyer le projet. M. Alkio, chef du groupe agrarien, déclarait que les membres de son parti étaient partisans de l'orientation allemande dans la politique extérieure du pays, mais qu'ils voulaient la république. Ceux-ci avaient, du reste, déjà insisté pour que cette question soit tranchée par voie plébiscitaire. Des représentants du parti vieux-finnois invitaient instamment la Diète à voter le projet en objectant que le fait de se prononcer pour la république revenait à se prononcer contre l'Allemagne. En réponse à M. Stahberg, chef des jeunes-finnois et des républicains, qui déclarait voter contre la déclaration d'urgence, M. Schybergson, Suédois, soutenait qu'il était de toute nécessité de prendre une décision.

M. Hahl, du parti agrarien, s'élevait contre la propagande faite dans le pays par les membres du gouvernement et les partisans de la monarchie, ainsi que sur la pression exercée auprès des membres de la Diète par les influences étrangères; il dénonçait les menaces de dictature militaire de source allemande et protestait contre l'achat des journaux finlandais par des étrangers pour soutenir leur politique.

Après de vifs débats qui durèrent neuf heures, la Diète votait sur l'urgence et se prononçait, par 75 voix contre 32, dont vingt-six agrariens, quatre jeunes-finnois, un suédois et le seul député socialiste siégeant à la Diète du fait de l'exclusion dont avait été l'objet l'opposition socialiste et des poursuites exercées contre le plus grand nombre des membres de ce parti.

Peu de temps après, le *Social-Democraten* (1), se faisant l'écho des graves accusations qui étaient lancées contre le Gouvernement finlandais, à propos de la situation faite au parti socialiste à la Diète, écrivait :

Alors qu'autrefois leur groupe comptait quatre-vingt-douze représentants, un seul d'entre eux assiste aujourd'hui aux séances du Parlement. Un certain nombre d'entre eux se sont réfugiés à l'étranger; cinq sont morts. Malgré les réclamations répétées, ils n'ont pas été remplacés, alors que les députés décédés appartenant aux partis bourgeois sont remplacés immédiatement.

Parmi les députés arrêtés, il se trouve treize socialistes, contre lesquels il a été impossible d'entamer une action pour participation à la révolution. Deux d'entre eux ont été remis en liberté, mais on leur a interdit de prendre part aux séances de la Diète. Les députés socialistes ont été arrêtés en violation de l'immunité parlementaire.

La majorité nécessaire, qui est des cinq sixièmes, n'ayant pas été obtenue, le projet qui avait échoué ne pouvait plus être présenté de nouveau à la Diète qu'après des élections générales. Les partisans de la monarchie ne se tenaient pas néanmoins pour battus et, à l'issue de ce vote, tenaient une séance de nuit dans l'ancien palais de la Diète pour rédiger une pétition demandant l'application de l'article 38 de la Constitution finlandaise de 1772, qui permet d'élire un roi à la majorité

---

(1) 9 septembre 1918.

simple. Cette pétition devait être présentée à la Diète dès le lendemain 8 août. Or, si on a pu soutenir à tort que les nouveaux monarchistes finlandais, en invoquant une des dispositions de la Constitution de 1772, faisaient appel non à une Constitution finlandaise, mais à une Constitution suédoise appliquée au grand-duché de Finlande, qui faisait alors partie de la Suède, il n'en est pas moins vrai, bien que cette Constitution ait été confirmée en 1809 comme étant celle de la Finlande, qu'au nom de l'indépendance de ce pays ils croyaient pouvoir s'autoriser des stipulations de cette Constitution d'origine suédoise, qui retirait précisément à la Finlande le commencement d'autonomie que Gustave-Adolphe avait commencé à lui donner pour imposer à ce pays un roi allemand.

La Diète décidait, par 64 voix contre 40, de renvoyer à la Commission de législation la motion présentée par soixante-huit députés, demandant qu'on procédât à l'élection du souverain suivant les dispositions de l'article 38 de la Constitution.

L'Agence Wolff faisait connaître que cette Commission avait adopté la proposition tendant à ce que l'élection royale ait lieu conformément à l'article 38 de l'ancienne Constitution, par 9 voix contre 8, et que la question serait résolue dans une séance plénière du Landtag qui devait avoir lieu le 10, le Landtag entrant le lendemain en vacances et devant être convoqué, au début de septembre, en session extraordinaire pour l'élection royale.

Le lendemain, on apprenait que la Diète finlandaise s'était prononcée en faveur de l'établissement du régime monarchique, par une majorité de quatorze voix, et que l'élection du futur souverain, qui devait être un prince allemand, était renvoyée au mois d'octobre. Lors de ce vote, la Diète ne comptait que cent deux membres au lieu de deux cents et les républicains, qui protestaient contre cette décision, ne pouvaient approuver ce nouveau projet, qu'ils qualifiaient de coup d'Etat, puisqu'il était contraire aux vœux qu'ils avaient exprimés auparavant.

Il était de toute évidence que ce vote avait été obtenu sous l'influence des autorités allemandes, sans que le véritable désir du pays ait pu être constaté. On mandait même de Stockholm que le Gouvernement allemand avait envoyé à Helsingfors trois forts détachements munis de mitrailleuses destinés, avec les deux croiseurs et les trois torpilleurs qui se trouvaient devant la capitale finlandaise, à exercer de concert une pression en vue d'imposer à la Finlande un roi allemand. Naturellement, les Finlandais se défendaient, on le comprend, d'avoir subi un pareil affront et déclaraient qu'il n'y avait aucun rapport entre la présence de ces bâtiments en rade de Helsingfors et l'élection. Cela est fort possible et il est probable que la pression allemande ne se fit point sentir alors d'une façon aussi brutale, car à ce moment tardif elle aurait risqué d'être inefficace ou de produire un mécontentement qui, en se tournant contre les buts qu'elle visait, aurait constitué une lourde faute politique; il paraît bien plus vraisemblable que cette pression dût s'exercer énergiquement lors de la promesse de l'intervention allemande et qu'à ce moment tout dût être réglé. Toutefois, bien que l'emploi de semblables procédés fut tout à fait dans la manière allemande, la préparation de l'avènement d'un roi allemand en Finlande présentait à cette époque d'autant plus de difficultés que l'Allemagne sentait sa position ébranlée aussi bien à l'Est que dans l'Ouest, qu'à ce moment on annonçait le déplacement de Lénine et Trotzki en même temps que le retour de Helfferich à Berlin à la suite de l'agitation profonde de la Russie et le début du recul des armées allemandes en France.

Aussi l'Allemagne se montrait-elle pressée d'en finir, et le service de la propagande allemande publiait, le 12 août, un télégramme d'après lequel le bruit courait à Helsingfors que la Diète avait été convoquée en session extraordinaire pour le 27 août, afin de procéder à l'élection royale.

On recommençait naturellement à discuter sur le choix du candidat au trône et il semblait que la candidature la plus probable était maintenant celle du grand-duc Adolphe de Mecklembourg-Schwerin, oncle de la reine de Danemark et de la femme du Kronprinz allemand. On assurait même que le grand-duc était venu incognito à Helsingfors, où il avait eu des entretiens avec M. Svinhufvud et d'autres personnalités.

La *Gazette de Francfort* faisait toutefois entendre que les bases juridiques sur lesquelles reposait la décision de la Diète finlandaise étaient très fragiles et en critiquait la légalité. Elle faisait valoir que non seulement de nouvelles élections assureraient de nombreuses voix socialistes et radicales qui se mon--

treraient fermement républicaines, mais que même dans les milieux bourgeois l'idée républicaine faisait de grands progrès et que, dans ces conditions, un roi ne pouvait être qu'un étranger intrônisé par une minorité dont les adversaires ne manqueraient pas de dire qu'il est à la solde de l'étranger et elle laissait nettement entendre que le prince allemand qui répondrait à l'appel du Gouvernement d'Helsingfors assumerait par conséquent une lourde charge et rencontrerait immédiatement des hostilités qui deviendraient bientôt une nouvelle source de difficultés pour la politique allemande.

Le *Volksblatt* de Halle, organe minoritaire, s'élevait contre les entreprises allemandes en Finlande et protestait contre l'établissement d'une monarchie finlandaise, en même temps que contre les mesures sanglantes prises pour étrangler la révolution :

Le monarque, quel qu'il soit, qui sera appelé par la monarchie bourgeoise de Finlande prendra sa part de responsabilité. Quiconque entreprendra de défendre Svinhufvud et ses complices, supportera les conséquences des massacres sans nom qui ont été commis dans ce pays.

Le *Munchner Post*, organe majoritaire, critiquait également l'intervention allemande en Finlande et faisait remarquer combien était faible la partie de la population qui avait consenti à coopérer avec les Allemands :

Même les quelques activistes qui travaillent d'accord avec les autorités militaires allemandes ne sont pas sûrs; ils veulent soulager leur pays de l'occupation, mais dès qu'on leur aura rendu quelque liberté, ils changeront leur programme.

En fait, personne ne marche sincèrement et franchement avec les Allemands. Toutes les monarchies dont on parle ne subsisteront qu'autant qu'elles seront menées par la force allemande. Leur existence suppose l'établissement d'un régime militaire éprouvé de la part de l'Allemagne; elle suppose, en outre, la victoire écrasante de l'Allemagne sur tous ses adversaires. Dans ces conditions, le peuple allemand a-t-il envie de faire encore la guerre pendant des années, seulement pour permettre à quelque Charles-Auguste-Théodore ou à quelque Frédéric-Henri-Guillaume-Ernest de se maintenir sur le petit trône qu'on lui aura industriellement charpenté ? Un gouvernement qui conserverait une lueur de raison laisserait toutes ces questions en suspens jusqu'au moment de la Conférence générale de la paix.

Dans le même temps, le journal suédois *Dagens Nyheter* croyait savoir que les troupes allemandes et finlandaises

étaient occupées à des préparatifs d'ordre militaire le long
de la frontière norvégienne et que tout le district était
sous le contrôle militaire allemand. Or, le *Hufvudstadsbladet*,
qui était cependant ultra-germanophile, publiait, peu de jours
après (1), un article de fond dans lequel il s'élevait contre toute
aventure militaire hors des frontières de la Finlande, notamment en Carélie. On y lisait :

Un accord pacifique avec la Russie et les puissances de l'Entente est la
solution la plus désirable. L'entrée en guerre de la Finlande, même si cela
devait nous rapporter la Carélie orientale, serait un très grand malheur.
Puisse ce malheur ne pas se produire par suite d'actes hostiles venant de
notre part !

Un mouvement d'opinion, qui semblait s'étendre assez rapidement, commençait à se manifester contre toute participation
directe de l'armée finlandaise à la guerre et ce revirement ne
paraissait pas étranger à l'annonce des défaites allemandes
sur le front occidental. Du reste, un vif mécontentement régnait
parmi les populations finlandaises contre les soldats et les
marins allemands, et celui-ci allait en s'accentuant. Même certains journaux germanophiles, comme le *Hufvudstadsbladet*,
par exemple, se plaignaient qu'en dépit de la prohibition de
l'exportation des marchandises finlandaises les soldats et les
marins allemands continuassent à accaparer les chaussures, les
vêtements et bien d'autres objets usuels pour les emporter en
Allemagne à bord de leurs navires. Une vive échauffourée se
produisait dans le port d'Helsingfors entre des douaniers et les
marins d'un navire de guerre allemand, qui voulaient embar-
quer une grande quantité de marchandises. D'après ces indices,
un revirement semblait donc devoir se produire et le ministre
de la Guerre finlandais ordonnait que la langue finnoise soit
dorénavant employée comme langue officielle pour les com-
mandements d'armée.

Néanmoins, une délégation, nommée par le gouvernement
de M. Svinhufvud, composée du sénateur Talas, des anciens
sénateurs Frey et Nevanlinna, et du baron von Bonsdorff, était
partie pour Berlin, où elle était arrivée le 23 août, afin de
prendre part aux délibérations relatives au choix d'un candidat

---

(1) 23 Août 1918

allemand au trône de Finlande. Après l'annonce de la candidature d'un prince de Hohenzollern, le prince Oscar, puis de son renoncement au trône de Finlande; de celle du duc Adolphe-Frédéric de Mecklembourg, le bruit courait qu'il était maintenant question d'un prince de Hesse, du prince Frédéric-Charles de Hesse, né en 1868, qui avait épousé, en 1893, la princesse Marguerite de Prusse, sœur de Guillaume II. Le prince Frédéric-Charles, qui est général prussien, chef du 1er régiment d'infanterie, et a quatre fils, dont l'aîné est aujourd'hui âgé de vingt-deux ans, est le frère cadet du landgrave Alexandre-Frédéric de Hesse, chef de la ligne de l'ancienne Hesse électorale (Hesse-Cassel), un des petits trônes indépendants d'Allemagne que la Prusse a renversés en 1866, après Sadowa, pour s'annexer leurs sujets.

Le parti monarchiste se montrait consterné du refus du duc Adolphe-Frédéric de Mecklembourg-Schwerin, et les journaux monarchistes, qui se livraient à de nombreux commentaires, croyaient devoir l'attribuer à des intrigues de personnes dont la responsabilité n'était pas engagée en la circonstance, à moins que ce ne soit au manque d'habileté des membres de la députation chargés d'offrir le trône au duc. En réalité, il semblait que ce dernier avait refusé l'offre qui lui était faite d'abord parce que les partisans de la monarchie en Finlande étaient une minorité, qu'il devait savoir mieux que personne à la solde de l'Allemagne, et, en second lieu, que la Constitution finlandaise limiterait rigoureusement ses pouvoirs.

Le *Lokal-Anzeiger* du 24 août, qui faisait connaître que le duc Adolphe-Frédéric de Mecklembourg avait été « proposé » aux Finlandais par un souverain auquel il croyait devoir reconnaître un sens politique très avisé, déplorait que certaines influences aient amené l'échec de cette candidature. Ce journal faisait tardivement remarquer, à ce propos, que l'Empereur s'était opposé à ce que le nom du prince Oscar de Prusse fut mis en avant. Il ajoutait que le Prince Frédéric-Guillaume de Prusse, fils de l'ancien régent de Brunswick, et le prince Albert de Prusse n'avaient pas montré de goût pour le trône de Finlande et faisait allusion, en terminant, à une nouvelle candidature, sans désigner autrement la personnalité qu'il visait.

L'*Hufvudstadsbladet* d'Helsingfors se faisait également l'écho du soi-disant désappointement des Finlandais à la suite du

refus du duc Adolphe-Frédéric de Mecklembourg d'accepter le
trône qui lui était offert et déclarait avoir la preuve que « des
intrigues avaient été ourdies par des milieux irresponsables »
contre cette candidature.

Par contre, la *Gazette de Voss* confirmait que le parti républicain s'était opposé à l'élection du duc de Mecklembourg
comme roi de Finlande et avait menacé le Sénat de recourir à
une opposition révolutionnaire s'il persistait à vouloir imposer
ce prince. D'ailleurs, un certain nombre d'hommes politiques
finlandais s'étaient joints aux républicains afin de faire échec
à cette candidature, pour la raison qu' « étant partisans d'une
monarchie constitutionnelle, ils ne pouvaient admettre l'éléva-
tion au trône de Finlande d'un prince appartenant à la famille
la plus réactionnaire du monde ». Les grands-duchés de
Mecklembourg-Schwerin et de Mecklembourg-Strelitz sont, en
effet, des monarchies absolues où toute tentative de faire aboutir un régime constitutionnel a échoué par la résistance de la
noblesse de ces deux Etats.

Tout au commencement de septembre, on annonçait que le
régent de Finlande, M. Svinhufvud, s'était rendu incognito
en mission spéciale à Berlin pour régler définitivement la question des candidats au trône de Finlande. Le 11 septembre, on
apprenait que le prince de Saxe était en Finlande.

A la même date, une note officieuse du Bureau d'information finlandais, *Finska Notisbyran*, faisait savoir que le prince
Frédéric-Charles de Hesse avait déclaré accepter la couronne
de Finlande et que la Diète finlandaise se réunirait le 26 septembre. Déjà, le 25 août, le *Lokal-Anzeiger* avait annoncé que
la Diète se réunirait à la mi-septembre et fixerait la date de
l'élection du monarque.

En même temps qu'il faisait connaître que le professeur
Holma avait été envoyé d'Helsingfors à Darmstadt pour ensei-
gner la langue finlandaise au prince Frédéric-Charles de Hesse,
le *Vorvœrts* publiait une protestation finlandaise contre l'avènement au trône de ce prince, prétendant que l'agitation
monarchiste en Finlande avait été créée par l'état-major allemand et se terminant par une déclaration où il était dit que les
Finlandais ne pouvaient reconnaître ce dernier comme leur roi
et en appelaient à la souveraineté nationale. Ce journal écrivait, au sujet de la candidature de ce prince :

Le beau-frère de l'Empereur n'a pas pu avoir le temps de se rendre compte de la chose hasardeuse qu'il entreprend : s'il devient roi de Finlande, ce sera contre la volonté du peuple finlandais. Nous ne pouvons que répéter que toute prolongation de la guerre pour des visées dynastiques est des plus impopulaires, et que le peuple n'est nullement disposé à verser une seule goutte de sang allemand pour la splendeur royale.

Le 22 septembre, la *Frankfurter Volkstimme* annonçait que le prince Frédéric-Charles de Hesse avait été prié par le grand quartier général de laisser en suspens la question du trône finlandais et de consentir à n'accepter que la fonction d'administrateur du royaume pour cinq ans, sans faire connaître la réponse de ce dernier.

Néanmoins, à Helsingfors, les monarchistes continuaient d'affirmer que, le 26 septembre, la Diète finlandaise élirait à une grande majorité le prince Frédéric-Charles de Hesse. Une note officieuse de la *Gazette de Cologne* laissait toutefois entendre qu'il était possible, au moment où le Gouvernement allemand cherchait un rapprochement avec les socialistes et à constituer un Cabinet de concentration, que la candidature du prince de Hesse fut retirée à la dernière heure.

En effet, on apprenait que la Diète s'était bien réunie le vendredi 27, pour résoudre la question constitutionnelle, mais que l'élection du prince de Hesse, qui avait été annoncée comme certaine la semaine dernière, devenait problématique et que la session durerait environ une semaine. L'avance des Alliés à l'Est ne raffermissait sans doute pas la confiance des Finlandais dans la force allemande, et la défaite des Turcs et des Bulgares leur révélait le danger qu'il y avait pour les petites nations à lier leur sort à celui de l'Empire allemand.

D'autre part, le congrès des socialistes rouges finnois, réuni à Moscou, décidait, bien que ce projet parut difficile à mettre à exécution, que le prolétariat devait accaparer le pouvoir si on voulait éviter l'institution d'une dictature révolutionnaire comme celle existant en Russie, et qu'il y avait lieu de commencer de suite à créer l'agitation nécessaire et à faire des préparatifs énergiques en vue d'une nouvelle révolution en Finlande.

L'opposition rencontrée par l'action que les Alliés étaient amenés à entreprendre sur la côte mourmane achevait de révéler l'orientation de la politique suivie par le gouvernement de M. Svinhufvud et combien l'influence allemande était puissante auprès de lui. Toutefois, ce qui semble bien invraisemblable, les Finlandais soutenaient, pour leur défense, qu'ils avaient cru au début que cette action était dirigée contre eux et menaçait leurs intérêts.

Selon une dépêche de Stockholm au *Times*, en date du 26 août, M. Sario, qui, après avoir été attaché au service de la propagande en Allemagne, était devenu sous-secrétaire d'Etat aux Affaires étrangères de Finlande lors de l'arrangement conclu entre la Finlande et l'Allemagne, et qui, depuis, était ministre sans portefeuille, déclarait à un représentant de la presse, au sujet de l'initiative prise par les Alliés à Mourmansk, que le Gouvernement finlandais comptait sur l'appui de l'Allemagne. Il disait notamment :

La Finlande observe avec une extrême attention le mouvement des troupes anglaises dans la Carélie septentrionale et orientale. Le Gouvernement finlandais a résolu de réorganiser l'armée finlandaise promptement. Nous venons d'appeler sous les armes les classes 1896, 1895 et 1894. La Finlande n'admettra pas de se soumettre aux conditions posées par l'Entente; nous ne changerons pas de politique à l'égard de l'Allemagne. Notre attitude dépendra de celle de l'Angleterre. Nous pouvons, de toute façon, compter sur l'appui de l'Empire allemand.

La presse finlandaise n'accueillait cependant pas unanimement ces déclarations d'une façon favorable. Du reste, en réponse à la protestation du Gouvernement finlandais auprès des délégations des puissances occidentales à Stockholm contre la violation de neutralité commise vers Kuolajærvi, le consul anglais donnait connaissance d'une déclaration de son gouvernement d'après laquelle les troupes commandées par des chefs alliés n'avaient jamais cherché à traverser la frontière finlandaise ni effectué aucune attaque contre la Finlande, et ces chefs militaires avaient reçu l'ordre catégorique d'éviter de violer la frontière de Finlande.

Peu après, à la suite des échecs subis en France par l'Allemagne et de la crise de ses effectifs, la légation allemande à Helsingfors, suivant les instructions de son gouvernement, remettait au Gouvernement finlandais une déclaration l'informant que les troupes allemandes, afin d'épargner à la Finlande et à la Suède d'être impliquées dans des complications de guerre, ne pénétreraient pas en Carélie orientale, si l'Angleterre et les autres puissances de l'Entente s'engageaient expressément à évacuer la Carélie et la côte mourmane, et à en retirer leurs troupes dans un délai qui était à fixer.

Les éditoriaux du *Hufvudstadsbladet* et du *Helsingen Sanomat* constataient que les assurances données par l'Allemagne au Gouvernement des Soviets contre toute attaque de la Finlande pendant les opérations russes contre l'Entente et contre un nouveau démembrement de la Russie, enchaînaient la liberté d'action de la Finlande.

Il était assez curieux, et cela était bien dans sa manière, de voir l'Allemagne, dont les forces en Finlande devaient atteindre 55.000 hommes et n'étaient que de 13.000 tout au plus, dans l'impossibilité où elle se trouvait d'envahir la Carélie, chercher par des moyens détournés et sous conditions à inviter les Alliés à évacuer cette région.

Certaines informations révélaient, du reste, que l'Allemagne, à la suite de son intervention, déployait en Finlande une grande activité tant au point de vue économique qu'au point de vue moral, soit par la reprise d'affaires anciennes, soit par la création de nouvelles. Une société, qui comptait les Krupp, d'Essen, et la « Finlande Industrikontor » parmi ses actionnaires, se formait pour la recherche des gisements de minerai en Finlande. Un peu plus tard, une autre information faisait connaître que Krupp avait également constitué en Finlande une société, au capital de 2 millions de mark, pour l'exploitation des mines de Jussaro et s'était intéressé à la société « Finlande-Malmundersnocking » au capital de 2 millions de mark, dont le but est l'exploitation des minerais de fer déjà connus et la recherche de nouveaux gisements qui puissent concurrencer le minerai suédois. Bien que l'Allemagne ait déjà pris de nombreuses parts dans les entreprises suédoises, dans la crainte que la Suède ne modifiât l'orientation de sa politique, elle cherchait à mettre la main sur les minerais finlandais. Une compagnie allemande achetait un théâtre finlandais et des négociations étaient engagées pour l'acquisition d'autres établissements en vue de servir à la propagande allemande. Enfin, vers la fin de septembre, on annonçait d'Helsingfors (1) que plusieurs personnalités politiques, notamment le régent

---

(1) Le *Temps*, 27 septembre 1918.

Svinhufvud, le Gouvernement de la province d'Helsingfors et le recteur de l'Université venaient de fonder une société finlando-germanique en vue de « fortifier les liens moraux et politiques unissant la Finlande à l'Allemagne », et que M. Svinhufvud et M. Brueck, plénipotentiaire allemand, en avaient accepté la présidence d'honneur.

Jusqu'alors, tout le trafic des voyageurs et des marchandises, ainsi que le service postal entre la Finlande et l'Europe centrale et occidentale, qui n'empruntait pas les lignes de navigation desservant Stettin, Lubeck, Copenhague et Hull était acheminé à travers la Suède par la grande ligne ferrée qui la traverse du nord au sud. Des services *réguliers de vapeurs* amenaient les voyageurs et les sacs de dépêches à Stockholm, d'où ils étaient ensuite dirigés vers le Danemark et l'Allemagne. Il était même question, selon un récent projet finlandais, d'établir après la guerre un service de bacs transbordeurs entre les deux rives du golfe de Bothnie, passant à travers l'archipel Aland et aboutissant à Abo, tandis que le trafic suédois tendait plutôt à emprunter la voie Riga ou Baltish-Port. D'autre part, de nombreux navires suédois allaient prendre les produits de l'ancien grand-duché de Finlande pour les transporter dans les ports étrangers ou rapporter de ces derniers les marchandises qui y étaient importées. Or, on apprenait, dans le courant de 1918, que l'Allemagne cherchait à détourner tout le trafic finlandais avec l'étranger par la côte orientale de la Baltique et à le faire passer par l'Estonie et la Livonie, qu'elle détenait, afin de l'accaparer. Le *Tidens Tegn*, de Christiania, annonçait qu'un service de bacs transbordeurs allait prochainement fonctionner entre Helsingfors et Reval, en sorte que les convois pourraient directement passer du réseau finlandais sur celui de la rive sud du golfe de Finlande, sans rompre charge, et continuer jusqu'à la frontière allemande par Dorpat, Riga, Dwinsk. Deux *lignes allemandes de navigation*, dont l'une partait de Lubeck et l'autre de Stettin, étaient mises, en même temps, en exploitation pour desservir toute la côte de la Baltique jusqu'à Reval en plus de la ligne finlandaise d'Helsingfors à Stettin. D'un autre côté, d'après *Nationaltidende* (1), la direction des chemins de fer suédois faisait connaître qu'elle

---

(1) 22 Juillet 1918.

avait examiné la création d'une voie ferrée Berlin-Helsingfors, *viâ* Reval, dont le parcours s'effectuerait en trente heures, et que des négociations avec les autorités allemandes, qui se montraient favorables à ce projet par suite du raccourcissement très notable du voyage qu'il réalisait, étaient en cours à Berlin. En dehors de l'amélioration indiscutable qu'elle apporterait aux relations actuelles, il est certain que la création de cette ligne ne pouvait que servir les plans pangermanistes. M. Sario, dans son livre *Die Nordische Brucke* (Le Pont du Nord), ne s'appliquait-il pas à démontrer que la Finlande devait devenir le lien de l'entente entre la Scandinavie et une Allemagne qui devait s'étendre de la Méditerranée à l'océan Arctique. Tout en tenant compte de la part d'exagération propre à toutes les vues de ce genre qui ont été émises du côté allemand, il n'en est pas moins évident que l'Allemagne, par sa situation, se trouve favorisée de ce côté et qu'elle peut légitimement retirer de grands avantages de l'établissement prochain de ces relations rapides.

Ces faits, en montrant à la Suède la mauvaise orientation de sa politique, devait lui faire regretter certaines de ses complaisances pour l'Allemagne, dont quelques-unes, comme celles relatives à l'affaire Luxburg, ne furent ni à son honneur ni à son profit, et lui faire voir avec quelle âpreté l'Allemagne entendait poursuivre la réalisation de ses plans pangermanistes sans même savoir gré au Cabinet de Stockholm des services que celui-ci avait pu lui rendre à certains moments.

Les nations scandinaves n'avaient pas été toutefois sans se rendre compte du danger que les plans allemands en Finlande présentaient pour leurs propres intérêts. Dès le début de mars 1918, les Danois, Suédois et Norvégiens se mettaient d'accord pour envoyer en Finlande une commission chargée d'étudier l'état économique du pays, et cette commission, comprenant six membres, soit deux députés délégués par chacun des trois gouvernements, devait vraisemblablement avoir une mission politique et devait se proposer de rechercher les moyens de faire rentrer la Finlande dans la sphère d'action du groupe des Etats scandinaves, dont elle se trouve appelée à faire partie par sa situation géographique, ses intérêts économiques et ses affinités.

Plus récemment, M. Petren, ministre suédois, dans le discours qu'il prononçait, le dimanche 8 septembre 1918, à la réunion du parti libéral à Esloef, en Suède méridionale, après avoir fait l'exposé du travail accompli par le Cabinet suédois pendant sa première année d'existence et, à propos de la question de l'intervention de la Finlande, constaté qu'en dépit des protestations de ses adversaires politiques le gouvernement avait persisté dans l'attitude qu'il avait prise d'accord avec la majorité de la nation, déclarait avoir confiance que l'animosité qui se manifestait en Finlande contre la Suède disparaîtrait quand on se serait rendu compte que l'attitude de la Suède est justifiée et que de bonnes relations seront de nouveau établies entre les deux pays.

D'autre part, selon des informations données par la presse suédoise à la fin d'août, le Gouvernement finlandais aurait récemment sondé l'opinion estonienne en vue d'amener un rapprochement entre l'Estonie et la Finlande, et de déterminer une union. Sans doute, il était probable que derrière cette initiative se dissimulait une manœuvre allemande, comme on l'a aussitôt soupçonné, car l'Allemagne s'étant toujours heurtée dans ses projets d'annexion à la presque unanimité de l'opinion estonienne, elle cherchait à atteindre ses buts par des voies détournées. Dans l'état où étaient les choses quand cette suggestion était faite, une union finlando-estonienne aurait eu, en effet, pour conséquence de mettre l'Estonie dans le même état de vassalité que la Finlande à l'égard de l'Allemagne. Mais, étant mal informés de l'état de l'opinion de ces pays, il nous est difficile de juger des mobiles véritables qui ont déterminé ces démarches, et il ne serait pas invraisemblable qu'une partie de la Finlande, à mesure que se développaient les événements, se soit rendu compte en partie de la situation désastreuse à laquelle sa politique risquait de la mener en ce qui concerne le problème de la Baltique. Cette démarche pouvait donc être à double face. Aussi, très justement, M. Virgo, membre du Gouvernement provisoire estonien, faisait à ce sujet, dans le *Dagens Nyheter*, la déclaration suivante :

Ce projet d'union avec la Finlande ne pourrait être pris en considération par les Estoniens que le jour où la Finlande serait un Etat réellement libre et indépendant, et non plus un simple pays vassal de l'Allemagne.

Le Gouvernement finlandais croyait, de son côté, devoir

démentir les informations précédentes; mais, de part et d'autre,
tout en restant sur les positions prises, on semblait ne point
exclure l'idée d'un tel rapprochement et en méconnaître
l'intérêt.

M. von Hintze, sous-secrétaire d'Etat aux Affaires étrangères,
dans le discours qu'il prononçait le 25 septembre 1918 devant
la grande commission du Reichstag, en résumant à sa manière
la politique adoptée par la Finlande, et tout en s'efforçant à
cette occasion de dégager la responsabilité de la famille impériale, ne dissimulait pas l'appui que l'Allemagne lui avait
accordé et l'approbation qu'elle donnait aux décisions prises
par le goüvernement de M. Svinhufvud, touchant l'établissement du régime monarchique :

Dans le nord, l'un des Etats qui ont suscité plus spécialement notre intérêt
la Finlande, fait les premiers pas pour se consolider au point de vue politique. Déjà au mois de mai de cette année, le général Mannerheim a déclaré
à Helsingfors que, pour la Finlande, l'établissement de la monarchie était le
fondement de sa prospérité. La constitution finlandaise prévoit la Finlande
comme Etat monarchique. L'administrateur d'Etat Svinhufvud a déclaré,
vers la fin du mois de mai : Le seul chemin pour assurer l'indépendance et
la liberté de la Finlande est une monarchie constitutionnelle établie au-dessus
de toutes les divergences de partis. J'insiste particulièrement là-dessus pour
montrer quelles bases possède la monarchie finlandaise, parce que nous
prévoyons l'objection d'après laquelle nous nous serions efforcés de pousser
la Finlande au régime monarchique. Cela n'est pas le cas.

Par la suite, le Gouvernement finlandais s'est tourné vers l'Allemagne en
demandant un prince de la Maison royale ou un des fils de l'Empereur
comme monarque. Pour des raisons diverses, l'Empereur n'a pas cru devoir
donner suite à cette demande. On dit alors au Gouvernement finlandais que
la question de la forme d'Etat était une affaire propre du Gouvernement
finlandais. Sur la base de la constitution de 1772, de nouvelles mesures ont
été prises par le Gouvernement, qui tendaient à donner à la Finlande la
forme étatiste qui lui avait été promise. Sur le désir du Gouvernement
finlandais, nous avons fait déclarer par notre ministre à Helsingfors que
toute immixtion dans la question constitutionnelle était exclue pour nous,
mais que, néanmoins, l'Allemagne saluerait avec sympathie le maintien de
la constitution monarchiste constitutionnelle en Finlande.

Aussi, comme on pouvait le prévoir d'après les négociations
engagées et l'orientation donnée par le Sénat à la politique
finlandaise, le 10 octobre, après une séance secrète qui dura
depuis une heure de l'après-midi jusqu'à neuf heures du soir,
avec quelques interruptions, la Diète, se basant sur l'article 38
de la Constitution de 1772, procédait à l'élection du roi et dési-

gnait le prince Frédéric-Charles de Hesse. Les députés devant exprimer leur vote en se levant de leur siège, les agrariens et quelques républicains peu nombreux manifestèrent leur volonté de ne pas prendre part à cette élection en restant assis.

A la suite de cette séance, le prince Frédéric-Charles de Hesse était, par conséquent, élu roi de Finlande, la succession au trône était assurée à ses descendants et la présidence de la Diète était chargée de prendre les dispositions nécessaires pour l'exécution de cette décision.

Les socialistes finlandais réfugiés en Suède tenaient, le soir même, une importante réunion et celle-ci était unanime à déclarer que la décision prise par la Diète était opposée à la volonté du peuple et ne représentait qu'une solution éphémère. Ils affirmaient que la Finlande était un pays foncièrement républicain, que la volonté de son peuple était de le rester, et l'ordre du jour voté par cette réunion disait : « Ce n'est que grâce à l'appui prêté par l'Allemagne aux miliciens de la garde blanche, qui représentent la minorité bourgeoise des villes, qu'on a pu lui imposer un roi ».

Toutefois, la *Gazette de l'Allemagne du Nord* croyait devoir faire remarquer à propos de l'attribution de la couronne de Finlande au prince de Hesse que le Gouvernement allemand n'avait exercé aucune action sur la Diète de Finlande, ni quant au choix du titulaire ni quant à la date de l'élection.

En tous cas l'heure était bien mal choisie et la décision prise par le Gouvernement finlandais qui, dans cette circonstance comme dans celles qui l'avaient précédée, était ou mal informé ou bien complètement aveuglé par les influences allemandes, ne faisait, au moment où l'Allemagne était battue par les Alliés et demandait la paix, que rendre plus désastreuse, en la confirmant, l'erreur qu'il avait commise.

En effet, à la suite du vote émis par la Diète finlandaise régulièrement constituée, l'indépendance de la Finlande avait été d'abord reconnue, parmi les nations alliées ou neutres, par la France *de jure* et *de facto*, par l'Angleterre *de facto* avec promesse de le faire *de jure*, par la Suède, la Norvège, le Danemark, l'Espagne, la Suisse et la Hollande; aussi, quels qu'aient été les griefs de la Finlande contre la Russie, on comprenait mal l'attitude qu'elle conservait à l'égard des nations de l'Entente et la sympathie sans réserve qu'elle continuait de montrer à l'Allemagne. Mais depuis, par des mesures prises d'une façon illégale, bien que le Gouvernement finlandais ait prétendu les justifier, et qui constituaient un véritable coup d'Etat, la substitution du maintien de la monarchie à la république avait été décidée contrairement à la légalité, et un prince allemand avait été appelé, au mépris du droit et des intérêts finlandais, à monter sur le trône du royaume finlandais. Il devenait donc impossible aux pays qui avaient reconnu l'indépendance de la Finlande de consacrer une pareille situation par l'établissement de relations diplomatiques officielles avec le gouvernement d'Helsingfors, et ils ne pouvaient, en aucun cas, consentir à reconnaître une monarchie se donnant pour souverain un prince originaire d'un Etat avec lequel elles étaient en guerre. Devant ces faits, le Gouvernement français se croyait dans l'obligation de rompre ses relations avec la Finlande le 15 novembre 1918 et de ne laisser à Helsingfors qu'un agent dont les fonctions avaient toujours été et restaient d'ordre consulaire, et qui avait seulement pour mission d'assurer la protection de ses nationaux et la défense de leurs intérêts.

Le Gouvernement finlandais n'était pas, du reste, sans s'apercevoir des difficultés devant lesquelles il se trouvait placé du fait de la politique qu'il avait adoptée, et la situation générale devenait en Finlande très incertaine.

Après la capitulation de la Bulgarie et les événements militaires du front occidental, l'opinion publique finlandaise commençait à se rendre compte du danger de la politique où s'était engagé le Sénat, et un revirement s'y faisait sentir. Sans doute, les organes officiels persistaient dans leur attitude germanophile et, — ce qu'il importe de noter et confirme ce que nous avons laissé entendre au sujet de la part d'influence qui restera malgré tout dévolue à l'Allemagne dans ces pays, par suite de sa situation géographique et de ses rapports commerciaux, — l'*Huvudstadsbladet* déclarait qu'aucun changement dans la situation allemande ne pouvait modifier l'orientation de la politique de la Finlande, puisque l'Allemagne resterait quand même, après la guerre, la plus forte puissance baltique et qu'elle devait, par conséquent, cultiver son amitié. Mais le parti agrarien accentuait son opposition au gouvernement et un nouveau courant d'opinion se faisait sentir, qui soutenait qu'il fallait chercher en Suède un appui capable de remplacer celui que le gouvernement avait demandé à l'Allemagne, et il est certain que cette politique était celle que la Finlande aurait toujours dû suivre.

Les *Nya Dagligt Allenhanda* du 14 octobre annonçaient que les troupes allemandes étaient en train d'évacuer la Finlande et, d'autre part, que le Gouvernement finlandais avait appelé à Helsingfors le général Mannerheim qui, comme on le sait, se trouvait en disponibilité, sans laisser entendre si c'était pour lui confier une mission politique ou militaire.

En tous cas, il semblait douteux que le prince de Hesse se rendît à Helsingfors et on lisait dans la *Gazette de l'Allemagne du Nord :*

A l'occasion d'une visite à Berlin, Frédéric-Charles de Hesse a déclaré, il y a quelques jours, qu'il n'accepterait en aucun cas immédiatement la couronne de Finlande, mais que sa décision dépendait de la marche des événements. L'accession au trône ne pourrait avoir lieu au plus tôt que dans deux ans. Un gouvernement intérimaire doit être constitué en attendant. Le prince a relevé qu'il n'avait nullement l'intention de s'imposer à la Finlande.

Le 14 octobre, on mandait d'Helsingfors que quarante membres socialistes du Landtag finlandais, accusés de haute trahison, avaient été condamnés à la peine de mort et les autres à des peines d'emprisonnement variant de deux ans à perpétuité.

M. Svinhufvud, chef du gouvernement, donnait sa démission le 13 novembre 1918 et il semblait qu'aucune divergence d'opinion ne devait se produire, lors de l'élection d'un nouveau chef du pouvoir fixée au jeudi 19 décembre, quant à la nomination du général Mannerheim, car on espérait que les négociations que ce dernier poursuivait alors à Londres et à Paris amèneraient une solution favorable des questions politiques les plus importantes pour la Finlande.

Dans le même moment, d'après une information publiée par le *Dagens Nyheter* (1), M. Trépof menait en Suède une action énergique en vue de constituer en Russie un gouvernement impérialiste destiné à remplacer celui des Bolcheviki. Le *Social Democraten*, dans son éditorial, se déclarait en mesure de confirmer, d'après des renseignements émanant de source sûre, les assertions du *Dagens Nyheter* et affirmait que non

______
(1) 11 Décembre 1918.

seulement M. Trépof travaillait à une réaction tsariste en Russie, mais encore que cette tentative était appuyée par le Gouvernement finlandais qui avait déjà versé une somme de 5oo.ooo mark et avait promis de fournir encore un million et demi. Ce journal protestait violemment contre cette collaboration des anciens impérialistes russes et du gouvernement finlandais; il exprimait l'espoir qu'à brève échéance les gouvernements démocratiques déclareraient formellement qu'ils n'avaient rien de commun avec les intrigues russes nouées à Stockholm; il s'élevait contre toute idée d'intervention et concluait que la Suède, ayant rompu tous rapports avec la Russie bolcheviste, elle n'avait pas à appuyer une action qui, en irritant la nation russe, ne pouvait servir d'autres intérêts que ceux des Bolcheviki.

Malgré les circonstances anormales dans lesquelles avaient lieu les élections municipales en Finlande, au milieu de décembre 1918, puisque tous les journaux socialistes avaient été supprimés et que des milliers de socialistes étaient privés du droit de vote, le parti socialiste remportait un succès considérable et le *Social Demokraten* y voyait la preuve que le gouvernement du général Mannerheim n'avait pas la majorité du peuple avec lui.

Le 22 novembre, on apprenait que le général Mannerheim avait accepté d'être le chef de l'Etat et qu'une transformation complète du gouvernement était imminente. Le général Theoleff, ministre de la Guerre, qui avait affiché des sentiments germanophiles, donnait sa démission à la suite du retrait des troupes allemandes.

Le 26 novembre, un nouveau Gouvernement finlandais était constitué par le régent Mannerheim. Ce nouveau gouvernement, qui se donnait comme un gouvernement de coalition, était composé de six républicains et de sept monarchistes. Il semblait avoir été constitué dans le but de remplacer par des hommes nouveaux les membres de l'ancien Cabinet que leur politique vis-à-vis de l'Allemagne avait discrédités, afin de permettre à la Finlande d'obtenir de l'Entente le ravitaillement dont elle avait besoin.

Le *Corriere della Sera* croyait cependant pouvoir écrire, commentant la formation du nouveau Gouvernement finlandais :

Il signifie donc le passage de la période monarchiste de l'influence allemande à la période démocratique de l'orientation ententophile de la Finlande. Tous les partis bourgeois et démocratiques y sont représentés à l'exception du groupe radical et du groupe agraire, lesquels voulaient absolument dans le gouvernement une majorité républicaine. L'inspirateur du nouveau Cabinet paraît être le général Mannerheim, lequel est parti pour Londres pour conclure un accord entre la Finlande politiquement renouvelée et l'Entente. La formation du nouveau Gouvernement finlandais marque la complète faillite de la politique du parti germanophile, lequel est tombé avec la puissance militaire de l'Allemagne, sur laquelle il s'appuyait aveuglément.

D'après les communications faites à la presse, les principaux points du programme de ce nouveau gouvernement étaient d'obtenir la reconnaissance de l'indépendance de la Finlande par les grandes puissances, si possible avant la Conférence générale de la paix; d'avoir une politique étrangère finlandaise neutre; de préserver l'intégrité territoriale; de résoudre la question de la Carélie orientale par des négociations; de réagir contre le mouvement révolutionnaire de l'Est et, en même temps, de rétablir le plus tôt possible les conditions normales intérieures, particulièrement en ce qui concernait le ravitaillement; enfin, de proposer de nouvelles élections générales pour la Diète, auxquelles le gouvernement décidait de procéder dans le courant de février ou de mars.

Toutefois, des personnalités qui avaient suivi une politique pro-allemande se retrouvaient dans ce Cabinet : M. Ingman, à qui était confié la présidence du Conseil, avait été le chef de la délégation qui s'était rendue à Francfort pour inviter le prince de Hesse, beau-frère de Guillaume II, à accepter le trône de Finlande; le ministre de l'Intérieur du nouveau gouvernement, M. Tulenheimo, faisait partie de la même délégation et demeura plusieurs semaines auprès du prince de Hesse pour le mettre au courant des affaires finlandaises; le sous-secrétaire d'Etat aux Finances, M. Vennola, n'avait pas moins été mêlé au mouvement pangermaniste. Enfin, M. Enckell, ancien ministre de Finlande à Petrograd, était chargé du portefeuille des Affaires étrangères.

D'ailleurs, les démarches que les barons baltes, après s'être appuyés sur l'Allemagne impériale pour étouffer la démocratie dans les pays baltiques, chargeaient le nouveau gouvernement finlandais de faire auprès de la monarchie anglaise, afin d'obtenir de cette dernière la protection qu'ils avaient cherchée auparavant auprès du Gouvernement d'Helsingfors, montraient que les dispositions du Gouvernement du général Mannerheim, qui ne comprenait ni socialistes ni agrariens, n'étaient pas radicalement changées et qu'il conservait, de même que celui de M. Svinhufvud, une tendance monarchique. M. Hjalmar Branting, dans le *Social Demokraten* de Stockholm, citait, en attaquant violemment, ses signataires, un document récemment remis au Gouvernement suédois par la noblesse balte pour être transmis au Gouvernement britannique, dans lequel celle-ci réclamait le maintien de ses privilèges fondé sur un acte passé entre la Suède et la Russie à Neptar, en 1723, et déclarait illégaux tous les changements survenus depuis cette date, notamment pendant la révolution russe.

Des manifestations se produisaient à Helsingfors, soit en l'honneur du général allemand von der Goltz, soit pour protester contre les conditions d'armistice imposées par les Alliés à l'Allemagne. Les autorités municipales de cette ville présentaient au commandant en chef des troupes allemandes une adresse lui exprimant la gratitude de la cité pour les services rendus à la Finlande et 200.000 mark lui étaient remis pour être distribués aux familles des soldats tués ou blessés à Helsingfors au cours des engagements qualifiés de combats pour « la libération » de la Finlande.

D'autre part, le général von der Goltz, qui commandait le corps expéditionnaire allemand, annonçait à ses soldats qu'on les démobiliserait sur place et qu'ils auraient la faculté de rester individuellement en Finlande. Le 1er et le 3e régiment de uhlans allemands, casernés à Viborg, étant demeurés fidèles à l'Empereur, les marins de la flotte allemande refusèrent de les ramener en Allemagne. Les troupes allemandes devaient, avant la mi-décembre, quitter la Finlande et celle-ci devait faire savoir, avant le 8 décembre, si elle désirait garder les officiers allemands comme instructeurs, auquel cas la qualité de citoyens finlandais serait accordée à ces officiers.

VII

LES ILES ALAND

Après la guerre malheureuse de 1808-1809, la Suède avait été obligée de céder à la Russie la Finlande avec les îles Aland, qui étaient habitées exclusivement par des Suédois et qui avaient appartenu à la Suède dès les temps les plus reculés.

En effet, comme l'écrit E. Reclus : « La population de « l'archipel Aland, que les Scandinaves possédaient déjà en « 1130, est entièrement suédoise; de même celle qui habite « quelques-unes des îles d'Abo et la région du littoral, au sud « de Gamla Karleby : naguère le finnois y était aussi peu connu « que le russe. Dès le milieu du xiiie siècle, la colonisation « suédoise avait commencé dans le pays à la suite des conquê- « tes de Birger Jarl et dans les siècles suivants elle ne cessa « d'augmenter, grâce aux franchises commerciales et aux pri- « vilèges de toute nature accordés aux Scandinaves » (1). Mais, d'après lui, de même que les îles situées en face de l'Estonie, « par leurs contours et leur relief, aussi bien que « par la nature de leurs roches, sont évidemment une même « terre » (2), les îles Aland continuent en mer l'angle sud-occidental du pays et en sont comme le prolongement géologique (3).

Cet archipel, qui se compose de près de trois cents îles ou îlots, compte environ 25.000 habitants; la plus grande, l'île Aland proprement dite, a 39 kilomètres sur 31, elle commande l'entrée du golfe de Bothnie et forme une sorte de défense naturelle à Stockholm, la capitale de la Suède, dont elle n'est distante que d'environ 70 kilomètres. Par la possession de ces îles, la Russie s'assurait ainsi la pleine et sûre propriété de la Finlande. On conçoit donc que la question des îles Aland n'ait cessé, depuis cette époque, d'être une des préoccupations constantes de la politique suédoise.

---

(1) E. Reclus. *Nouvelle Géographie universelle*, t. V, p. 340
(2) *Id.*, p. 367.
(3) *Id.*, p. 318.

Dès 1834, la Russie, qui appréhendait une rupture avec l'Angleterre, entreprit de mettre en état de défense Bomarsund, port le plus important situé au milieu de la côte orientale et dont la construction de la forteresse demanda près de vingt ans. Ces travaux n'avaient pas été sans inquiéter très vivement la Suède. Aussi, lorsque, en 1854, pendant la guerre de Crimée, une flotte anglo-française détruisit ces fortifications à peine terminées, la Suède ne cacha pas sa satisfaction de cette victoire étrangère qui réduisait à néant les inquiétudes que la construction de la forteresse de Bomarsund avait pu lui donner pour sa sécurité nationale. On dit même que, plus tard, Napoléon III se serait montré tout disposé à restituer à la Suède les îles Aland, que son oncle avait données à la Russie comme les clefs de la Finlande et en même temps que cette dernière. Mais Oscar Ier craignit, paraît-il, un retour offensif de la Russie à un moment favorable et une convention anglo-franco-russe, du 30 mars 1856, annexée au traité de Paris, prescrivait seulement que les îles Aland « ne seront pas fortifiées et qu'il n'y sera maintenu n'y créé aucun établissement militaire ou naval ».

Après la guerre russo-japonaise et la destruction de la flotte russe, la Russie, alors maîtresse de la Baltique, redoutant une attaque de l'Allemagne, qui travaillait activement à accroître sa puissance maritime, établit un projet de fortification des îles Aland. Mais comme la convention figurant au traité de Paris était toujours valable, M. Isvolsky, vers la fin de 1907, demandait aux signataires de cet acte l'abrogation des stipulations restreignant la liberté d'action de la Russie dans cet archipel.

Nous savons aujourd'hui, d'après les déclarations de M. Trotzky, relatives à un accord russo-allemand de 1907, recueillies par le correspondant du journal socialiste *Politiken* au début de février 1918 et d'après la publication des archives secrètes russes, que l'Allemagne ne se serait pas montrée hostile à la demande de la Russie et que si le traité de Paris fut maintenu, il l'a été non à cause de l'opposition de l'Allemagne, mais par suite du mécontentement provoqué en Suède : ce pays voyait dans la modification des stipulations qui y figuraient sinon une atteinte du moins une menace non illusoire à son indépendance. L'Angleterre et la France, qui ne pouvaient légitimement négliger l'opinion suédoise et ne pas reconnaître la justesse de ses revendications, acceptèrent l'abrogation des stipulations du traité de 1856, mais à la condition que la Russie obtienne le consentement de la Suède.

La politique secrète suivie par l'Allemagne en 1907, comme on l'a fait remarquer à ce sujet, bien que cela ne puisse plus surprendre après ce que nous avons appris de sa diplomatie depuis la guerre, se montre singulièrement contradictoire avec ses actes officiels d'alors. Le 2 novembre 1907, elle signait, en effet, le traité relatif à l'intégrité de la Norvège et, le 23 avril 1908, la déclaration qui garantissait le *statu quo* territorial sur les rives de la Baltique. Or, il est clair qu'en autorisant complaisamment la Russie à fortifier les îles Aland, le Gouvernement de Berlin travaillait au contraire à détruire le *statu quo* dans la Baltique et à menacer les Etats scandinaves. Mais, comme le faisait observer M. Trotzky, lui-même, au moment où les Allemands occupaient les îles qui ferment le golfe de Riga et commandent une partie importante de la Baltique, l'équilibre s'y trouvait bien autrement compromis aujourd'hui qu'il ne l'aurait été en 1907, si la Russie avait fortifié à cette époque les îles Aland avec l'assentiment de l'Allemagne.

On prétend cependant que si les voix scandinaves demandant la participation de la Suède aux côtés des Allemands furent si nombreuses au commencement de la guerre actuelle, la raison en est dans la manière dont fut menée la campagne diplomatique de 1907-1908, que la presse allemande sut utiliser au profit de l'Empire, en attribuant faussement à l'attitude de l'Allemagne l'échec de la demande présentée par M. Isvolsky.

Mais, au cours de la guerre actuelle, la Russie s'est de bonne heure trouvée dans l'obligation de fortifier les îles Aland pour les mettre à l'abri de l'occupation allemande qu'elles avaient failli subir dès le 20 août 1914. Bien que ces mesures prises au commencement de 1916 fussent déclarées provisoires et que promesse fut faite de mettre hors d'état ces travaux de défense après le rétablissement de la paix, elles n'étaient pas sans inquiéter à nouveau les Suédois et sans réveiller les anciens dissentiments. Elles avaient pour effet de maintenir un courant d'opinion en faveur de l'Allemagne et de déchaîner une violente campagne dans les journaux qui lui étaient favorables.

Dans une brochure, *La Suède devant l'action décisive,*

publiée par le général Rappe, cet officier demandait la neutralisation immédiate des îles Aland. Dans une autre, le major-général Nordensvan demandait à la Suède de s'en emparer par un coup de force. Le colonel suédois Grill montrait, de son côté, comment les îles Aland pouvaient être utilisées comme base en vue d'une attaque contre Stockholm et Gefle.

La presse allemande, venant à la rescousse des journaux suédois favorables à l'Allemagne, appuyait leur campagne en faveur des intérêts de la Suède, qu'ils déclaraient dangereusement menacés.

La *Gazette de Francfort* (1) écrivait au sujet de la situation des îles Aland :

Ces îles, formant un pont, mènent directement de la Finlande jusqu'au centre du pays allongé qu'est la Suède. Par ce pont, les Russes arrivent au voisinage immédiat de la capitale suédoise. Sur les îles Aland, la Russie peut édifier, contre le Roi de Suède, un donjon dressé devant le palais royal de Stockholm.

La *Gazette de Cologne* déclarait que la Suède se trouvait « menacée directement par des ouvrages qui dominent ses côtes » (2), et dans la *Deutsche Zeitung* (3) on lisait, sous la signature du comte Reventlow, cette suggestion belliqueuse à peine déguisée :

Les îles Aland sont pour la Suède et toute la Scandinavie ce que sont les Détroits pour la Turquie. Les Turcs savent où sont leurs intérêts. Les Suédois comprendront-ils les leurs ?

Or, le samedi 2 mars 1918, M. de Lucius, ministre d'Allemagne à Stockholm, portait à la connaissance du ministre des Affaires étrangères de Suède que l'Allemagne avait l'intention d'envoyer, sur la demande du Gouvernement finlandais, c'est-à-dire du Sénat de M. Svinhufvud, qui s'appuyait sur l'armée blanche, des troupes en Finlande pour y réprimer la révolte qui y régnait, et, que pour ces troupes, l'Allemagne, avec le consentement de la Finlande, se servirait, au cours de leurs opérations, des îles Aland.

---

(1) *Gazette de Francfort*, 7 mai 1918.
(2) *Gazette de Cologne*, 9 mai 1918.
(3) *Deutsche Tageszeitung*, 9 mai 1918.

On sait, comme nous l'avons rappelé, que la Suède avait répondu au Gouvernement finlandais, lorsqu'il avait été obligé de quitter Helsingfors sous la pression de l'armée maximaliste, qu'elle ne croyait pas devoir intervenir dans ses luttes intérieures, mais qu'elle avait envoyé, de sa propre initiative, des bâtiments de commerce pour recueillir ceux de ses nationaux qui étaient en péril et pour délivrer l'archipel Aland des éléments d'agitation qui l'infestaient. En conséquence, l'Allemagne déclarait, pour ne pas entraver la tâche humanitaire assumée par la Suède aux îles Aland, qu'elle se limiterait à utiliser ces îles pour y organiser une simple étape nécessaire à l'expédition militaire qu'elle entreprenait. L'Allemagne assurait également la Suède qu'elle n'avait pas d'ambition territoriale sur ces îles et que la question de l'archipel Aland devrait être réglée dans une entente étroite avec la Suède. Toutefois, le Gouvernement suédois, tout en prenant acte de ces déclarations, croyait devoir présenter les objections les plus sérieuses à l'utilisation éventuelle et même limitée de l'archipel Aland qui, en dehors de la gêne que cette utilisation apporterait à la tâche assumée par la Suède en vue de la protection de la population, aurait l'inconvénient de les faire entrer dans la zone des opérations de guerre.

Peu après, les Allemands débarquaient 2.000 hommes et les cuirassés *Westfalen* et *Rheinland*, ainsi que huit transports, prenaient leur mouillage près de l'île Eckeræ, dans laquelle ils construisaient des baraquements; le vendredi 8 mars, un engagement naval avait lieu au sud d'Aland, pendant lequel deux transports russes étaient coulés pas des destroyers allemands.

Sans doute, le représentant en Suède du Gouvernement légal finlandais, M. Gripenberg, soutenait qu'il n'avait pas été tenu au courant des négociations qui avaient eu lieu entre son gouvernement et la Suède au sujet de l'envoi d'un détachement suédois dans les îles Aland, et déclarait aux journaux suédois dégager toute sa responsabilité en ce qui concernait leur évacuation par les « gardes blancs » partisans de son gouvernement. Mais le Gouvernement suédois, dans une note par laquelle il entendait rétablir les faits, répondait à ces déclarations destinées à couvrir l'attitude du Gouvernement finlandais et à justifier l'intervention des troupes allemandes qu'il avait sollicitée. Il résultait de cette pièce que le représentant finlandais à Stockholm aurait bien eu communication de toutes les négociations concernant les îles Aland, qu'il avait lui-même adressé un message radiotélégraphique aux « gardes blancs » pour les inviter à évacuer les îles et qu'il avait approuvé le débarquement éventuel des troupes suédoises.

Dans l'article paru dans le *Social Democraten*, de Stockholm, que nous avons précédemment cité, M. Hjalmar Branting, déclarait que :

La délégation du Gouvernement finlandais de M. Svinhufvud était allée à Berlin demander l'occupation immédiate des îles Aland par l'Allemagne, et que, si tous les partis suédois étaient d'accord sur une question, c'était bien sur celle des îles Aland, qui, d'après le désir unanime de toute la nation suédoise, devaient rester non fortifiées en dehors de la sphère d'influence de n'importe quelle grande puissance. Néanmoins, les délégués du nouvel Etat, qui devait être le quatrième Etat scandinave, sont accourus à Berlin pour demander, derrière le dos de la Scandinavie, que les îles Aland fussent immédiatement occupées par la première puissance militaire de la Baltique. Cette conduite de la part de la Finlande rappelle la trahison finlandaise du xviiie siècle (1).

Cette déclaration très nette, se terminant toutefois par une allusion qui, malgré la violence de la forme, n'en restait pas moins contestable au point de vue finlandais, n'était point faite pour calmer l'opinion finlandaise et faire baisser le ton de la discussion.

*
* *

La question des îles Aland, déjà fort complexe, revêtait donc un caractère encore plus épineux et se présentait d'une façon plus difficile par suite des circonstances qui la remettaient actuellement en discussion; mais il semblait que, si elle passait par une phase aiguë, c'est que les pays qu'elle intéressait ne l'envisageaient pas du véritable point de vue auquel ils auraient dû se placer : celui de l'avenir de la Baltique. Il est certain que la Suède, comme nous l'avons vu par l'exposé historique brièvement esquissé plus haut, peut invoquer des raisons à la fois ethnographiques, puisque leur population est presque

---

(1) D'après le *Temps*, 4 mars 1918.

entièrement d'origine suédoise; politiques, puisqu'elles lui ont
été autrefois rattachées, et, enfin, stratégiques, par suite de leur
situation. Mais il faut dire aussi que les îles Aland ont depuis
longtemps appartenu au point de vue administratif à la Finlande, qui, elle-même, forma de très bonne heure une unité
territoriale, et, d'autre part, il est probable, d'après les faits
historiques et archéologiques que nous connaissons, que ces
îles réalisèrent de tout temps une unité collective et administrative qui put, au cours des siècles et par le sort des armes,
être soumise à la domination suédoise, mais ne semble jamais
avoir été incorporée à une province suédoise quelconque située
à l'ouest de la mer d'Aland, et que, d'après les documents les
plus anciens qu'on possède, elle ne fit point partie d'autres
juridictions.

Les Finlandais font, en effet, valoir que les relations historiques de l'archipel Aland et de la Suède proprement dite, d'un
côté, et, de l'autre, avec le reste de la Finlande justifient leur
point de vue.

Conquise par les Suédois à la suite de plusieurs croisades
entreprises au XIIe et au XIIIe siècles, la Finlande reçut de
ceux-ci, en même temps que la religion, ses institutions et ses
lois, et, à dater du milieu du XIVe siècle, il n'exista plus aucune
différence politique entre la Suède et la Finlande, qui, à partir
de cette époque, forma une partie du royaume suédois. Mais
bien que la Finlande fût, au point de vue juridique, complètement assimilée à la Suède proprement dite par suite de ses
conditions géographiques et économiques, elle constitua de
très bonne heure une unité territoriale distincte. La grande
majorité des habitants de Finlande appartenait à une autre
race que ceux de la Suède proprement dite; les intérêts matériels
des deux pays ne pouvaient par cela même être concordants sur
tous les points et les provinces finlandaises, à raison de leur
position géographique éloignée, se trouvaient naturellement
amenées à former bientôt un groupe à part. Cette distinction
entre la Suède proprement dite et la Finlande, déterminée par
ces circonstances et en partie aussi par des destinées historiques
différentes, se trouva confirmée non seulement par la reconnaissance faite à la Finlande, en 1581, du titre de grand-duché,
mais encore dans les lois où Suède et Finlande, Suédois et
Finlandais étaient souvent nommés côte à côte.

Cette position spéciale dans le royaume de Suède, la Finlande la conserva tant que dura l'union avec la Suède. Or, les îles Aland faisaient partie de cette unité territoriale complète et distincte de la même façon et au même titre que toutes les autres provinces du grand-duché. Prises en possession par une population de race et langue suédoises à peu près à la même époque que les côtes du continent finlandais, les îles Aland ne se trouvaient pas avoir sous ce rapport une situation privilégiée.

A l'appui de leurs revendications, les Finlandais rappellent que d'après ce que nous connaissons de l'organisation juridique des îles Aland, elles ne faisaient pas partie d'autres juridictions, et que si nous ne savons rien de la dépendance ecclésiastique à laquelle elles étaient rattachées avant le commencement du xive siècle, nous n'ignorons pas qu'elles faisaient à cette époque partie du diocèse d'Abo. En 1326 (1), le bailli de Finlande parle de « Alandia » comme faisant partie du Gouvernement d'Abo, et ceci est confirmé par un décret de 1334 concernant la perception des impôts en Finlande. Il semble également avéré que les îles Aland étaient considérées comme partie intégrante du diocèse et du bailliage de l'Est dans la patente de 1362, qui, sans énumérer les provinces, accorde aux habitants de la Finlande le droit de participer à l'élection du roi de Suède. En 1435, lors de la division en deux du bailliage finlandais, il fut expressément stipulé que les îles Aland faisaient partie du bailliage *finlandais* du Nord. Plus tard, quand, en 1556, le roi Gustave Ier bailla à féage à son fils Jean le duché de Finlande, les limites de celui-ci englobaient aussi les îles Aland. Celles-ci furent également comprises dans le nouveau grand-duché de Finlande, créé en 1581, et les armes de Finlande datant de cette époque en portent encore la preuve dans le nombre des roses qu'elles contiennent et dont chacune correspond à une des neuf provinces du grand-duché. En conformité avec ces mesures, la lettre patente de 1618, instituant la Cour d'appel d'Abo, comprend les îles Aland dans la juridiction de cette dernière; de même, la Constitution suédoise de 1634 stipule expressément qu'elles font partie du Gouvernement d'Abo. Pendant toute la durée de

(1) D'après M. Bruno Lesch.

ia domination suédoise, les îles Aland, dans tous les documents officiels, sont considérées comme rattachées au territoire finlandais. Enfin, les Finlandais tirent encore une preuve que les îles Aland faisaient bien partie de l'unité territoriale constituée par la Finlande avant 1809 du fait que leurs habitants se sont trouvés, par suite de l'incapacité du royaume de Suède à étendre sa défense jusqu'à eux pendant la plupart des guerres entre la Suède et la Russie, dans l'obligation de partager avec les habitants de la Finlande les souffrances des occupations russes. Aussi, en 1809, contribuaient-ils, avec leurs frères du continent finlandais, à poser les bases du nouveau régime inauguré à la Diète de Borgo, déjà avant la signature de la paix de Fridrikshamn, le 17 septembre 1809. Sans doute, la Suède se montrait, en 1809, peu disposée à céder les îles Aland, mais on ne saurait tirer de ce fait, comme on l'a tenté, un argument sérieux en faveur du règlement de la question au profit de cette dernière et, selon la thèse soutenue par les Finlandais, il serait même possible de faire remonter aux négociations qui eurent lieu à cette époque, l'origine de la discussion actuelle.

D'après eux, il ressort, en effet, du programme des plénipotentiaires suédois que la Suède ne désirait garder Aland ni pour des raisons d'ordre ethnographique ni parce qu'elle estimait que ces îles devaient faire plutôt partie du territoire de la Suède que de celui de la Finlande.

Les Suédois, disent-ils, espéraient garder la moitié de la Finlande et ne céder du terrain que peu à peu, sous la pression des Russes. De même que le territoire du golfe de Bothnie, les îles Aland constituant une position de retraite, mais d'une valeur stratégique plus grande que celui-là, les Russes, qui connaissaient aussi bien que les Suédois cette valeur stratégique, furent intraitables et les plénipotentiaires suédois, après avoir fait une dernière tentative en vue d'empêcher du moins la fortification de l'archipel Aland par les Russes, se seraient vu forcés de céder. Les Russes n'auraient fait de concessions qu'en ce qui concerne le nord, en laissant les Suédois garder le territoire situé entre les rivières de Kalix et de Tornea.

Enfin, les Finlandais font remarquer, en vue des négociations qui auront lieu, que la situation se trouve aujourd'hui entièrement changée. Tandis qu'à Fridrickshamn et à Paris il s'agissait d'un litige entre la Suède et la Russie, et que le droit historique était du côté de la Suède, ce qui fut du reste reconnu par les Finlandais, aujourd'hui la Suède se trouve avoir en face d'elle, comme partie adverse, le nouvel Etat indépendant de la Finlande qui reste, malgré sa transformation, lié à son histoire, et, du point de vue finlandais, la Finlande qui, en 1809, fut séparée de la Suède, constituerait, à leur avis, — à l'exception du territoire de la frontière au nord, qui jusque-là avait fait partie de la Bothnie occidentale, — une unité complète qu'on ne peut aujourd'hui dissocier.

*
* *

Il est donc difficile de soutenir que les 25.000 Alandais constituant la population suédoise de ces îles, que rien ne distingue géographiquement de la Finlande, doivent se séparer de cette dernière plutôt que les autres Finlandais de nationalité suédoise qui habitent la côte et l'archipel finlandais, depuis la rivière de Kymmene jusqu'à la mer d'Aland, et de la presqu'île de Sideby jusqu'à la rivière de Gamla-Kareby, et dont le chiffre se monte à environ 375.000. Ce qui importe donc et ce que n'auraient pas dû perdre de vue la Suède et la Finlande dans cette question, c'est l'intérêt qu'elle présente pour elles deux, et son règlement devrait être d'autant plus facile entre elles qu'ayant des intérêts communs elles doivent pratiquer une politique commune et, par conséquent, arriver facilement à un accord. Dans le discours du trône qu'il prononçait le 15 janvier 1918, le Roi de Suède déclarait, du reste, en ce sens, que « l'indépendance de la Finlande facilitera une solution faite pour satisfaire la Suède dans la question des îles Aland » et annonçait qu' « il avait pris les mesures pour préparer cette solution ».

Dans le traité signé à Brest-Litowsk, au début de mars 1918, il était stipulé à l'article 6 :

Les îles Aland seront aussitôt évacuées par les troupes russes et par la garde rouge. La flotte russe et les forces maritimes russes quitteront aussi immédiatement les ports finlandais.... Les fortifications élevées sur les îles Aland devront disparaître aussitôt que possible.

Un accord particulier devra intervenir entre l'Allemagne, la Russie, la Finlande et la Suède au sujet de l'absence permanente de fortifications sur ces îles, ainsi qu'au sujet de la situation dans laquelle elles se trouveront au point de vue militaire et naval.

Les contractants sont d'accord pour admettre que les autres pays riverains de la mer Baltique pourraient encore être appelés à participer aux négociations à ce sujet, sur le désir exprimé par l'Allemagne.

En attendant la solution à intervenir, cette question des îles Aland ne faisait malheureusement qu'aviver l'opposition qui se manifestait en Finlande contre la Suède. Le journal finlandais *Abo Underättelser* attaquait violemment la presse suédoise pour les revendications qu'elle formulait au sujet de ces îles et déclarait que la Finlande ne pourrait jamais renoncer à leur possession et que seules la guerre ou la pression des grandes puissances pourraient l'obliger à changer d'attitude.

Le *Stockholms-Tidning* répondait que, dans cette question, la politique suédoise s'inspirait du droit des peuples à disposer d'eux-mêmes, mis en avant par toutes les nations : les Alandais ayant par un referendum exprimé, presqu'à l'unanimité, leur volonté d'être rattachés à leur patrie d'origine, à laquelle ils restaient liés par la race et par la langue; il faisait valoir que les socialistes suédois soutenaient également que la question d'Aland ne pouvait être considérée comme réglée de cette manière. Ce journal citait le discours prononcé récemment par le ministre de la Marine, baron Palmstjerna, député socialiste de Stockholm, lequel rappelait la réponse du roi Gustave à la délégation alandaise, en décembre 1917, et affirmait que la démocratie suédoise suivait avec sympathie les efforts de la population suédoise des îles Aland pour défendre sa nationalité.

Le *Stockholms Dagblad*, organe conservateur, se réjouissait de l'attitude des socialistes et estimait, de même, que tous les partis suédois devaient faire l'accord sur cette question.

Des négociations entre la Suède, la Finlande et l'Allemagne, relatives à la démolition des fortifications des îles Aland, étaient ouvertes, le 21 août, à Mariehamn, sous la présidence du gouverneur Trolle, membre de la délégation suédoise, et les négociateurs, après avoir visité différents points fortifiés, partaient, le lundi 26 août, à bord du navire de guerre suédois *Psilander*, à destination de Stockholm, où les négociations devaient se poursuivre. Mais le commissaire russe aux Affaires étrangères, Tchitcherine, adressait aux délégations une protestation contre les délibérations en cours entre la Suède, l'Allemagne et la Finlande, relatives à la démolition des fortifications des îles Aland, dans laquelle il déclarait que le démantèlement des forts qui appartenaient à la Russie était incompatible avec les relations amicales existant entre l'Allemagne et la Russie. Une protestation était également envoyée au ministre suédois à Helsingfors. A la suite de ces incidents, les travaux de la commission étaient ajournés, afin de permettre aux membres finlandais et allemands de conférer avec leurs gouvernements respectifs. La députation finlandaise partait, le 7 septembre, pour Helsingfors, d'où elle devait revenir le 16 pour la reprise des travaux.

Enfin, d'après le journal *Hufvudstadsbladet*, organe germanophile d'Helsingfors, au cours des négociations relatives aux traités complémentaires de la paix de Brest-Litowsk, qui se sont poursuivies vers la même époque à Berlin, les délégués russes auraient proposé, comme condition de la cession de la Carélie orientale à la Finlande, que celle-ci accorde aux sujets suédois, notamment à ceux qui habitent les îles Aland, le droit de disposer d'eux-mêmes au point de vue national.

La population de l'archipel Aland, par l'intermédiaire de ses délégués, faisait, dans la seconde moitié de décembre 1918, une démarche auprès du Président des Etats-Unis et des Gouvernements de France, d'Italie et de Grande-Bretagne, en vue d'obtenir que la question du régime futur de l'archipel soit résolue d'une manière conforme au vœu manifesté par les habitants. Dans ce but, le Gouvernement suédois faisait exprimer au Gouvernement finlandais, par le ministre suédois à Helsingfors, son désir de voir la population des îles Aland appelée à se prononcer par un vote offrant des garanties suffisantes, et créant une obligation pour la Suède et la Finlande, sur le régime futur de l'archipel.

D'après les commentaires des organes des différents partis, la presse suédoise appuyait d'une façon à peu près unanime la thèse soutenue par le Gouvernement suédois. Les deux autres pays scandinaves étaient d'ailleurs favorables aux revendications suédoises et se montraient d'accord sur cette question.

VIII

DANEMARK

L'attitude que l'Allemagne a prise à plusieurs reprises vis-à-vis du Danemark confirme également la politique que nous venons de lui voir poursuivre chez les autres nations riveraines de la Baltique et révèle tout le développement qu'elle entendait donner de ce côté à ses plans pangermanistes.

On sait que le Slesvig du Nord est habité par une population entièrement danoise de langue, de nationalité et d'aspirations, s'élevant à 200.000 âmes environ, et que la Prusse et l'Autriche se sont engagées, par le traité de Prague, conclu à la suite de la guerre austro-prussienne de 1866 et instituant la souveraineté prussienne sur les duchés du Slesvig et de Holstein et le Lauenbourg arrachés au Danemark en 1864, à lui rétrocéder les districts septentrionaux, c'est-à-dire la région située au nord de Flensborg, si leurs populations en manifestaient le désir par un vote librement exprimé.

Le traité de Vienne du 30 octobre 1864, conclu entre le Danemark, d'une part, la Prusse et l'Autriche, de l'autre, stipulait, en effet, dans son article 3 :

Le Roi de Danemark renonce à tous ses droits sur les duchés de Slesvig, de Holstein et de Lauenbourg en faveur de l'Empereur d'Autriche et du Roi de Prusse, en s'engageant à reconnaître les dispositions que leurs dites Majestés prendront à l'égard de ces duchés.

Mais le traité de Prague du 23 août 1866, conclu sur les instances du Gouvernement français, auquel l'Autriche s'était adressé, après Sadowa, pour obtenir sa médiation au sujet du partage des territoires ravis au Danemark, stipulait dans son article 5, introduit sur la demande de Napoléon III, que la Prusse devait consulter les habitants du Slesvig septentrional à propos du règlement définitif du sort de ce pays :

L'Empereur d'Autriche transfère au Roi de Prusse tous les droits que la paix de Vienne du 30 octobre 1864 lui avait reconnus sur les duchés du

Slesvig et de Holstein, avec cette réserve que les populations des districts du nord du Slesvig seront de nouveau réunies au Danemark, si elles en expriment le désir, par un vote librement émis.

On sait que ce plébiscite n'eut jamais lieu et que, l'Autriche renonçant à cette disposition qui n'avait pas été insérée en sa faveur en 1864, cette obligation imposée à la Prusse était abrogée d'une façon tout à fait arbitraire, en 1878, par une convention austro-prussienne. Le 11 octobre 1878, un traité était de nouveau conclu à Vienne entre la Prusse et l'Autriche, et dans son article 1ᵉʳ les deux parties contractantes déclaraient l'article 5 du traité de Prague *abrogé*, en précisant que les stipulations concernant le plébiscite dans le Slesvig du Nord « cessent d'être valables ».

Or, le bruit d'une cession au Danemark du Slesvig septentrional s'étant répandu au mois de novembre 1915, l'oberpræsident, M. de Moltke, le président supérieur de la province prussienne du Slesvig-Holstein, déclarait ce dernier sans fondement et ne manquait pas de faire ressortir que de telles nouvelles ne pouvaient être lancées que par les ennemis de l'Empire. A la fin de décembre 1917, cette rumeur, qui n'était pas étouffée, était de nouveau propagée et le bruit se répandait que seul le département de Haderslev serait cédé par un traité. M. de Moltke opposait à nouveau un démenti catégorique à cette information par une déclaration intitulée : « Encore une fois, le Slesvig du Nord restera allemand », qui était publiée dans les journaux de cette province.

On se souvient des sommations allemandes adressées au Danemark et le déchaînement de la presse allemande contre lui au début de mars 1917, à propos du bâtiment espagnol, l'*Igotz Mendi*, capturé par le *Wolf* et doté par lui d'un équipage de prise, qui s'était échoué sur le littoral danois. L'équipage de prise étant descendu à terre était arrêté et interné conformément à l'article 21 de la Convention 13 de La Haye et à la loi danoise du 2 août 1914, mais le Gouvernement allemand exigeait aussitôt qu'il fût relâché. En réponse à la réclamation du Cabinet de Berlin, demandant la libération des marins et, de plus, une indemnité, le Cabinet de Copenhague alléguait le droit international; mais le chancelier Hertling n'avait cure des stipulations qu'on lui opposait. Tous les journaux allemands étaient remplis de menaces à l'égard du Danemark. Le

Nouveau Journal de Stuttgart écrivait, par exemple, à propos de cet incident germano--danois : « Le peuple allemand tout entier se tient derrière son gouvernement et, d'accord avec lui, exige que le Danemark nous donne complète satisfaction ».

Il semblait que l'Allemagne cherchât, par cette violente tentative d'intimidation, non seulement à atteindre et à effrayer derrière le Danemark les divers Etats neutres qui, suivant les accords intervenus, mettaient une partie de leur flotte commerciale au service des Alliés, mais qu'elle voulût, désirant organiser sous sa domination une confédération de la Baltique, que le Danemark y donnât son adhésion de gré ou de force, de façon à entraîner celle de la Suède. L'Allemagne s'empressait de saisir cet incident, afin de pouvoir, avec sa déloyauté coutumière et ses procédés ordinaires, en prendre prétexte pour amorcer, s'il le fallait, un conflit, donner ainsi un fondement à une intervention ou au besoin justifier une agression.

La *Post*, journal conservateur libre, qui soutenait les vues du parti militaire, demandait, du reste, au mois de mars de cette année (1), que l'amirauté allemande, moyennant une indemnité accordée au Danemark, établisse son contrôle sur le détroit du Sund, qui se trouve entre l'île danoise de Seeland et la côte de Suède, et est le principal accès commercial de la Baltique, que commande Copenhague, la capitale même du Danemark. L'Allemagne, après s'être ainsi assurée de l'entrée de la Baltique, se trouverait par cela même en être complètement maîtresse.

Au mois d'octobre 1918, des informations de source allemande revenaient sur la question du Slesvig et annonçaient que le Danemark devait prendre, à ce sujet, l'initiative d'entrer en pourparlers avec l'Allemagne. Presque en même temps, la *Gazette de l'Allemagne du Nord* laissait entendre que le Gouvernement allemand tenait à ce que cette question ne soit pas discutée par l'ensemble des belligérants lors de la paix, et désirait qu'elle soit réglée directement.

Sous le titre « Schlesvig du Nord », on y lisait :

La presse scandinave, en particulier la presse danoise, s'occupe très activement, ces derniers jours, de la question du Slesvig du Nord. Certaines feuilles scandinaves s'efforcent de faire considérer cette question comme de nature

---

(1) *Post*, 22 mars 1918.

à être discutée aux pourparlers de paix et de vouloir soumettre au jugement
de nos adversaires une question qui concerne l'Allemagne et un de nos
voisins très neutre et très ami. Il serait bon que les journaux dont il s'agit
se rendent bien compte que de telles questions ne sont pas faites pour sim-
plifier la situation.

Il apparaissait clairement que l'Allemagne essayait de prendre les devants pour régler cette question à son avantage, et,
par cette manœuvre tardive, elle pensait affirmer devant l'opinion publique des alliés et des neutres qu'elle était prête à
donner satisfaction aux revendications danoises et témoigner
ainsi, devant les menaces des Alliés à l'égard de l'impérialisme
prussien, du changement de sa politique et de la transformation de son régime qu'elle affectait d'avoir déjà réalisé. Mais
cette note était à la fois un aveu et prouvait que, si l'Allemagne,
contrainte de céder, se préparait à faire semblant de modifier
son attitude, elle n'entendait en somme rien abandonner de ses
prétentions et se préparait à recourir aux procédés tortueux
qui lui sont habituels pour les défendre. Du reste, on croyait
savoir que des démarches avaient été faites à ce propos auprès
de certaines personnalités danoises et que la Sozial-demokratie
qui, en la personne des socialistes majoritaires qui ont toujours soutenu l'impérialisme pangermaniste, participait depuis
quelques jours au gouvernement, se serait servie des relations
politiques et financières qu'elle entretenait avec des socialistes
danois pour intervenir, afin de pouvoir invoquer ces démarches
devant l'opinion américaine comme une preuve de la « démo-
cratisation » de l'Allemagne et de la réforme de son régime
politique. On mandait, d'autre part, que le Gouvernement
danois n'avait fait aucune démarche à Berlin et que la propagande allemande avait simplement cherché à créer dans la
presse étrangère un malentendu destiné à compromettre l'attitude du Danemark et à faire croire que celui-ci était sur le
point de conclure un arrangement spécial et séparé avec l'Allemagne. En tous cas, cette question, qui, par suite du sens pris
par la guerre, revêtait aujourd'hui un caractère international,
ne pouvait plus être réglée par des concessions séparées et des
ententes particulières conclues entre un Etat neutre et un des
belligérants dont la parole ne pouvait plus compter, et cela à
l'occasion du conflit qu'il avait lui-même déchaîné et dans
lequel il était vaincu.

Le Gouvernement danois avait adopté comme ligne de conduite de ne faire aucune déclaration publique avant que les habitants du Slesvig du Nord eux-mêmes eussent manifesté leur résolution de décider de leur destinée future d'après le principe de la liberté des peuples à disposer d'eux-mêmes. Mais comme les deux parties belligérantes avaient déclaré qu'elles approuvaient ce principe, les membres des deux Chambres du Rigsdag, après avoir conféré avec le gouvernement dans une séance secrète tenue le 13 octobre, avaient voté la déclaration suivante :

Après avoir reçu les renseignements du Cabinet, le Rigsdag, dans une séance commune, déclare : 1° Qu'il y a entente complète pour continuer la politique de neutralité, égale pour tous, à laquelle le peuple entier a donné son approbation; 2° Qu'il n'y a pas d'autre modification dans la situation actuelle du Slesvig qu'un ordre de choses conforme au principe des nationalités qui répond aux désirs, sentiments et intérêts du peuple; 3° Que, au cours de la prochaine réalisation de ce principe des nationalités — liberté pour les peuples de disposer d'eux-mêmes — approuvé par les parties belligérantes, il fallait désirer une solution telle que les rapports avec une quelconque des parties par lesquelles est fondée la sûreté future de la nouvelle union ne subissent aucun préjudice.

Du reste, d'après le *Berliner Tageblatt* (1), on disait, dans les milieux parlementaires, que la note du Danemark sur le Slesvig avait reçu l'appui des Gouvernements suédois et norvégien. Les journaux suédois et norvégiens soutenaient que cette question regardait tous les Scandinaves et M. Branting écrivait dans le *Social-Democraten* que si elle ne figurait pas au nombre des quatorze conditions stipulées dans la réponse de M. Wilson, elle était implicitement comprise dans son programme.

Enfin, à la suite des déclarations et les critiques formulées par les différents partis parlementaires après le discours du prince-chancelier, le 23 octobre 1918, et après que M. Haase eut dit que « la question du Slesvig du Nord devait être résolue avant qu'elle ne devienne un problème de la paix », M. Hansen, Danois, représentant du Slesvig au Reichstag, demandait, au nom de la justice et du droit, l'exécution du paragraphe 5 du traité de Prague, et proposait d'entreprendre le règlement

____

(1) 21 Octobre 1918.

définitif de la question du Slesvig septentrional lors de la conclusion de la paix.

Le lendemain, au début de la séance du jeudi 24 octobre, le Dr. Solf, secrétaire d'Etat aux Affaires étrangères, déclarait, en réponse aux protestations de M. Hansen :

Le gouvernement est obligé de considérer comme erronés les faits juridiques soutenus par le député Hansen et d'après lesquels les territoires septentrionaux du Slesvig seraient, en vertu du traité de Prague, en droit de réclamer le bénéfice d'un plébiscite. La paix de Prague, d'après les principes les plus généraux du droit des gens, n'établit d'obligations qu'à l'égard des deux parties contractantes. Or, l'Autriche, par l'accord de 1878, a renoncé à la clause qui prévoyait un plébiscite dans le Slesvig septentrional. Le Gouvernement viennois a reconnu lui-même cet effet en signant le traité de 1907, dit traité des optants. (*Protestations chez les socialistes indépendants.*)

Cette argumentation, présentée par le secrétaire d'Etat aux Affaires étrangères allemand pour justifier le refus de l'Empire d'accorder aux populations danoises du Slesvig du Nord le droit de se prononcer par un plébiscite sur leur réunion au Danemark, était établie, comme on l'a fait remarquer (1), sur une fausse interprétation des textes des traités que nous avons rappelés plus haut. Le Dr. Solf confondait délibérément le point de vue du Gouvernement danois, qui a toujours reconnu que le traité de Prague ne lui conférait aucun droit, et le point de vue des Slesvicois, qui n'ont jamais été consultés sur l'abrogation de l'article 5 et qui, par suite, n'ont jamais pu renoncer à en profiter. D'autre part, l'article 5 étant une promesse faite aux populations danoises des districts du Nord du Slesvig, on ne peut admettre que l'abolition du traité passé en leur faveur soit valable sans leur consentement.

Enfin, le Dr. Solf cherchait encore, par une autre confusion, à justifier sa thèse et à prouver que l'article 5 était définitivement abrogé, en invoquant le traité du 11 janvier 1907 passé entre le Danemark et la Prusse, à propos des « sans patrie » du Slesvig du Nord (c'est-à-dire des enfants slesvicois qui ont, après la guerre de 1864, opté pour l'indigénat danois) et conclu « après que les frontières entre la Prusse et le Danemark ont

---

(1) Cf. F. de Jessen : « M. Solf et la question du Slesvig ». Le *Temps*, 27 octobre 1918.

été fixées par le traité de Vienne du 3o octobre 1864 et par les dispositions prises par la Prusse et l'Autriche à la suite de ce dernier traité ».

Cette déclaration, concernant le Gouvernement danois, les Slesvicois qui n'ont pas été partie contractante à ce traité du 11 janvier 1907, n'ont pu renoncer par cet acte au droit de disposer librement d'eux-mêmes.

En même temps que paraissaient les déclarations de M. H. P. Hansen, les journaux anglais annonçaient que parmi les conditions de paix devaient figurer le retour au Danemark du Slesvig et l'internationalisation du canal de Kiel. On annonçait également que, de leur côté, les grands partis politiques danois, le centre gauche et les conservateurs, qui possèdent la majorité au Rigsdad, avaient demandé, en vue des grandes décisions à prendre dans un avenir prochain, la constitution d'un gouvernement de concentration et l'institution d'une commission parlementaire pour collaborer avec le gouvernement dans le règlement de la situation politique internationale créée par les victoires des grandes puissances démocratiques.

Le même jour où M. H. P. Hansen soutenait, devant le Reichstag les revendications des populations danoises, le ministre des Affaires étrangères de Danemark, au cours d'une réunion commune des deux Chambres du Rigsdad tenue à huis clos, faisait un exposé général de la situation internationale, et traitait tout particulièrement de ses conséquences quant à l'état de la question du Slesvig septentrional. Après la suspension de séance qui suivit le discours du ministre, pour permettre aux partis de délibérer, la motion suivante, qui ne faisait aucune allusion à l'article 5 du traité de Prague et se référait uniquement aux principes soutenus par M. Wilson, était votée lors de la reprise de la séance :

Les membres du Rigsdag, après avoir entendu l'exposé du gouvernement, insistent aujourd'hui comme auparavant pour qu'une égale neutralité envers toutes les puissances forme la seule base de l'attitude politique du Danemark et déclarent que le peuple danois, pour la réalisation de ses espoirs nationaux, compte sur la juste exécution du principe national reconnu par les deux groupes de belligérants, à savoir le droit des peuples de disposer d'eux-mêmes.

A la suite des articles publiés par M. Branting au sujet des revendications danoises, un certain nombre de journaux alle-

mands se livraient à de violentes protestations et déclaraient
qu'on ne pouvait point permettre aux étrangers de s'ingérer
ainsi dans les affaires de Prusse. Le *Sonderburger Zeitung*,
organe officieux du Gouvernement prussien de l'île d'Als,
située dans la partie danoise du Slesvig et où les Allemands
avaient établi une base navale pour sous-marins et petits bâtiments de guerre, écrivait :

A ce Suédois insolent, nous devons crier : « A bas les pattes ». Pour
l'Allemagne, il n'existe pas de question de Slesvig. Cette affaire regarde
l'Allemagne seule et non pas les germanophobes de l'espèce de M. Branting.

Et M. Branting faisait remarquer, dans le *Social Demokraten*, combien il était singulier de voir les journaux allemands
refuser de permettre aux Danois du Slesvig de disposer d'eux-
mêmes, quelques semaines à peine après l'acceptation des principes de M. Wilson par l'Allemagne.

Sans doute, d'après la *Gazette de Francfort*, M. Solf, secrétaire d'Etat aux Affaires étrangères, dans une lettre en date du
14 novembre adressée à M. H.-P. Hansen et dont ce dernier
donnait lecture au cours d'une réunion, annonçait que le
Gouvernement allemand, conformément au programme de
M. Wilson, était d'avis que la question du Slesvig du Nord
devait être résolue d'après le principe du droit des peuples à
disposer d'eux-mêmes, et M. H.-P. Hansen faisait connaître
que, d'après les termes de cette lettre, le ministre du Danemark
à Berlin serait chargé par le Gouvernement allemand d'inviter
le Gouvernement danois à rentrer en possession du Slesvig du
Nord si la population se prononçait, comme il n'était pas douteux, en faveur de son retour au Danemark. Mais on ne pouvait procéder à un plébiscite tant que le Slesvig septentrional
était occupé par la Prusse. L'article V du traité de Prague de
1866, sur lequel se fonde le droit des Danois du Slesvig à se
prononcer sur leur sort, parle seulement des « districts du
Nord » et, par conséquent, il était d'abord indispensable de
préciser quelles seront les limites des territoires sur lesquels une
consultation des populations devra avoir lieu si elle est jugée
nécessaire par les parties intéressées, car, dans le cas où on
permettrait de voter aux habitants de la partie située au sud de
la frontière linguistique que nous avons indiquée, il est à pré-
sumer que beaucoup d'Allemands préféreraient, sans nul doute,

être rattachés au Danemark pour des raisons économiques et par suite des conditions de vie moins difficiles que celles créées par la guerre en Allemagne. Aussi les Danois soutiennent-ils que la question du Slesvig doit être réglée par la Conférence de la paix et qu'un accord spécial passé entre le Gouvernement danois et le Gouvernement allemand n'est pas admissible au point de vue international et n'est guère désirable au point de vue danois parce qu'il risquerait de rester inopérant.

A la suite d'une réunion des représentants des Danois du Slesvig à Aabenraa (Apenrade), M. P.-H. Hansen transmettait, le 18 novembre au ministre du Danemark à Berlin, une adresse dans laquelle les populations danoises du Slesvig du Nord demandaient au Gouvernement danois d'accepter la partie danoise de ce duché et priaient le Gouvernement danois de bien vouloir faire les démarches nécessaires auprès du futur Congrès de la paix pour régler d'une façon définitive la question du Slesvig septentrional.

En réponse à cette adresse, M. de Scavenius, ministre des Affaires étrangères, exprimait, dans un mémoire envoyé à M. H.-P. Hansen, la satisfaction profonde que lui causait cette communication, ainsi que la résolution prise dans le même sens, le 17 novembre, par l'Association des Electeurs du Slesvig du Nord :

> Le Gouvernement danois a été informé avec une profonde satisfaction que l'organisation politique des Danois du Slesvig septentrional, l'Association des Electeurs du Slesvig septentrional, dans sa résolution du 17 novembre, s'est prononcée pour la solution de la question qui s'harmonise avec le vœu, le sentiment et l'intérêt du peuple danois, interprétés par les membres du Rigsdad dans sa réunion secrète du 23 novembre.
>
> Il s'adressera maintenant aux gouvernements des puissances associées pour obtenir la reconnaissance du droit des Danois du Slesvig septentrional, pendant les négociations de paix, en informant en même temps le ministre des Affaires étrangères de la République allemande.
>
> Le Gouvernement danois exprime la confiance profonde que le vœu brûlant de tous les Danois d'être réunis est près d'être rempli.

Pour définir exactement les revendications danoises et comprendre pourquoi le Danemark les restreint dans les limites où nous le voyons se tenir, il importe de rappeler les circonstances historiques dans lesquelles le Holstein a été réuni au Danemark et les conditions ultérieures qui en ont résulté pour le

Slesvig. Au xve siècle, vers 1460, Christian Ier fit la conquête du Holstein et celle-ci eut pour résultat d'amener les seigneurs allemands du Holstein à acquérir des propriétés dans le Slesvig. La porte fut ainsi ouverte à la pénétration allemande sur les territoires exclusivement danois. En 1864 (1), la frontière linguistique du Sud passait au nord de Flensborg, descendait à environ quinze kilomètres au sud pour former une poche et remontait près de Tonder. Naturellement, l'Allemagne s'efforça par tous les moyens de germaniser cette poche, de sorte que maintenant la frontière linguistique part bien encore du nord de Flensborg, mais va presque en ligne droite à Tonder. Les écrivains pangermanistes n'avaient du reste pas plus dissimulé à l'égard du Danemark que des autres pays de la Baltique les projets qu'ils préconisaient. Ernst Hasse écrivait (1) :

Dans la Marche du Nord en Slesvig, il est absolument nécessaire que le Gouvernement encourage la germanisation et l'établissement des colons allemands, car la germanisation de cette Marche est constamment remise en question et ralentie par les excitations venues du dehors. La survivance d'une race danoise séparée n'offrirait pas les mêmes dangers que celle d'un polonisme slave à l'Est, puisque les Danois sont des Germains comme les Allemands et ne se distinguent pas comme race, et peu comme langue, des Bas Allemands du Slesvig.

Cet auteur oubliait que les Allemands par leurs nombreux mélanges et leur profonde slavisation sont loin d'être restés de véritables Germains.

La population des districts du Nord, c'est-à-dire de ceux situés au-dessus de la frontière linguistique indiquée sur la carte ci-jointe, parle danois, excepté un petit nombre de magistrats, de fonctionnaires et d'immigrés allemands. Flensborg a 67.000 habitants, dont 8.000 Danois, qui demandent à pouvoir voter avec le Slesvig du Nord. Cette frontière linguistique se confond du reste avec une frontière naturelle qui la consolide et a sans doute joué un rôle dans cette délimitation; elle part de la baie de Kobbermöllebùgt et suit la rivière Krusaa. Bien qu'au point de vue historique et au point de vue du droit, le Danemark puisse donc revendiquer tout le Slesvig et le Holstein, il ne les comprend pas dans ses revendications

(1) M. Mackeprang, *Nordlesvig*, 1864-1909.
(2) Ernst Hasse, *die Besiedelung des deutsche Volksbodens*, Munich, 1905, p. 141-142.

actuelles. Les raisons pour lesquelles il ne réclame pas ces
territoires est que la portion qui reste au-dessous de la frontière linguistique actuelle lui apporterait un nombre considé-

FRONTIÈRE LINGUISTIQUE DU DANEMARK

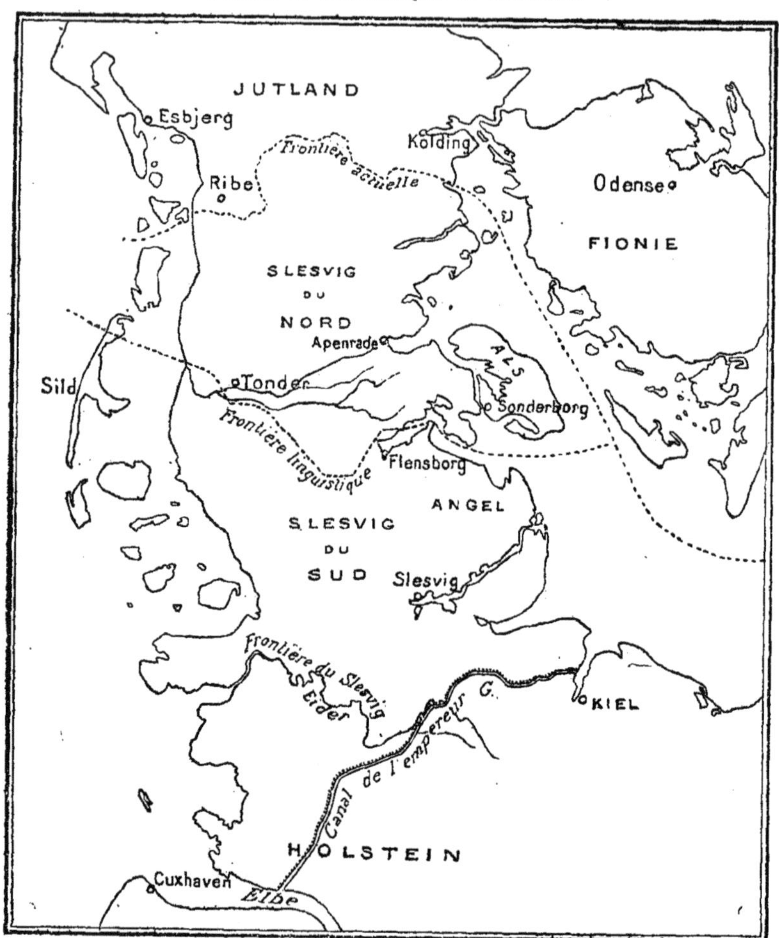

rable d'Allemands et que si le Danemark s'étendait jusqu'à
l'Edjer, sa population se trouverait compter 350.000 Allemands
pour 3.515.000 habitants environ, soit 7 à 8 %. Pour cette
raison, le Danemark, désireux de rester indépendant et libre,
ne tient pas à recevoir cet apport qui aurait pour lui plusieurs

conséquences désavantageuses. Au point de vue politique, ces éléments allemands amèneraient un déséquilibre dans sa situation intérieure; au point de vue économique, la concurrence de l'Allemagne, qui s'est développée partout d'une façon agressive, menacerait ses marchés; enfin, au point de vue politique, le Danemark ne pourrait empêcher ces éléments allemands, fort nombreux par rapport à la masse des éléments purement danois et dont on connaît l'active propagande, d'être représentés dans le gouvernement. La politique du Danemark se trouverait insensiblement amenée à suivre celle de l'Allemagne, à lier ses intérêts aux intérêts germaniques et ne pourrait s'opposer à l'envahissement de ses territoires par des éléments allemands de plus en plus nombreux.

Mais si les raisons que le Danemark invoque pour limiter ses revendications au Slesvig du Nord sont fort plausibles, il importe néanmoins, au point de vue de la question de la Baltique et pour empêcher l'Allemagne de prendre possession de cette mer, que cette partie du territoire danois ne reste pas entre ses mains et qu'elle ne puisse plus, par le canal de Kiel, rester maîtresse des communications de la Baltique avec la mer du Nord, dans le cas où les détroits lui seraient fermés. Pour éviter le danger que créerait le maintien de la situation existante et écarter la menace que l'Allemagne pourrait ainsi continuer à faire peser sur tous les peuples riverains de la Baltique, on a proposé dans la presse anglaise, au cas où tous ces territoires ne reviendraient pas au Danemark, la neutralisation du canal de l'Empereur-Guillaume, ainsi que celle de la zone bordant ce canal au nord du Holstein et de celle située au sud du Slesvig s'étendant depuis ce canal jusqu'à la frontière linguistique que nous venons d'indiquer.

D'autre part, l'Angleterre, d'après une déclaration récente d'un ministre britannique, n'ayant pas l'intention de revendiquer Héligoland, qu'elle céda jadis à Guillaume II contre une partie du Zanzibar et qui défend les abords du canal de Kiel, l'opinion de certains pays baltiques est que, dans ce cas, ces territoires devraient être placés dans une situation telle que cette porte de leur mer qu'est le canal de l'Empereur-Guillaume puisse être toujours maintenue ouverte, afin de garantir le libre passage dans la Baltique par le chemin le plus court.

On se rappelle, en effet, que, pendant la guerre actuelle,

les trois bras de mer donnant accès à la Baltique, sans parler du canal de Kiel qui constituait un quatrième passage, étaient fermés par l'Allemagne. Dès le mois d'août 1914, l'Allemagne avait menacé le Danemark d'une nouvelle invasion pour l'obliger à barrer lui-même ses eaux territoriales par des mines et avait en même temps exercé une pression très violente sur la Suède, qui possède une rive du Sund, pour que le Gouvernement de Stockholm ferme de même la passe de Kogrund, dernière route par laquelle les Alliés pouvaient pénétrer dans la Baltique. D'autre part, l'amirauté allemande avait établi une base sous-marine à Soenderborg, dans le détroit du petit Belt qui longe l'île d'Als, enlevée au Danemark par la Prusse en 1864, et, si le grand Belt passe uniquement entre des îles danoises, il débouche en face d'une position allemande : l'île Fehmarn, dépendance du Slesvig, conquise également par la Prusse, comme Als, en 1864.

La neutralisation du canal et des territoires voisins ne paraissant pas une solution offrant des garanties suffisantes, on a proposé (1), pour éviter le renouvellement d'une pareille situation, la création d'un Etat hanséatique, confédéré, embrassant les trois Républiques de Brême, Hambourg et Lubeck, et comprenant, en outre, la Frise orientale, les deux tronçons du grand-duché d'Oldenbourg, la partie nord du Hanovre qui se trouve entre la lande de Lunebourg et la mer, le Holstein, le Lauenbourg et le sud du Slesvig, mais qui ne paraît pas davantage capable d'établir une protection suffisante et de constituer une garantie effective. Enfin, — et on voit par le nombre des solutions proposées la difficulté de cette question, — on a suggéré le désarmement et la neutralisation complète de la mer Baltique, afin de rendre du même coup complètement inutile le canal de Kiel qui ne possède qu'une importance militaire et ne peut avoir une valeur commerciale en raison des frais qu'il entraîne et des taxes de navigation qui frapperaient les navires empruntant cette voie navigable.

---

(1) Le *Temps*, 21 février 1918.

III

PANGERMANISME ET PANSLAVISME

L'Allemagne ne saurait donc attendre ce qu'elle espérait de la désagrégation de la Russie à laquelle elle a activement aidé par ses manœuvres, ni compter pour le renforcement du bloc austro-allemand sur l'apport de ces populations slaves, allogènes ou finnoises, si celles-ci savent adopter à temps la seule politique qui, d'après leur histoire, peut assurer leur indépendance en sauvegardant leur dignité. En effet, si la Russie, comme le disait M. Balfour au cours des débats sur l'ajournement de la Chambre des Communes, au mois d'août 1918, « ne devait plus constituer qu'une sorte d'arrière-pays pour l'Allemagne, ce serait une calamité pour l'humanité ».

De même qu'en 1871, M. A. de Quatrefages écrivait, à propos des Allemands : « La victoire assure-t-elle du moins la suprématie à leur race? Pas davantage ». On peut affirmer, aujourd'hui, que la lutte engagée par l'Allemagne, et dont elle ne sortira pas victorieuse malgré ses efforts formidables, sera encore d'un moindre profit pour eux si même elle n'est pas totalement désastreuse. Comme il l'écrivait alors et comme il en est de même aujourd'hui : « Appelés à cette croisade par la *Prusse*, ils ont accepté la domination de cette puissance et relevé pour elle l'*Empire germanique*. La Prusse ne se laissera pas déposséder » (1). Seulement, aujourd'hui, il est permis d'avancer qu'elle pourrait, d'après l'issue probable des événements, s'y trouver contrainte.

---

(1) A. de Quatrefages. *La race prussienne*, p. 8.

Ce ne sont pas les seules conclusions que A. de Quatrefages tirait de ces considérations anthropologiques et les difficultés de la situation ethnique à l'est de l'Europe ne lui avait pas échappées. De Quatrefages, dont il nous faut, à ce propos, souligner la clairvoyance et la justesse de vues, terminait, en effet, son étude en posant les questions suivantes qui non seulement revêtent une nouvelle actualité, mais se présentent aujourd'hui dans toute leur acuité et que nous ne pouvons mieux faire que de rappeler à la fin de ces considérations. Il écrivait, en 1871 : « La Russie assistera-t-elle à ce triomphe du *pangermanisme* sans élever la voix au nom du *panslavisme*? Ne voudra-t-elle pas appliquer, à son tour, mais à son profit, les doctrines allemandes? Dans les conflits possibles soulevés par ces prétentions, que fera la Prusse? Tournera-t-elle ses canons contre sa redoutable voisine? Ou bien, invoquant alors des *affinités de races*, comme elle invoque aujourd'hui les *affinités de langage*, resserrera-t-elle les liens qui existent déjà? Les races slavo-finnoises voudront-elle régner à la fois sur les Germains et les Latins? Et le monde, ainsi partagé, se soumettra-t-il en silence? » (1).

Nous connaissons aujourd'hui l'attitude prise par le pangermanisme à l'égard des Slaves et des races allogènes; nous savons comment ceux-ci entendent, à leur tour, agir vis-à-vis du pangermanisme, et nous sommes fixés sur la position que le monde entend prendre devant les événements que leur conflit a déchaînés.

Toutefois, les anciens rapports des Slaves et des populations de l'Allemagne par suite des dispositions de l'esprit slave ont créé des affinités entre le slavisme, dont l'essentiel appartient aux Slaves du Nord, et le germanisme, alors que les Slaves du Sud, comme nous l'avons fait remarquer au début de cette étude, ayant été attirés vers les nations méditerranéennes, en ont subi depuis longtemps les influences et se sont trouvés amenés par les affinités contraires qu'elles ont développées chez eux à se ranger du côté de l'Entente. Il est probable que même si ces tendances s'atténuent, elles n'en laisseront pas moins subsister des dispositions dont il faudra toujours tenir compte. Le tsar Alexis Mikaïlovitch ne semble-t-il pas avoir cherché

---

(1) A. de Quatrefages, *La race prussienne*, p. 105.

surtout chez les Allemands les éléments de civilisation qui manquaient au peuple russe? Le comte Witte ne considérait-il pas une politique d'entente avec les grandes démocraties de l'Occident comme fatale à l'existence de l'Empire russe, c'est-à-dire, avant tout, peut-être à celle de son monarque et de sa dynastie, et croyant fermement que la Russie, après une période d'anarchie, renouerait sa traditionnelle amitié avec les puissances centrales, il était convaincu qu'elle devait, pour la sécurité de son avenir, lier sa politique à la leur. Bien plus, au milieu d'août 1918, quelque surprenante que parut cette nouvelle, une fraction du parti cadet ne craignait pas de déterminer une scission et de se prononcer en faveur d'un rapprochement avec l'Allemagne. M. Milioukof approuvait les membres ukrainiens du parti cadet qui s'étaient ralliés à cette politique et l'ancien ministre des Affaires étrangères, dans une déclaration publiée dans le *Vetcherni Tchars*, soutenait que l'attitude des cadets ukrainiens « se justifiait par la nécessité de réagir d'une façon rationnelle sur des événements qui se sont produits en dehors de notre volonté ». Peu après, on apprenait, au mois d'octobre 1918, que ce dernier s'avouait partisan non seulement d'entrer en relation avec les Allemands, mais de les appeler pour rétablir l'ordre et créer un nouveau pouvoir, croyant que l'Allemagne, qui avait travaillé au démembrement et à la décomposition de la Russie, aiderait au rétablissement d'une Russie unifiée et que celle-ci pourrait ensuite s'échapper des griffes de l'Allemagne, pourvu qu'elle conservât certains des avantages que lui conférait le traité de Brest-Litowsk qui, d'après lui, pourraient devenir alors matière à concessions. Enfin, Lénine et son entourage préconisaient une alliance germano-russe en faveur de laquelle les agents bolchevistes en Allemagne déployaient une grande activité.

D'ailleurs, ce n'est en somme ni l'influence scandinave, ni l'influence grecque ou byzantine qui semble surtout avoir agi sur l'orientation du développement de la Russie, mais bien plutôt l'influence des marchands des villes hanséatiques. Par la mainmise des trafiquants allemands sur le commerce russe, se produisit en Russie un mouvement opposé à la russification et tout d'abord cette action se présente bien plutôt avec un caractère antislave que comme une tendance favorable à l'européanisation. Plus tard, cette influence allemande, en se montrant, pour son plus grand bénéfice, favorable au tsarisme, ne pouvait qu'agir dans le même sens. Au reste, un Bielinsky, disciple de Fichte et de Schelling, et un Bakounine, qui fut un admirateur et un ami de Karl Marx, achevèrent sinon de mettre, en partie, l'esprit russe sous l'influence de la pensée allemande, du moins d'assurer la prédominance de cette dernière.

Le bolchevisme, qui est venu depuis, en se croyant appelé à une rénovation mondiale faite par les Slaves et en se présentant ainsi comme une forme nouvelle du panslavisme, s'est montré en somme, par les fins qu'il envisage comme par ses moyens, comparable à un certain point de vue au pangermanisme, qui entendait parvenir à la germanisation du monde. Chez l'un et chez l'autre se révèle le même désir de réaliser une transformation du monde en vue de sa domination, et, dans le recours au terrorisme pratiqué par les Bolcheviki, se retrouve un sentiment comparable à celui qui fait que les Allemands croient à la vertu invincible de la fureur teutonique, en sorte qu'on découvre dans ces deux dispositions les restes d'une même mentalité primitive.

Mais néanmoins, il existe, antérieurement au conflit actuel, et celui-ci ne fera point disparaître cet état de choses, une opposition foncière, irréductible, entre le panslavisme et le pangermanisme (1) en même temps qu'entre ces deux conceptions et celle de la civilisation de l'Europe occidentale, et cette opposition a d'autres raisons que celles d'ordre ethnique qui ont pu intervenir et que nous venons d'essayer de mettre en lumière, des raisons profondes d'ordre moral qui ne sont point toutefois sans en dépendre.

Le sens du mouvement slaviste, à la suite des premières tentatives de l' « intelligentsia », la classe instruite russe, qui prit naissance avec Pouchkine et Griboïedov au commencement du XIXe siècle, se précise avec Eugène Onegine. Mais, même chez les écrivains russes, qui étaient de filiation étrangère, comme un Pouchkine qui était d'origine abyssine, un Lermontov qui avait du sang écossais, un Andreew qui était le fils d'une Polonaise et un Grigorovitch qui était celui d'une émigrée française, on ne retrouve dès leurs premières œuvres aucune trace

---

(1) Cf. Constantin Frantz, *La Politique allemande de l'avenir*, t. I, p. 78.

d'occidentalisme; ils ne possèdent véritablement aucun caractère européen occidental et semblent avoir acquis de suite un caractère purement slave. Malgré leur *xénomanie*, leur passion pour les étrangers, les Slaves restent en dehors des influences occidentales et y demeurent indifférents. Même les écrivains russes qui reflètent plus ou moins les tendances occidentales, les *zapadnik*, c'est-à-dire les champions de l'occidentalisme, depuis Yvan Khvorostinine jusqu'à Dostoïevski, en passant par Krijanik qui, d'origine étrangère, se montre au xviie siècle contempteur du byzantinisme et partisan des idées françaises, n'ont pas été à proprement parler des agents d'européanisation et on a même pu présenter ce dernier comme le premier panslaviste. Une exaltation mystique jointe à la versatilité passionnée et à l'espèce de nonchalance orientale qui semble plus particulièrement être le propre du caractère des Slaves et surtout des Grands-Russes prend bientôt corps en une doctrine, se systématise et s'affirme de plus en plus à mesure que ces esprits neufs s'appliquent et se cultivent. On parle alors du *Gore ot ouma*, le mal de trop d'esprit, et, parmi les protagonistes de ces idées, il en est qui soutiennent, comme Ahsakov et Komiakov, malgré les objections d'autres comme le critique Bielinski, que le jour de la Russie est venu, qu'elle doit maintenant prendre position et jouer à son tour un rôle prépondérant, que toute neuve encore et non corrompue par la culture des vieilles nations de l'Europe elle est désignée pour fonder un nouvel état de choses qui doit se substituer à la civilisation « pourrie » de l'Europe occidentale; elle croit pouvoir réaliser cette rénovation en s'appuyant sur le vague sentiment de fraternité et de piété qui vient compliquer ce mouvement dès que Tourguenev et Grigorovitch eurent fait sentir aux promoteurs de ces idées la nécessité de tenir compte des aspirations populaires. Chez Dostoïevski, on trouve l'affirmation de la supériorité des instincts naïfs et primitifs des masses russes, du mysticisme slave sur l'intellectualisme de l'Europe occidentale, sur la pourriture occidentale. D'autres, cependant, comme Tourguenef, plus mesurés, plus fins, dont l'esprit était moins loin du nôtre, ont critiqué ces dispositions qui, en niant la nécessité de la science et le rôle de l'art, arrivent à la négation de toute culture. C'est ce que montre son personnage Potoughine, qui est son porteparole dans *Fumée*. Chez un autre de ses personnages, le nihiliste Bazarof (1), il a peint un des partisans de cette manière de voir, un de ceux qui repoussent, *a priori*, tout ce qui a été dit ou fait avant eux et dénie toute valeur à la science comme à la tradition. A côté des slavophiles ou, plus exactement, des slavianophiles russes, qui se montrèrent soucieux de conserver l'esprit vieux-russe en l'opposant à l'esprit de l'Europe occidentale et se présentent comme des ennemis de l'influence et des doctrines religieuses de l'Occident, les panslavistes, qu'il est faux de confondre avec ceux-ci ainsi qu'on l'a fait parfois, ne sont pas sans s'appuyer sur ces tendances conservatrices et religieuses pour développer leurs vues politiques et asseoir leurs conceptions sociales. Certains, comme Pogodine, ont du reste été à la fois l'un et l'autre. Ainsi un mouvement se constitue, un fanastime mystique, qui exalte les appétits les plus bas et les déchaîne au nom d'une prétendue rénovation sociale et d'une rédemption humaine, se propage dans les masses russes; le vague sentiment qui secoue leur torpeur et anime leur ignorance prend une forme messianique qui aboutit bientôt à une espèce d'impérialisme prolétarien, puisque le rapprochement ridicule de ces deux mots permet seul d'exprimer l'absurdité de ce que le bolchevisme prétend être. Les chefs maximalistes entendaient du reste étendre cette rénovation aux questions confessionnelles et transformer en même temps l'ordre religieux. D'après les journaux allemands, le *commissariat ecclésiastique* du Gouvernement maximaliste de Moscou publiait un décret qui supprimait toutes les religions pour les remplacer par une religion unique, un néochristianisme, seule reconnue par l'Etat. Cet illuminisme démagogique, qui se répandait très rapidement grâce à l'activité de la propagande bolcheviste et aux moyens de corruption dont elle disposait, était également partagé par certains éléments socialistes d'autres nations européennes, et ceux-ci, bien qu'ils soutinssent le bolchevisme tout en ne paraissant point désirer qu'il fût d'abord imposé à l'Allemagne qui voulait bien s'en servir mais ne semblait nullement pressée de l'adopter pour elle-même, prétendaient que la soviétisation était le seul remède au conflit qui mettait le monde entier en guerre et à la crise qui en résultait pour toutes les nations. On juge quel

---

(1) *Pères et Enfants*

effet désastreux pouvait avoir le triomphe d'un semblable mouvement d'origine slave et combien il était encore rendu plus néfaste par tout ce que le pangermanisme, qui restait l'ennemi du panslavisme, pouvait en recueillir en aidant à son extension. Aussi, au début du xixe siècle, dans son histoire de Pougatcheff, Pouchkine écrivait déjà : « Que Dieu nous préserve de l'émeute russe impitoyable et absurde ».

Bien que de venue récente dans la société européenne, les Slaves se croyaient ainsi prédestinés à lui apporter une rénovation. On retrouve ce vague caractère à la fois mystique et humanitaire à côté du sentiment religieux le plus médiocre et considérablement aggravé dans ce qu'il y a précisément de plus discutable chez Tolstoï. Le bolchevik V. Bonch Bruevïch, secrétaire du gouvernement de Lénine et de Trotsky, s'était fait admettre dans les confréries tolstoïennes et on peut se demander si ce n'est pas indirectement par le tolstoïsme, par la déformation à laquelle peut facilement se prêter cette doctrine, qu'il a été amené à accéder aux théories maximalistes et si sa pratique ne l'a pas préparé à les recevoir. Cette prétention est rendue plus détestable encore par les tendances affirmées par le bolchevisme, et cette nouvelle manifestation de l'esprit russe, qui nous en révèle les caractères les plus fonciers, achève de nous montrer combien il est éloigné de l'esprit occidental et reste par conséquent impénétrable à la plupart de ses conceptions. En cela, et au point de vue général de la culture, on peut dire que celui-ci se présente comme un danger international. Dans une étude intitulée « Une vue plus profonde sur la guerre », Mlle Ellen Key écrivait :

Le Russe a le sentiment que son peuple ne possède pas l'esprit créateur de la civilisation occidentale; il n'en hait que davantage cette civilisation, et d'autant plus qu'elle est plus voisine de lui. Voilà l'explication psychologique de l'oppression aussi mal avisée que violente dont a souffert la Finlande. Partout où l'autonomie a été supprimée en dépit d'engagements formels, les lois et les règlements sont ouvertement violés; la religion, la langue, les efforts de la culture sont persécutés; la liberté, la vie, les propriétés, l'honneur sont le jouet de la violence et du bon plaisir. L'incertitude, l'inconstance et l'infidélité définis sont aux yeux du Russe, l'ordre du monde, tandis que nous y verrions, nous, Occidentaux, les plus intolérables ennemis de l'existence (1).

_____

(1) Mlle Ellen Key, *En djupare syn på kriget* (*Une vue plus profonde sur la guerre*). Stockholm, 1916.

C'est bien en vue de réaliser, conformément à ces dispositions, un nouvel ordre social que se fait la révolution russe. La façon générale dont ce mouvement se produit au début, la fureur enthousiaste avec laquelle il se propage, l'unanimité qu'il réalise seraient incompréhensibles si on ne tenait pas compte de ces dispositions latentes. Aussi, cette révolution crut-elle, du moins un moment, pouvoir entraîner l'Allemagne dressée contre l'Europe occidentale dans un grand mouvement révolutionnaire, afin de créer un monde démocratique nouveau, car, bien que les promoteurs de ce mouvement aient dû savoir à quoi s'en tenir à ce sujet et se soient montrés par leurs manœuvres trop intéressés au succès de l'Allemagne pour être sincères, il semble certain qu'une grande partie de la masse du peuple était convaincue. Cependant, il est surprenant que tous les Russes se soient mépris à ce point sur la politique allemande, car Paul Rohrach ne se gênait pas pour écrire alors, au sujet de la révolution russe : « Si la transformation se faisait pacifiquement, les peuples allogènes ne se sépareraient pas de la Russie », et ce que voulait l'Allemagne pangermaniste, comme le disait le même auteur, c'était d'éviter « le triomphe d'une tendance qui ferait de la Russie un Etat national » (1), afin de profiter de sa désorganisation et de sa décomposition pour s'en rendre entièrement maître. Mais l'action allemande en poussant à l'aggravation de la situation créée par l'établissement du régime maximaliste tendait à précipiter les mouvements particularistes, et l'Allemagne à qui ce danger pour ses projets pangermanistes ne pouvait échapper, ne semblait point en apprécier la force à sa juste valeur ou se croyait certaine de pouvoir le maîtriser à temps.

De la façon dont se présente ce mouvement social qui paraît à son origine dériver du mouvement religieux « vieux-croyant » et n'être, à un certain degré, qu'un retour à la simplicité et l'égalité évangéliques malgré la forme révolutionnaire et politique qu'il a prise ensuite, il est possible de le rapprocher d'autres grands mouvements qui se produisirent au cours de l'histoire et de montrer qu'il procède des mêmes tendances. N'est-ce point, dans un sens comparable, au nom d'idées aussi sommaires que celles des révolutionnaires russes, en

---

(1) Paul Rohrach, *Russland und Wir*, p. 52-53.

tenant compte bien entendu des moyens mis en œuvre, des circonstances et de l'esprit qui l'animait, que nous avons vu, à la fin du monde antique, le christianisme prétendre rénover tout l'ordre social et ne réussir qu'à faire sommeiller pendant plusieurs siècles la culture et le génie antiques. Ce n'est que par l'assimilation qui s'est produite entre le paganisme et le christianisme, par les éléments qu'il a recueillis malgré lui de l'héritage de l'antiquité, qu'il a su utiliser ou qui se sont imposés à lui par leur valeur, qu'il est arrivé à ce qu'il est devenu plus tard. Ne voyant que le vice de toutes les influences qui rongent les sociétés à leur déclin dans leur incapacité à faire le départ entre ce que les anciennes civilisations avaient acquis, ce qui a fait leur grandeur et ce qui l'emporte au moment de leur décadence, les partisans de la religion nouvelle croyaient pouvoir soutenir : nous sommes des ignorants, il est vrai, mais nous ne sommes point corrompus par votre vieux monde, notre ignorance est un gage de la pureté de nos intentions et du bien-fondé de nos revendications. Cette erreur est celle que nous voyons également reparaître, du moins en partie, parmi la masse des luthériens, et qui est un des facteurs du succès de la doctrine de Luther : nous allons tout reprendre et tout interpréter à notre guise; et la Réforme arrêta le grand mouvement païen et rationaliste de la Renaissance qui, par réaction contre le catholicisme, avait repris le dessus et devait ouvrir la voie au monde moderne en le rattachant directement au monde antique et en le faisant profiter de ses acquisitions. Mais, dans la Réforme, intervient une autre tendance; ce mouvement se complique bientôt d'une tendance plus élevée qui s'affirme surtout avec les réformistes français et limite l'action néfaste de ce point de vue simpliste : un élément libéral y est introduit, qui se développera et caractérisera plus tard l'esprit protestant, un élément de libre discussion et rationaliste, dû précisément au mouvement antérieur des idées et auquel l'esprit cultivé des promoteurs de la Réforme, et plus spécialement de ses promoteurs français, n'avait naturellement pas pu se soustraire.

Mais le mouvement bolcheviste ayant pris naissance et se développant non seulement en dehors de ces influences mais directement contre elles, on ne saurait rien en attendre de semblable. On pouvait même avancer que si ce mouvement, qui différait profondément de ceux animés par l'esprit socialiste, réussissait, il ne pouvait que produire un nouveau recul de la civilisation et aggraver la situation des sociétés humaines déjà compromise par suite du sens pris par leur évolution.

On touche ici à ce qui, dès l'origine, a vicié d'une façon radicale la politique suivie à l'égard de la Russie, ce qui a rendu précaire tout rapprochement, toute alliance de l'Occident avec les Slaves, bien que nous ayons montré plus haut (1) la nécessité qui a poussé à pratiquer une semblable politique et même l'avantage que nous avons pu en retirer. Cette orientation politique était évidemment regrettable et déjà Auguste Comte (2) écrivait : « Cette déviation des gouvernements occidentaux se
« trouva bientôt aggravée par leur disposition à subordonner
« leur politique collective au concours d'une puissance essen-
« tiellement orientale (la Russie) dès lors admise à leurs déli-
« bérations communes, dont la présidence nominale lui fut
« souvent déférée. La similitude des croyances officielles cons-
« tituant la seule source d'un tel rapprochement, il offrait, par
« cela même, un caractère nécessairement rétrograde, en
« secondant les tendances vers la restauration factice d'une
« foi déchue. Mais ce titre était plus apparent que réel, puis-
« qu'il devait aussitôt rappeler les justes antipathies de l'Occi-
« dent envers l'Eglise grecque. Quoique les réactions entre
« l'islamisme et le catholicisme aient, depuis le moyen âge,
« intimement lié les destinées des Turcs et des Occidentaux, la
« politique ottomane s'abstint toujours d'une telle intervention.
« Si la Russie eût imité cette sagesse, en sentant qu'il n'appar-
« tient jamais aux populations arriérées de régler les peuples
« avancés, son gouvernement, progressif au dedans, n'aurait
« point altéré ce caractère en devenant, en dehors, le principal
« espoir d'une rétrogradation impossible ».

D'autre part, le député allemand Hecker, dans un discours qu'il prononçait à la Chambre badoise au cours de l'année 1846, dénonçait le danger dont l'Allemagne était menacée par le panslavisme. « Le panslavisme grandit si rapidement qu'on
« peut craindre de le voir prendre bientôt dans le monde le
« rôle dominateur enlevé aux Romains et à la race germa-

---

(1) Voir p. 146.
(2) *Politique positive*, t. III, p. 609. Paris, août 1853.

« nique » (1). Ceci explique peut-être pourquoi l'Allemagne n'a pas craint de recourir au bolchevisme pour ruiner défini- tivement la puissance des Slaves du Nord et les empêcher, en se joignant aux Slaves du Sud, d'être à même de faire échec à ses projets pangermanistes.

On voit donc tout le danger que présentait le panslavisme par les affinités progermaines dont les dispositions naturelles des Slaves tendaient à le doter, malgré l'opposition du panger- manisme à l'égard du panslavisme, et, en même temps, le péril qu'il créait par la nouvelle forme révolutionnaire qu'il revêtait avec le bolchevisme et la déplorable influence qu'il pouvait ainsi exercer sur le monde s'il l'emportait avec la complicité de l'Allemagne.

En effet, devant le panslavisme se dressait précisément le pangermanisme qui, pour des raisons en partie comparables : supériorité morale et physique tenant à la fameuse pureté du sang germanique et à sa valeur originelle, mais aussi pour d'autres très différentes : organisation, force militaire et puis- sance technique, prétendait pareillement non seulement sup- planter toute la civilisaiton occidentale et ce qui constitue l'esprit européen, mais absorber aussi les peuples neufs qui, comme ceux de la Russie, en étaient restés à l'écart. En face des aspirations populaires russes, des sentiments obscurs qui animaient les masses slaves, une caste allemande, solidement établie dans la nation et qui s'était assurée le pouvoir politique, entendait donner la formule nouvelle d'un Etat tout puissant qui, à l'aide d'une force militaire à la constitution de laquelle seraient employés toutes les ressources économiques et tous les procédés modernes de l'industrie, assurerait à son profit l'extension de sa conception impérialiste. Cette seconde concep- tion était, dans une certaine mesure, plus dangereuse encore que l'autre, car étant celle d'un peuple instruit et puis- samment organisé, elle avait plus de chance de l'emporter. Le panslavisme se trouvait ainsi s'opposer au pangermanisme dans les conditions les plus défavorables pour y réussir, mais ces deux conceptions ne s'en montraient pas moins susceptibles de se combiner du fait qu'elles étaient toutes deux inconciliables avec la civilisation de l'Europe occidentale et elles risquaient

---

(1) Cité par Cyprien Robert, *Le monde slave, son présent, son passé et son avenir*, 2 vol., Paris, 1852.

de devenir pour celle-ci une menace des plus sérieuses si elles parvenaient à s'appuyer l'une sur l'autre pour la détruire.

Le sort du pangermanisme comme celui du panslavisme paraît donc réglé et ces deux conceptions, du moins dans la forme qu'elles ont revêtue quant au germanisme et au slavisme, ont vécu ainsi que tous les impérialismes qui, s'ils ne sont pas détruits, semblent universellement condamnés. Du reste, comme nous l'avons indiqué au début de cette étude, non seulement le panslavisme n'était pas soutenable, puisqu'il entendait, au point de vue russe, réunir plus d'une centaine de peuples différents, la plupart non slaves, au nom du slavisme; mais les Slaves eux-mêmes, par les régions très vastes et très diverses où ils se sont fixés, constituent des éléments ethniques qui, bien qu'appartenant à la même souche primitive, n'ont plus les mêmes affinités et ne peuvent plus être confondus pour être indistinctement associés. L'une et l'autre conception ne sont donc plus à même de l'emporter sur la conception européenne contre laquelle elles s'insurgeaient pour des raisons différentes et de manières diverses, et qui après s'être étendue jusque dans le nouveau monde, tend à y dominer. Il ne semble pas plus permis au pangermanisme de l'emporter, contre toutes ses espérances, sur les populations que le panslavisme voulait retenir sous sa domination, pour ne nous occuper ici que des populations qu'intéresse la question de la Baltique et que l'Allemagne désirait s'annexer, qu'au panslavisme d'absorber les populations très diverses et très nombreuses englobées dans l'Empire russe. Celles-ci, selon leurs affinités originelles ou les facilités qu'elles trouveront auprès des autres peuples pour la sécurité de leur indépendance ou le libre développement de leur génie, rentreront dans la sphère d'influence des grandes nations européennes ou asiatiques.

Mais l'un et l'autre restent un danger pour l'Europe et, par conséquent, pour le monde. L'Allemagne est encore à craindre en ce qu'elle est susceptible de réorganiser la Russie et, dans le cas où l'Europe la laisserait y procéder, elle aurait bien vite fait de devenir menaçante et de reprendre ses rêves de domination mondiale; la Russie, par le bolchevisme qui l'a menée à la ruine après la défaite, serait à même, si on y prend garde, de déchaîner à nouveau sur le monde un bouleversement général et de désorganiser l'Europe.

L'*Evening Sun*, de New-York, écrivait au milieu de décembre 1918 :

L'Allemagne ne peut trouver aucun ami hors de Russie, de même que les Bolcheviki ne peuvent compter sur des sympathies autres qu'allemandes. Les deux nations sont poussées l'une vers l'autre et, sous une tyrannie mille fois plus arbitraire que l'autocratie, elles formeraient une dangereuse combinaison.

IV

PANGERMANISME ET BALTIKUM

Bien que les Allemands aient soutenu, avec une insupportable prétention, avoir conservé dans toute sa pureté le sang germanique, en posséder seul le véritable héritage et, de ce fait, s'attribuent faussement une supériorité indiscutable, ce sang germanique ne paraît donc être ni celui qui l'a réellement emporté en Allemagne, ni celui qui domine dans les territoires qu'elle projette de s'annexer à l'Est. Aussi, de Quatrefages avait-il raison d'écrire : « La véritable Allemagne a cependant accepté la Prusse pour souveraine. Elle en avait le droit incontestablement. Mais peut-être eût-elle agi autrement si elle n'avait été entraînée par une *erreur anthropologique*. Non contente de subordonner les Germains aux Slavo-Finnois, l'Allemagne a épousé les haines et servi les instints de ceux qu'elle a mis à sa tête. Là est le tort qu'elle regrettera un jour amèrement, la faute qu'elle expiera.... N'a-t-elle vraiment aucun soupçon des formidables problèmes qu'elle a contribué à poser? » (1).

Mais les arguments que l'Allemagne ne s'est pas lassée de produire sous toutes les formes à l'appui de ces assertions, les rapprochements historiques, ethnologiques que la science allemande s'est efforcée laborieusement d'établir, mais à faux, n'ont pas été sans influer sur les peuples d'origines diverses de ces régions qui, s'étant plus ou moins laissés prendre aux grossières assimilations allemandes, ont cru de leur intérêt de se

---

(1) A. de Quatrefages, *La race prussienne*, 1871, p. 103.

tourner vers l'Allemagne et pour leur sauvegarde de se solidariser avec elle puisque, par la communauté d'origine qu'elle soutenait, leur destinée se trouverait naturellement liée à la sienne.

Or, pour s'en tenir aux raisons ethniques que nous venons d'examiner, on voit que pour ces mêmes raisons invoquées par l'Allemagne et qui se retournent contre elle quand elles sont exactement présentées, ce sont les peuples qu'elle prétend absorber qui, par la participation qu'ils ont fournie à sa constitution et spécialement à celle de la Prusse, pourraient servir à justifier leur domination sur elle.

Le problème pourrait, d'après ce que nous avons vu au début de cette étude sur la constitution de la race prussienne, se poser d'une façon toute différente de celle dont les Allemands le présentent et les Slaves pourraient retourner contre les Allemands des arguments de même ordre que ceux qu'ils invoquent. Renan le faisait remarquer, en 1871, dans une de ses lettres à Strauss : « Les noms de Vienne, de Worms, de « Mayence sont gaulois; nous ne vous réclamerons jamais ces « villes; mais si, un jour, les Slaves viennent revendiquer la « Prusse proprement dite, la Poméranie, la Silésie, Berlin, « pour la raison que tous ces noms sont slaves; s'ils font sur « l'Elbe et sur l'Oder ce que vous avez fait sur la Moselle; s'ils « pointent sur la carte les villages obotrites ou vénètes, qu'au- « rez-vous à dire? »

En tout cas, ces raisons sont suffisantes pour permettre à ces populations de vouloir se soustraire à toute domination allemande, de revendiquer leur indépendance et de prétendre légitimement à la domination de la Baltique. Le rêve de l'Allemagne était, en effet, après avoir entièrement soustrait les côtes orientales de la Baltique aux populations baltiques : Lituaniens, Estoniens, Lettons, Finnois, d'en refouler les Scandinaves, c'est-à-dire ceux qui s'apparentent aux véritables Germains au degré le plus proche, pour se rendre maître des deux rives de cette mer intérieure, car il ne faut pas oublier que toutes les provinces situées à l'est et à l'ouest du golfe de Bothnie étaient exclusivement suédoises, que la Finlande n'a été que peu à peu détournée dernièrement de la sphère d'influence de la Suède, et que ces deux pays étaient politiquement régis au xviiie siècle par les Constitutions suédoises de 1772 et 1789.

Non seulement des Slaves, des Borusses et des Lituaniens, comme nous venons de le voir, ont, en effet, fortement contribué à la constitution de l'élément prussien moderne, mais des éléments finnois joints à ces Slaves se sont mêlés aux marchands de la Hanse de la Baltique et aux chevaliers de l'Ordre teutonique pour constituer le véritable fonds de la Prusse. C'est cet élément prussien, qui n'a rien de germanique, qui, à son tour, a le plus énergiquement réagi sur les divers éléments slaves et autres qu'il a incorporés et qu'il tend à dominer, et ceci explique comment la Prusse, après avoir ainsi acquis une action prépondérante sur toute l'Allemagne, entend l'étendre sur les territoires limitrophes de la Baltique.

Sans doute, dans la constitution de beaucoup d'autres nations sont également entrés des éléments très divers, mais si nous avons cru devoir insister sur ce point, c'est que l'Allemagne attache une grande importance, attribue une valeur dominante à cette soi-disant pureté de sa race, et que celles-ci, bien qu'elles ne prétendent pas à la même homogénéité ethnique, présentent une cohésion politique bien plus grande. Ceci permet de comprendre comment l'Allemagne, quoi que certains Etats maintiennent leur forme constitutive et possèdent, par exemple, une diplomatie particulière, comme la Bavière, peut être complètement prussifiée mais ne possède en somme qu'une forme fédérative artificielle et n'est parvenue à s'assimiler aucune des nations qu'elle s'est annexée.

Comme on le voit, les Hessois que Saint Boniface avait évangélisés, les Saxons-Aryens, descendants d'Arminius qui battait les légions de Varus, ne sont pas ceux qui l'ont emporté en Allemagne.

L'Allemagne ne paraît donc plus en rien germanique, elle est avant tout prussienne ; quel que soit son orgueil, elle se révèle comme constituée par la race la moins pure, la population la moins homogène résultant de la confluence d'éléments très divers. L'exaspération du pangermanisme, sa fièvre de domination, la forme aiguë et paroxystique qu'il a revêtue, trahit peut-être le sentiment obscur de l'échec de tout ce qui est foncièrement germanique, de la perte de ce qui constituait réellement le germanisme.

La défaite de l'Allemagne moderne, l'abolition de la domination prussienne pourrait seule permettre une renaissance du

véritable germanisme qui serait aussi souhaitable pour l'avenir
de l'Allemagne que pour la tranquillité du monde.

Le poète Georg Herweg n'écrivait-il pas :

> Die Wacht an Rhein wird nicht genügen,
> Der schlimmste Feind steht an der Spree.
>
> (*La garde du Rhin sera insuffisante,*
> *Le pire ennemi est sur la Sprée.*)

Et Maximilien Harden, dans un article de la *Zukunft*, écrivait récemment :

> L'esprit vieux-prussien a vaincu l'esprit allemand; il l'a soumis, l'a réduit en esclavage et jamais son emprise n'a été plus fatale qu'aujourd'hui. Le mauvais goût de l'Allemand moderne, c'est ce teutonisme vertueux qui a toute l'Histoire contre lui et que la pudeur aussi devrait combattre. Son âme dominée par un impératif besoin d'esclave, qui se résume en ces deux mots : « Agenouille-toi ! » Il incline machinalement l'échine devant les honneurs, les titres, les regards condescendants qu'on daigne abaisser sur lui (1).

D'ailleurs, dans sa folie de conquête, le pangermanisme ne paraissait même pas se soucier de rester d'accord avec les prétentions qu'il émettait : il se montrait tantôt inconséquent et tantôt contradictoire.

D'un côté, il ne répugnait point à recourir à des procédés qui étaient capables d'altérer très rapidement la pureté de ce fameux sang allemand, si on admet qu'elle existe, en faisant appel à l'appoint que les Slaves ou les populations de la Baltique, puisqu'il n'est question ici que de ces dernières, pouvaient apporter à l'Allemagne pour réparer les pertes auxquelles elle avait consenti sans ménagement.

De l'autre, bien qu'elle ait été profondément slavisée et ait reçu en même temps des apports de la famille finnoise, la Prusse pangermaniste, bien que non germanique, se dressait cependant au nom du germanisme contre les Slaves, de même que devant les populations baltiques, et entraînait contre eux les Austro-Allemands.

Aussi, dans le même article de la *Zukunft* que nous venons de citer, et dans lequel il critiquait très durement la politique

---

(1) *Zukunft*, août 1918.

allemande aussi bien vis-à-vis de la Russie qu'à l'égard des peuples anglo-saxons, M. Maximilien Harden se demandait :

Au moment où l'incendie de haines slaves venues des quatre coins de la Russie peut flamber en une seule gerbe immense, comment nos dirigeants pensent-ils à échafauder des trônes, à les garnir, à fonder un ordre politique que les 94 % des habitants de ces pays repoussent et n'accepteront jamais ! Nos dirigeants veulent-ils favoriser les plans de l'adversaire et réunir en un brasier toutes les flammes, flammèches, étincelles, qui fusent, brillent ou couvent entre Vladivostok et Sébastopol, entre Mourmansk et Fiume ?

*
* *

C'est pourquoi M. Balfour, dans le discours qu'il prononçait au début d'août 1918, au cours des débats sur l'ajournement de la Chambre des Communes, en réponse aux efforts faits par les pacifistes, précisait, en soulignant toute sa gravité, la situation créée par l'Allemagne dans l'Est de l'Europe et, dans une vue d'ensemble, il montrait comment se pose la question des provinces baltiques qui se trouve englobée dans le problème plus général de l'Europe orientale :

Sur la frontière orientale, l'Allemagne offre un exemple plus frappant encore de la mise en pratique de ses théories, quand elle en a la puissance. L'Allemagne exerce maintenant son influence depuis le nord de la Finlande jusqu'à la mer Noire, grâce à l'effondrement de la Russie. L'Allemagne se présente à la Finlande comme un libérateur et le pire sort qui puisse être réservé à un pays réduit à l'esclavage par l'Allemagne, c'est celui d'être libéré par elle. (*Hilarité.*)

La Finlande se trouve maintenant dans les griffes de l'Allemagne, qui entend déterminer et lui imposer le gouvernement qu'elle doit avoir, la dépouillant de son cuivre et d'autres matières, ne lui fournissant pas de vivres, mais au contraire, installant chez elle des garnisons allemandes, essayant de l'entraîner dans la guerre et de l'employer comme un instrument pour exécuter de nouvelles agressions contre la Russie et pour s'opposer à l'action des puissances sur lesquelles la Russie doit compter pour sa régénération.

Un peu plus au sud se trouvent les provinces baltiques et les peuples estonien, letton, lituanien, polonais et ukrainien. Sans aucune hésitation ni pitié, l'Allemagne s'efforce, par tous les moyens en son pouvoir, par la force, par des traités extorqués, d'amener ces peuples sous la domination militaire et économique allemande, de façon à en faire ses sous-ordres en matière commerciale et de les amener à lui fournir des troupes pour la guerre.

L'Allemagne est tellement déterminée à maintenir ces pays sous son joug et à modifier à sa guise la carte de cette partie de l'Europe qu'elle a pris bien soin de ne pas arranger cette carte d'après les frontières nationales ethniques, mais de l'établir de telle façon que, sans appui, l'échafaudage qu'elle a édifié tomberait en pièces.

Je ne puis concevoir une paix que puissent accepter les puissances de l'Entente et qui laisserait subsister cet état de choses sans y avoir remédié.

En dehors de ce que présentent de légitime les revendications de ces pays, il y a non seulement un intérêt général européen, mais encore un intérêt russe, bien que le Gouvernement des Soviets ait déclaré formellement qu'il se désintéressait des anciennes provinces russes de la Baltique, à ne pas laisser l'Allemagne mettre la main sur ces provinces pour faire de la Baltique un lac allemand et, comme elle se le propose, de se servir de leurs territoires pour les aménager en un bastion occidental contre la Russie. Sans doute, les slavophiles ont déploré depuis longtemps, et non sans raison, la poussée russe vers la Baltique et même certains n'ont pas craint de qualifier de grave erreur politique la pensée de Pierre le Grand. Petrograd est, du reste, une ville internationale, bureaucratique et non vraiment russe, et le Gouvernement russe qui se constitua à Samara parut de même se désintéresser des provinces baltiques. Mais si un Etat russe moderne sans débouchés sur la Baltique, qui n'aurait plus Petrograd et son port militaire, pourrait, sinon difficilement se constituer, du moins pouvoir vivre, de même les provinces baltiques séparées d'un arrière-pays qui ne fournirait plus à leurs ports de nombreux éléments de trafic, ne paraissent pas des pays capables de se développer isolément. Il importe donc, même si l'autonomie de ces provinces est réalisée, si ces pays acquièrent une indépendance complète, qu'une entente s'établisse entre elles et la Russie. C'est pourquoi la Russie, quelle que soit la manière dont elle se reconstituera, ne peut rester indifférente à l'organisation de ces territoires, négliger les nombreux problèmes que pose la question de la Baltique et elle a un intérêt primordial à participer à cette organisation et à se créer, avec ces derniers, sous une forme ou sous une autre, des liens économiques et politiques. En effet, même défaite à l'Ouest, l'Allemagne resterait victorieuse en partie si les circonstances lui fournissaient l'occasion d'acquérir une influence prépondérante dans la Baltique, car sa situation lui permettrait alors, après en avoir éliminé les influences scandinaves ou les avoir absorbées, de mettre la main sur la Russie ou du moins de la tenir sous sa dépendance, quelle que soit la constitution territoriale de la Russie de demain.

Le problème de la Baltique se présente donc comme un problème essentiellement européen, c'est-à-dire intéressant la vie et la culture de la vieille Europe, et c'est pourquoi il importe tant qu'il ne reçoive point une solution germanique. C'est ce que les Anglais semblent avoir compris les premiers. Il est encore un problème essentiellement européen en ce qu'il se rattache à la question russe et que, par là, il touche également à l'existence de la civilisation européenne, étant données les tendances affirmées par le mouvement bolcheviste et l'essor que l'industrie américaine compte prendre dans les territoires russes, si on en juge d'après les acquisitions qu'elle y a faites depuis la guerre. Enfin, un rapprochement économique et social entre l'Allemagne et la Russie serait un grand danger pour la nouvelle Europe, car l'Allemagne pourrait trouver dans ce rapprochement les conditions nécesaires à la reconstitution de sa puissance économique et de sa force militaire.

De leur côté, les pays baltiques, dans le cas où ils se sépareraient définitivement de la Russie et ne rentreraient pas dans le groupement fédéral d'une nouvelle Russie, devront, pour se maintenir contre les empiètements de l'Allemagne et assurer leur indépendance, former un groupe d'Etats unis entre eux ou constituer divers groupes selon leur position géographique ou leurs avantages économiques. Du reste, une partie éclairée de l'opinion russe s'est montrée partisan d'une Pologne indépendante reconstituée dans ses frontières ethnographiques, avec qui la Russie pourrait renouer des relations et, en ce qui concerne les populations allogènes qui faisaient partie de l'ancien empire russe, reconnaît leur droit à l'indépendance et à un libre développement national, dans la mesure de leurs droits légitimes fondés sur des considérations ethnographiques et historiques, en tenant compte des conditions nouvelles dans lesquelles se trouvera la Russie reconstituée et des nouveaux rapports que celle-ci sera dans l'obligation d'entretenir avec elles. En tout cas, il est nécessaire que les Slaves de Russie, de même que ces populations, ne retombent point dans leurs erreurs anciennes et mettent fin aux discordes qui leur ont été si funestes.

Afin que la mer Baltique ne devienne ni une mer russe ni un lac allemand, on peut se demander si tous les peuples riverains qui veulent sauvegarder leur liberté et se mettre à l'abri du danger de la désorganisation de la Russie et à l'écart de la domination allemande, les Suédois, les Danois, les Finlandais, les Estoniens, les Lettons, les Lituaniens, les Polonais, qui attendent de la conclusion de la paix un débouché sur la Baltique, et jusqu'aux Norvégiens que la solidarité de leurs intérêts doit maintenir à côté de leurs frères scandinaves — car il ne faut pas oublier que Sven Hedin écrivait, en 1912, que la Russie qui s'étendait du Pacifique à la Baltique devait s'étendre jusqu'à l'Atlantique — ne doivent pas s'unir pour réaliser une ligue ou union de la Baltique. M. Pusta, un des premiers, a préconisé la création d'un pareil groupement et en a montré l'intérêt. Si la diversité des races des populations de ces pays ne semble pas permettre la constitution d'une fédération, toutefois une union, une ligue réalisant la coordination politique et économique de ces peuples semblerait devoir être des plus avantageuses pour la sauvegarde de leur indépendance et la garantie de leur développement économique.

D'ailleurs, le Danemark, la Norvège et la Suède, d'une part, sont unis au point de vue économique comme à celui de la culture.

De l'autre, la Finlande, l'Estonie et la Lettonie semblent devoir réaliser un autre groupement car, bien que la Finlande et l'Estonie tendent plus particulièrement à se rapprocher, l'Estonie et la Lettonie ont intérêt à se lier économiquement.

Enfin, dans la Baltique méridionale, à côté de la Pologne, la Lituanie peut envisager un rapprochement avec la Lettonie, ainsi que le laissent entrevoir les tendances qui se sont déjà affirmées et dont témoignent les résolutions votées par la Conférence letto-lituanienne qui s'est tenue à Berne les 5 et 6 août 1916. D'après les chiffres donnés par la Commission russe centrale de statistique pour 1915, la population s'élevait à 1.133.200 habitants pour la Livonie, 812.300 pour la Courlande, 1.871.400 pour Kovno, 2.094.300 pour Grodno, 2.083.200 pour Vilna, 648.100 pour Souwalki et 600.000 pour la Lituanie mineure constituant la Prusse orientale, soit au total 10.624.500 habitants. Si on retranche de ce chiffre celui de la population polonaise et de la noblesse lituanienne polonisée, auxquelles liberté serait laissée de retourner dans leur pays d'origine ou d'élection, il reste un chiffre d'environ 10 millions de Letto-Lituaniens. Un Etat letto-lituanien qui grouperait toutes ces populations que rapprochent des affinités de race et de langue aurait l'avantage de constituer un Etat suffisamment étendu et peuplé pour jouir d'une situation stable entre les deux puissances slaves limitrophes et en maintenir l'équilibre.

De plus, une société qui a pris le nom d' « Union suédo-lituanienne » s'est formée à Stockholm et se propose de développer les relations entre les nations lituanienne, finlandaise et scandinave.

Au milieu de novembre 1918, un message de Riga à Copenhague annonçait que les Conseils d'Estonie, de Courlande, de Livonie et de l'île d'Œsel avaient décidé de former un gouvernement unique et de proposer la constitution d'un Etat baltique qui englobERait ces différentes provinces.

Le Dr Ehrenberg, professeur à l'Université d'Heidelberg, qui ne dissimulait en rien les espoirs que l'Allemagne nourrissait du côté de l'Europe orientale, écrivait dans la *Gazette de Vosse*, au mois d'août 1918 :

La destinée allemande a décidément sa voie en Orient. De nouvelles fractions du peuple allemand, de nouvelles villes du territoire allemand, de nouvelles branches dans l'activité économique allemande auront à l'avenir la prédominance dans notre existence nationale. Ce sont celles qu'intéressent les relations avec la Russie. Quant à l'Ouest, quant à l'Atlantique et à l'Amérique, tournons leur le dos. L'Occident est pour nous une province perdue de l'univers. *Nous n'y serons, dans l'avenir, que tolérés.* Mais en Orient nous sommes les pionniers de la vie, les champions historiques et, par le chemin de l'Orient, nous nous trouverons un jour, bien loin de notre point de départ, face à face avec notre grand ennemi occidental, avec l'Amérique.

C'est qu'à partir de la deuxième paix de Brest de Lituanie, signée le 3 mars 1918, l'Allemagne se trouvait avoir à sa disposition tous les territoires détachés de la Russie, et, les délégués de tous ces peuples ou leurs gouvernements provisoires pouvaient croire, grâce à l'active propagande de ses agents et devant la stagnation de la situation militaire sur le front occidental avant l'offensive de août-septembre 1918 qui permettait alors, à ceux qui n'avaient pas suivi de très près les événements occidentaux et n'avaient pas compris qu'elle était l'enjeu de la guerre, de croire à une victoire allemande, se tournaient vers elle afin d'obtenir un appui et la consolidation de leur situation nouvelle sans paraître se rendre compte que l'Allemagne était la première à vouloir l'exploiter à son profit. Pour ne parler que des nations de la Baltique, et en laissant de côté l'Ukraine qui, depuis longtemps, était tombée dans le piège et s'était livrée la première à l'Allemagne, mais devait bientôt manœuvrer pour en secouer le joug, la Pologne orientait sa politique vers l'Allemagne, qui lui avait été toujours hostile, après avoir regardé du côté de l'Autriche. En effet, au 5 novembre 1916, l'Allemagne s'en étant remise à l'Autriche pour résoudre le problème polonais, la Pologne, devant le déchaînement de la révolution maximaliste peu de jours après, s'était adressée à la Double-Monarchie et le Conseil d'Etat polonais et le ministère Kucharzewski cherchaient à s'adapter de leur mieux à cette nouvelle situation et à s'entendre avec Vienne. Mais à la suite de l'effondrement de la Russie, l'Allemagne craignait bientôt qu'en travaillant à l'union de la Pologne et de l'Autriche et, par conséquent, d'une entente avec les Slaves de la Double-Monarchie, elle travaillât elle-même contre son projet d'union centre-européenne et risquât de grouper contre elle les sentiments communs et les préventions de ses populations, et de faire ainsi échec à sa propre puissance. A la suite de la signature du traité du 9 février par le comte Czernin, qui commettait la faute d'attribuer le territoire de Cholm à l'Ukraine, le ministère Kucharzewski démissionnait et, par réaction contre l'Autriche, les sentiments de la Pologne, la pression des agents allemands aidant, se retournaient vers l'Allemagne et ses dispositions tendaient à s'appuyer sur les intérêts allemands. Après la deuxième paix de Brest, le 3 mars 1918, un ministère, adapté à cette situation nouvelle, qui se constituait à Varsovie, ayant à sa tête M. Steczkowski, un activiste connu, ami du comte Roniker, adoptait avant tout comme programme d'arriver à une reconnaissance internationale par une organisation intérieure garantie par des arrangements avec l'Allemagne, qui assurerait les droits et les intérêts de la Pologne.

Le comte Hertling, qui s'efforçait de masquer la politique annexionniste de l'Allemagne, dans le discours qu'il prononçait, le 19 mars 1918, devant le Reichstag, lors de la discussion en première lecture du traité de paix conclu avec la Russie, le 3 mars 1918, à Brest-Litowsk et ratifié le 16, déclarait :

Comme vous le remarquerez immédiatement, le traité ne contient aucune condition déshonorante pour la Russie, aucune demande écrasante d'indemnité de guerre, aucune annexion violente de territoires russes. Si un certain nombre de territoires limitrophes se séparent de l'Etat russe, cela correspond au désir propre, reconnu par la Russie, de ces pays. A leur égard, nous adoptons le même point de vue que j'exposai déjà précédemment, à savoir que, sous la puissante protection de l'Empire allemand, ils peuvent se donner une forme constitutionnelle qui réponde à leur situation, à leurs tendances, à leur civilisation, les intérêts allemands étant naturellement sauvegardés.

Puis, passant en revue la situation qui se trouvait faite à chacun de ces pays par ce traité, et considérant d'abord celle faite à la Courlande et à la Lituanie, il disait :

C'est en Courlande que l'évolution est la plus avancée. Comme on le sait, une députation envoyée par le Conseil national de Courlande, en sa qualité de corps constitué reconnu comme qualifié, arriva il y a quelques jours; elle déclara que le pays rompait ses attaches constitutionnelles antérieures et exprima le désir d'une union économique, militaire et politique étroite avec l'Allemagne.

Dans la réponse que l'Empereur me chargea de donner, en ma qualité de représentant de l'Empire, dans les questions de droit international, je reconnus l'indépendance de la Courlande. Je pris connaissance avec joie et avec des remerciements du rapprochement désiré avec l'Empire allemand, rapprochement répondant aux anciennes relations intellectuelles datant de plusieurs siècles, mais je réservai notre décision définitive sur son organisation politique jusqu'à ce que la situation s'y soit consolidée et que des organismes constitutionnels qualifiés aient pris position.

En ce qui concerne la Lithuanie, une résolution, prévoyant une union intime avec l'Empire allemand, aux points de vue économique et militaire, fut déjà prise l'année dernière. J'attends très prochainement une députation du Conseil national de Lithuanie, qui doit de nouveau communiquer cette décision. La reconnaissance de la Lithuanie comme Etat constitutionnel indépendant s'ensuivrait également.

Nous attendons tranquillement le développement ultérieur de cette évolution politique.

Il ajoutait, en ce qui concerne les autres provinces baltiques et la Pologne :

La situation est autre en Livonie et en Esthonie.

Ces deux pays se trouvent à l'est de la frontière convenue dans le traité de paix, mais ils seront, comme il est stipulé à l'article 6 du traité, occupés par une force de police allemande jusqu'à ce que la sécurité y soit garantie par leurs propres organisations nationales et l'ordre constitutionnel rétabli.

Le moment viendra ensuite pour ces pays de décider de leur nouvelle orientation politique. Nous espérons et nous souhaitons là aussi que des relations amicales s'établiront avec l'Empire allemand, mais de telle façon que cela n'exclue pas les relations pacifiques et amicales avec la Russie.

Encore quelques mots sur la Pologne qui, à la vérité, n'est pas expressément nommée dans le traité de paix. Comme on le sait, ce fut la proclamation des deux Empereurs, du 5 novembre 1916, qui annonça à tout le monde l'indépendance de ce pays; il s'ensuit que le nouvel Etat ne peut être organisé d'une façon plus approfondie que sur les bases de négociations communes entre l'Allemagne et l'Autriche-Hongrie, d'une part, et la Pologne, d'autre part.

Des suggestions venant des milieux politiques polonais ont été faites récemment au gouvernement et aux membres du Reichstag pour l'organisation de nos relations dans l'avenir.

Nous examinerons volontiers si, et dans quelle mesure, ces propositions sont conciliables avec les intentions des deux gouvernements, de vivre avec le nouvel Etat d'une façon permanente dans de bonnes relations de voisinage, en ayant des garanties pour la sauvegarde de nos intérêts.

Ainsi l'Allemagne prétendait, dans tous les pays séparés de la République des Soviets : en Finlande, en Estonie, en Courlande, en Livonie, en Lituanie, en Pologne comme en Ukraine, jouer un rôle tutélaire, et cela conformément aux vœux des populations de ces pays. Un mois après le traité complémentaire de Brest d'août 1918, M. von Hintze, secrétaire d'Etat aux Affaires étrangères, qui prenait la parole le 25 septembre 1918 devant la grande Commission du Reichstag sur la politique extérieure, croyait pouvoir dire au sujet des provinces baltiques :

Tous les nouveaux Etats limitrophes nous tendent les mains. Les uns pour offrir la paix et l'amitié, les autres pour demander notre protection. Ces Etats limitrophes n'ont pas voulu se mêler à la révolution russe et ils ont voulu en être préservés. En partie dans notre propre intérêt, en partie par compassion, nous avons accordé notre protection à ces Etats. En conséquence, nous avons dû protéger avec nos troupes des régions auxquelles nous n'avions jamais songé précédemment. Partout et toujours, nous nous sommes heurtés à ces bandes bolchevistes dont les unes obéissaient aux ordres de leur gouvernement et les autres opéraient pour leur propre compte. Il n'entrait pas dans les vues des troupes allemandes de prendre possession de territoires russes; mais les peuples eux-mêmes nous demandaient notre protection. Par la force des choses et en raison de la résistance que nous avons rencontrée, nous nous sommes vu contraints d'agir comme nous l'avons fait. La situation ainsi créée devait être légalisée. C'est pour cela que nous avons conclu le traité complémentaire. Dans la paix de Brest-Litowsk, nous avions stipulé que nous protégerions l'Esthonie avec nos forces de police aussi longtemps qu'elle ne serait pas en mesure de le faire avec ses propres moyens. Dans le traité complémentaire, la Russie a accepté de reconnaître ces Etats qui, par conséquent, sont devenus autonomes (1).

Le vice-chancelier von Payer, qui prenait la parole après M. von Hintze, confirmait les projets de l'Allemagne en exposant de quelle façon elle entendait régler le sort de ces pays et comment elle entendait traiter leurs représentants :

Les conditions de droit public dans la Baltique, la Courlande, la Livonie et l'Esthonie n'ont pu être réglées jusqu'à présent. Ce n'est que dans le traité complémentaire de Brest-Litowsk, ratifié il y a quelques semaines, que la Russie a donné son assentiment à l'indépendance de ces Etats. La situation future de ces pays, situation politique et de droit public repose dans leurs mains. D'après notre idée, les intérêts des deux parties seraient le mieux servis si nous nous entendions tout d'abord sur les conventions nécessaires pour régler les rapports d'Etat et de droit public. Il s'agit de la conclusion d'une alliance générale et de la conclusion d'accords dans la question de la protection et de l'égalité des droits de poste, de télégraphe, de douane, d'impôts, de mesures et de poids, sans parler de conventions sur les sujets militaires et maritimes. Nos projets sont presque définitifs. Les pourparlers peuvent commencer immédiatement. Nous n'avons pas l'intention de laisser ces trois pays continuer à vivre comme trois pays individuels. Ils doivent, et comme il me semble, veulent se réunir, étant donnée qu'une séparation tenant compte des intérêts ethnographiques est pour ainsi dire impossible. Les pourparlers ne seront que provisoires. Pour le règlement définitif, il sera ratifié par le gouvernement de cet Etat en formation. Au règlement provisoire, cet Etat serait représenté d'une manière qui ne conviendrait peut-être pas aux conceptions modernes de gouvernement et aux représentants du peuple. Il s'agit d'une représentation assez considérable. Malgré cela, cette représentation, pour autant qu'il s'agit de l'Esthonie, serait violemment combattue par ce qui subsiste de ce Landrat d'Esthonie qui n'existe plus en fait.

La question nous touche directement. Nous devons nous en tenir à la représentation qui est là. La tâche évidente de tout gouvernement à venir sera de procurer aux larges couches de la population une représentation certaine, juste et adéquate. Quant au gouvernement futur dans la Baltique, les opinions, là-bas comme en Allemagne, diffèrent. Le fait que le Landrat a été unanime pour proposer une union directe avec la Prusse s'oppose aux courants qui ont travaillé pour la forme d'Etat républicain. Une décision ne peut aboutir que lorsqu'une décision aura eu lieu. Si aucune décision ne doit être imposée au peuple, l'Allemagne aurait naturellement ses intérêts à garantir.

---

(1) D'après le *Journal de Genève* du 27 septembre 1918.

Vis-à-vis de la Lituanie, M. von Payer ne se montrait pas moins net et prétendait y maintenir avec non moins d'énergie les intérêts de l'Empire :

Depuis le 1er août, une administration séparée a été instituée pour les intérêts de la Baltique et de la Lituanie, administration érigée notamment sur le modèle d'une administration civile. Dans les pays de la Baltique, il existe au-dessous du chef de l'administration tout d'abord une administration centrale, puis à nouveau trois administrations provinciales à chacune desquelles est subordonné un chef d'administration provincial, et au-dessous de ceux-ci se trouvent à nouveau des districts avec des chefs d'administration de district à leur tête.

A la tête et aux côtés de cette organisation, se trouve encore un commissaire impérial non militaire pour les territoires baltes et la Lituanie. Le règlement de la situation en Lituanie ne s'est malheureusement pas effectué avec la rapidité espérée, mais ici également l'évolution se mettra en mouvement tout d'abord par l'entente préalable comme aussi pour l'organisation du futur gouvernement. Un organe existe en Lituanie, mais cet organe a pareillement provoqué des réclamations. Il se compose de vingt membres de différentes opinions politiques, mais il comprend une représentation à peine suffisante des paysans lituaniens, et aucune représentation des minorités nationales. Le gouvernement de l'Empire est aussi à cet égard d'accord qu'après entente intervenue sur la question des conventions ce sera l'affaire de la représentation du pays de pourvoir à un gouvernement où les intérêts dynastiques ne doivent jouer aucun rôle, mais où l'Empire a à considérer les désirs éventuels de la population pour autant que ses intérêts le lui permettent.

Le choix d'un monarque entrepris naguère, avant qu'une entente soit faite sur les conventions, apparaît dans tous les cas comme prématuré. En Lituanie aussi, dans tous les districts, l'institution de conseillers de districts parmi les habitants du pays a été établie. Ces conseillers se trouvent à côté du chef de l'administration de district dans toutes les questions importantes. On ne peut certainement pas parler de l'annexion de ces pays, si nous ne pouvons par leur accorder ce qu'ils n'ont du reste pas demandé du tout, toute liberté d'action, sans nous prendre nous-mêmes en considération. Ils bénéficieront par contre de gros avantages par suite de leur alliance avec nous.

Après avoir répondu aux attaques dirigées contre lui à propos de son discours de Stuttgart et soutenu que les accords de Brest-Litowsk devaient être maintenus et même n'avaient pas à être soumis à la Conférence de la paix lors de la conclusion de la paix, dite « paix mondiale », il affirmait :

Les Etats frontières doivent être séparés de la Russie. Ils sont trop petits pour former des Etats indépendants. Aucun Etat se trouvant à leur frontière ne peut supporter qu'ils folâtrent tantôt à droite, tantôt à gauche, suivant leur plaisir ou leurs caprices et qu'ils agissent de leur propre chef. Mais ils veulent se rapprocher de l'Allemagne, bien qu'au cours de la guerre et par suite de notre occupation militaire ils aient eu beaucoup à souffrir.

Nous ne pouvons que saluer avec satisfaction, si étant séparés de la Russie, ils cherchent à protéger notre patrie au lieu de la menacer.

Et concluait :

Les Etats frontières se sont séparés de la Russie et se sont tournés vers nous sur la base du droit de libre disposition inné en eux, et qui leur a été expressément reconnu. Cela se rapporte aussi à la Pologne.

L'action des Alliés ne devait pas tarder à faire échec à tous les plans allemands; la défaite de l'Allemagne, qui laissait entrevoir aux peuples qu'elle voulait asservir leur libération prochaine et la garantie de leur indépendance, ruinait ses projets annexionnistes et, après le discours que prononçait le prince-chancelier, le 23 octobre, devant le Reichstag, au moment de l'envoi de la seconde réponse allemande à M. Wilson, le député minoritaire Haase déclarait : « La politique de l'Allemagne à l'Est a fait complètement fiasco. Qu'est-ce que nos troupes ont encore à faire en Pologne et dans les pays baltiques? »

Mais les revendications actuelles de ces pays, en même temps qu'elles s'opposent aux doctrines impérialistes comme aux vues internationalistes, quelles que soient les complaisances qu'ils aient manifestées à un certain moment en faveur des Maximalistes et qui tiennent peut-être plus à leur ignorance de nos tendances et à l'influence qu'ont pu par suite y prendre les vues panslavistes qu'à leurs dispositions foncières, font entrevoir les difficultés qu'il faudra surmonter pour remédier à leur situation présente et tout ce qu'il leur faudra faire par elles-mêmes. Leurs populations devront être assez sages pour ne point vouloir exploiter démesurément les avantages légitimes qu'elles peuvent retirer des circonstances actuelles et ne pas commettre la faute, après avoir un temps ménagé l'Allemagne, de ne point s'affirmer nettement favorables aux Alliés, de s'embarrasser de l'attitude de ces derniers vis-à-vis d'elle par réaction contre la prépondérance que leur donnera la victoire, ce qui serait encore continuer à la servir, alors qu'ils sont les seuls capables de maintenir la liberté et l'indépendance que ceux-ci leur auront procurées.

Une autre difficulté tient encore à ce que dans ces pays existent des populations diverses et il importe pour l'avenir que l'hétérogénéité de ces populations, malgré la redistribution des territoires qui sera faite, ne soit pas la source de nouveaux conflits.

Mais, comme l'écrivait justement, à un point de vue général, M. J. de Morgan : « Les conditions de stabilité de la vieille Europe sont ancrées à un tel point dans le système que condamnent aujourd'hui la morale et l'intérêt publics, qu'il sera malaisé d'accorder, dès maintenant, aux diverses familles ethniques les satisfactions auxquelles elles ont droit. Chaque Etat, qu'il soit très grand ou plus modeste, a, par un travail séculaire, organisé sa vie en se basant sur l'ancien régime des Etats, et rompre avec ces traditions, sans transition, serait vouer à la ruine la plupart des grandes puissances. L'émancipation des peuples doit donc être, dans la plupart des cas, une opération de longue haleine » (1).

Il est bon, à ce propos, de ne pas oublier qu'il peut se constituer, du moins dans une certaine mesure et dans certaines circonstances, des groupes sociaux, nationaux, ne s'appuyant pas exclusivement sur des caractères ethniques. M. Miguel Lemos, qui le faisait remarquer à propos du Portugal, écrivait : « Nous assistons ainsi à ce curieux phénomène de la formation et du développement d'une nation à part, en dehors de toute variété ethnographique, distincte du reste de l'Espagne, à la formation, en un mot, de ce que M. Laffitte a appelé une race sociologique. Tout en conservant des caractères communs avec la population espagnole, les Portugais, par une suite de modifications politiques et sociales, arrivèrent à un état complet de différenciation nationale. Non seulement le nouveau noyau devint politiquement autonome, mais des traditions locales et distinctes prirent naissance, et une nouvelle langue se développa dans ce coin de la péninsule » (2).

Toutefois, comme cet auteur l'indiquait, il semble que corrélativement à ce groupement, et par suite des conditions physiques et morales qui l'ont déterminé, ces mêmes conditions aient créé une sorte de différenciation secondaire d'où sont sortis le type et la nation portugais.

---

(1) J. de Morgan, *Essai sur les nationalités*, 1917, p. 42.
(2) Miguel Lemos, *Luis de Camoens*, 1880, p. 276.

Il écrivait, en effet : « Le Portugal acheva de se caractériser lorsque tous les éléments qui avaient concouru à sa naissance furent rendus convergents et homogènes par le sentiment d'une fonction générale distincte. Dès lors, il fut impossible, soit par la violence, soit par la persuasion, de le réincorporer à la monarchie espagnole dont il était sorti » (1).

La constitution des deux Etats scandinaves, sans parler des Danois qui sont de même origine, est un exemple à la fois plus récent et qui est plus près des peuples dont il est question ici. Il ajoutait, — et c'est pourquoi nous avons cru intéressant de rappeler cet exemple, quels que soient les points de vue contraires qui aient été soutenus et les réserves qu'il y aurait lieu de faire au sujet des pays qu'il cite, par suite de leur degré de développement ou des difficultés où se sont trouvés ceux qui sont restés neutres au cours du conflit actuel, — « ce fait indestructible, il faut l'accepter comme un des résultats fondamentaux de l'évolution ibérique et comme un cas anticipé de l'avenir normal où les grandes nationalités actuelles, pour obéir aux besoins d'un régime industriel et pacifique, se résoudront en un certain nombre de petites patries qui se suffiront à elles-mêmes, comme le Portugal, la Hollande, la Suisse et la Belgique » (2).

Il semble que ces prévisions puissent, dans certains cas et plus spécialement pour les différents éléments qui ont affirmé leurs caractères au sein des diverses grandes nations auxquelles ils étaient incorporés et dont certains viennent d'être plus spécialement étudiés ici, se trouver réalisées à la suite du remarniement du monde qui sera consécutif à la guerre actuelle et au regroupement des populations auquel il donnera lieu. Cet auteur s'arrêtait même à une conception analogue en somme à celle de la Société des Nations, lui laissant la responsabilité de tout ce que cette idée généreuse a malheureusement encore d'utopique et de chimérique, car il serait indispensable qu'une unanimité morale, dont nous sommes loin, fût d'abord réalisée, afin qu'elle puisse s'appuyer sur cet accord : « Une doctrine universelle, commune, générale, reliant toutes les diversités nationales; des gouvernements temporels, locaux et distincts

---

(1) Miguel Lemos, *Luis de Camoens*, 1880, p. 277.
(2) *Id.*, p. 277.

dirigeant chaque patrie, concluait-il, voilà la solution de l'avenir vers lequel nous marchons » (1).

Toutefois, on voit quelle serait l'erreur commise si, au nom du principe que l'Allemagne invoquait faussement à son profit, on voulait répartir tous ces territoires exclusivement selon les races, car sans faire entrer en ligne de compte les mélanges qui se sont effectués et les fusions qui se sont produites entre ces populations comme entre celles des Balkans, et qui ont rendu si difficile toute assimilation, ce serait retomber dans l'erreur, que nous signalions au début, de toute politique qui prétendrait se fonder sur des raisons purement ethniques et qui ne peut le faire qu'à faux. On ne peut s'appuyer exclusivement sur des considérations de cet ordre. Dans le remaniement et la redistribution de ces territoires rendus nécessaires à la suite du bouleversement résultant de la guerre déchaînée par l'Allemagne et à la politique qu'elle entendait suivre aussi bien à l'Ouest qu'à l'Est, il importera de tenir compte, ici comme ailleurs, des influences séculaires, des affinités en même temps que de la volonté des populations et des conditions actuelles du développement moderne de leur vie économique. La nécessité de tenir compte de ces diverses considérations fait que, au point de vue général, le prétendu droit des peuples de disposer d'eux-mêmes ne se présente pas dans les conditions actuelles de leur vie d'une façon absolue, et précisément dans une Société des nations leur droit, comme celui des individus dans toute société véritable, se trouve limité par des considérations de sécurité réciproque, d'équilibre, se trouve restreint par des obligations sociales et reste soumis à des règles de convenance et d'ordre.

Enfin, la transplantation d'éléments étrangers sur un sol après l'expropriation et la spoliation de ceux qui y vivaient ne confère pas aux pays dont ils sont originaires des droits sur ces territoires. On a vu par ce qui s'est passé en Pologne et en Alsace-Lorraine que la transplantation d'éléments allemands n'est pas parvenue à faire de ces pays des territoires allemands et qu'en arrachant les populations à leur sol natal pour y installer des Allemands, l'Allemagne n'a pas créé par ces procédés de nouvelles terres allemandes. Ce procédé semble, en outre,

____

(1) *Id.*, p. 277-278.

d'autant plus critiquable de la part de l'Allemagne, que la qualité des éléments soi-disant allemands qu'elle transplantait était très contestable, étant donnée la composition de sa population et que la Prusse a eu de tous temps recours à la colonisation pour le peuplement d'une partie de ses provinces centrales et orientales, du Brandebourg, ou pour remédier aux ravages des guerres comme ceux de la guerre de Trente Ans (1). Elle n'a cependant pas reculé devant les moyens les plus barbares ou les plus violents. On sait, d'après des documents officiels, que le Gouvernement prussien a, en vertu des cinq lois de « colonisation » votées en 1886 et 1913, disposé de 550 millions de mark pour peupler d'Allemands les provinces polonaises de la Prusse et que la loi de 1908 lui a même donné le droit d'exproprier les habitants polonais. Jusqu'en 1915, la Commission de colonisation aurait, d'après ces dispositions, acheté plus de 450.000 hectares et parmi les colons qu'elle a établis sur ces terres, les deux tiers environ auraient été recrutés non pas même parmi les Allemands qui vivaient dans les provinces polonaises, mais dans le reste de l'Allemagne ou à l'étranger.

On voit quelle ampleur revêt le problème de la Baltique et on semble jusqu'ici en avoir à tort trop négligé l'examen par suite des événements formidables qui se déroulaient dans l'ouest de l'Europe et en menaçaient plus directement les peuples; on se rend compte de la gravité qu'il revêt pour les populations allogènes des provinces baltiques de la Russie en même temps que pour les Scandinaves, et de l'intérêt qu'il présente au point de vue de l'équilibre de l'Europe. Mais si ces populations allogènes et les Scandinaves, du moins en partie, n'ont point vu combien pouvaient être déplorables pour eux-mêmes les répercussions de leur politique et ont pu pendant longtemps croire que leurs intérêts et leurs affinités devaient les rapprocher de l'Allemagne, ou tout au moins ont cru en la puissance du militarisme allemand peut-être pour ne pas avoir à en redouter la menace, notre diplomatie aussi n'a peut-être pas suivi d'assez près les questions scandinaves et baltiques. Peut-être lui aurait-il été profitable, conformément à ses traditions et à la brillante politique qu'elle suivit au xviie siècle, qu'elle y portât de nou-

---

(1) Cf. Georges Pariset, *L'Etat et les Eglises en Prusse sous Frédéric-Guillaume Ier* (1713-1740), chapitre IV, Les Colons, p. 782.

veau toute son attention. Richelieu l'avait fort bien compris en travaillant avec un prince protestant à inquiéter l'Empire germanique et sa politique se justifiait aussi bien à l'égard de la France, dont il assurait les frontières, que vis-à-vis de toute l'Europe qu'il voulait délivrer de sa menace, car, ainsi qu'il l'écrivait dans ses Mémoires, déjà : « Le joug de l'Empire était alors si lourd dans toute l'Europe ».

TABLE DES MATIÈRES

Marc Imhaus et René Chapelot, imprimeurs, Nancy et Paris

www.ingramcontent.com/pod-product-compliance
Ingram Content Group UK Ltd.
Pitfield, Milton Keynes, MK11 3LW, UK
UKHW020731120726
13693UKWH00001B/278